民族地区资源开发与惠及民生实证研究

覃娟 著

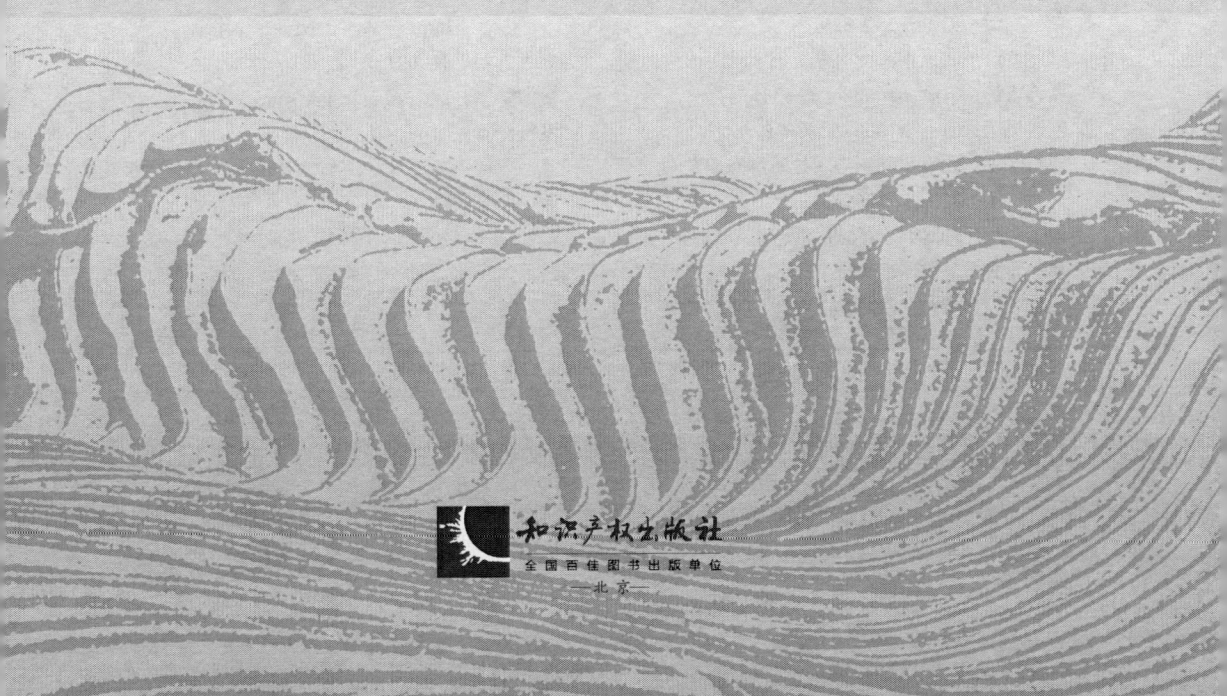

知识产权出版社
全国百佳图书出版单位
·北京·

图书在版编目（CIP）数据

民族地区资源开发与惠及民生实证研究 / 覃娟著 . —北京：知识产权出版社，2020.10
ISBN 978-7-5130-7177-2

Ⅰ.①民… Ⅱ.①覃… Ⅲ.①民族地区－资源开发－关系－人民生活－研究－中国 Ⅳ.①F127.8②D669.3

中国版本图书馆CIP数据核字(2020)第176844号

内容提要

本书以广西民族地区为实证研究对象，运用民族学、社会学、人类学、区域经济学、产业经济学等相关理论，对广西库区、矿区、旅游开发区、生态保护区等资源开发区经济发展和民生状况，以及广西实施西部大开发成效进行综合评估分析，通过系列实证性研究客观解释资源开发模式、利益分配机制、公共政策设计等对资源开发区经济和民生发展的影响，在此基础上探索合适的价值判断、利益让渡和制度选择，探索民族地区资源开发如何惠及当地发展和民生改善，追求民族地区资源开发在利于国家、区域发展的同时又惠及当地民生多赢目标的实现，以此推动和谐社会构建及民族团结进步事业的繁荣发展。

责任编辑：高源　　　　　　　　　责任印制：孙婷婷

民族地区资源开发与惠及民生实证研究
MINZU DIQU ZIYUAN KAIFA YU HUIJI MINSHENG SHIZHENG YANJIU

覃娟　著

出版发行：知识产权出版社 有限责任公司	网　　址：http：//www.ipph.cn
电　　话：010－82004826	http：//www.laichushu.com
社　　址：北京市海淀区气象路50号院	邮　　编：100081
责编电话：010－82000860转8701	责编邮箱：laichushu@cnipr.com
发行电话：010－82000860转8101	发行传真：010－82000893
印　　刷：北京中献拓方科技发展有限公司	经　　销：各大网上书店、新华书店及相关专业书店
开　　本：720mm×1000mm　1/16	印　　张：15
版　　次：2020年10月第1版	印　　次：2020年10月第1次印刷
字　　数：210千字	定　　价：78.00元
ISBN 978-7-5130-7177-2	

出版权专有　侵权必究
如有印装质量问题，本社负责调换。

目 录

第一章 绪论 ... 1
第一节 研究背景与意义 ... 2
第二节 相关理论及文献综述 ... 5
第三节 研究内容与方法 ... 16
第四节 创新之处 ... 18

第二章 西部大开发与民族地区发展 ... 21
第一节 我国西部大开发战略的实施及成效 ... 22
第二节 广西实施西部大开发战略的历史性成就 ... 35
第三节 西部大开发与广西经济增长 ... 42
第四节 西部大开发与广西经济结构调整 ... 46
第五节 西部大开发与广西生产要素吸纳利用 ... 54
第六节 西部大开发与广西人民生活水平提高 ... 63
第七节 西部大开发与广西生态文明建设 ... 65
第八节 启示与思考 ... 70

第三章　铝土矿资源开发与惠及民生的实证研究……79

第一节　百色市铝土矿资源开发概述……80
第二节　矿产资源开发的经济与民生效应分析……83
第三节　矿产资源开发利益分配模式与利益相关者……102
第四节　矿产资源开发对矿区居民生产生活的直接影响……108
第五节　矿产资源开发对生态环境的影响……117
第六节　小结……122

第四章　水电资源开发与惠及民生的实证研究……125

第一节　河池市水电资源开发现状……126
第二节　水电资源开发与经济社会发展……130
第三节　水电资源开发利益分配模式分析……141
第四节　水电资源开发对库区居民生产生活的直接影响……146
第五节　水电资源开发对生态环境的影响……159
第六节　小结……160

第五章　旅游资源开发与惠及民生的实证研究……163

第一节　广西旅游资源开发历程……165
第二节　巴马长寿养生旅游资源开发概述……167
第三节　巴马长寿养生旅游资源开发的经济与民生效应……171
第四节　巴马长寿养生旅游资源开发的经验和反思……176
第五节　少数民族特色村寨旅游资源及开发模式……182
第六节　少数民族特色村寨旅游资源开发民生效应及存在问题……189
第七节　民族村寨旅游资源开发的优化路径……197

第六章　经验借鉴与启示 ……203
第一节　自然资源开发利益分配模式的探索 ……204
第二节　资源开发促进经济发展的经验与思考 ……208
第三节　结论和启示 ……210

第七章　资源开发惠及民生的发展策略 ……213
第一节　把惠及当地民生纳入自然资源开发的核心价值理念 ……215
第二节　创新民族地区资源开发惠及民生的管理机制 ……218
第三节　推进受影响人口的可持续生计重建 ……221
第四节　强化资源开发企业社会责任及其监管体系 ……224
第五节　发挥应用人类学在民族地区资源开发过程中的特殊功能 ……226

参考文献 ……228

后记 ……230

第一章
绪 论

第一节　研究背景与意义

民族地区资源开发如何惠及民生是我国经济社会发展中的一个重大理论和现实问题。自然资源是人类生存和发展的基础，土地、水、森林、矿产等资源是人类生存之本和进步之源，是经济社会发展的基本要素。人类的经济活动是开发利用自然资源以不断满足物质需求和精神需求的活动，自然资源禀赋及开发利用水平是决定社会经济发展水平的重要约束条件。"自然资源作为一种投入要素，是经济发展的物质基础和基本条件，是一切劳动资料和劳动对象的第一源泉，是生产和再生产的前提。离开自然资源的支撑，任何经济发展都将无从谈起。"[1]

随着人口持续增长和生活水平不断提高，人类对资源的消耗快速增加，资源环境与人类需求之间的矛盾日益凸显，对不可再生、有限的资源进行掠夺式、破坏性开发似乎变得不可避免，从而导致全球范围内的资源可采储量和持续供给能力迅速下降。自20世纪以来，科技发展的日新月异带动了社会分工和经济全球化的快速推进，也使资源开发突破了地域、时空限制，实现了地区间、国家间的资源共享和自由流动，并且推动资源开发由过去高消耗、高污染的粗放发展向

---

[1] 布和朝鲁.西部民族地区自然资源禀赋与经济可持续发展[M].北京：民族出版社，2011：3.

集约高效利用、可持续发展转变。然而，在发展过程中，资源开发地往往由于偏僻的地域条件、迟滞的经济水平和落后的科技能力，处于资源开发利用链的低端和资源开发利益分配的弱势地位，由此导致的利益分化、贫富差距、发展鸿沟、矛盾激化、环境恶化等一系列政治、经济和社会问题，已成为世界各国共同面临和需要解决的问题。

我国是一个统一的多民族国家，其中汉族人口占全国人口的92%，其他55个少数民族人口占8%，少数民族人口分布的区域占我国国土面积的60%以上，西部和边疆绝大部分地区都是少数民族聚居区。我国民族地区疆域辽阔、资源富集，既有丰富的矿产、水电、油气和生物等自然资源，也有优美的山川、悠久的历史、多样的文化、多姿的风情等旅游和人文资源。由于自然、历史等原因，民族地区既是资源富集区、文化特色区，又是水系源头区、生态屏障区，同时也是欠发达后发展的贫困地区。自然资源禀赋的重大优势本是民族地区和少数民族群众生存与发展的希望所在，但是许多事实和研究证明，民族地区资源开发可能给资源开发地人民带来发展的福音，也可能加剧资源所在地的经济落后，同时带来严重的生态压力。在现实中，我们不难看到，一些资源丰富的民族地区通过开发自然资源为国家创造了源源不断的物质财富，然而其资源禀赋及其开发实践并没有转换为比较优势、发展优势，民族地区经济社会发展仍长期处于滞后的水平，单纯的资源开发无法有效扼制民族地区与发达地区发展差距日益扩大的趋势。"资源的丰歉对区域经济发展进程和水平有着不同的影响；良好的自然资源禀赋，在一定时期内能够给经济发展以巨大的推动力。然而，在现实经济发展中，资源禀赋条件较好的区域，未必是经济发展最理想的区域，甚至还有可能会沦为落后区域，出现由于'资源诅咒'效应而形成所谓'富饶的贫困'。"[1] 这固然与民族地区自然、地理、历史及改革开放之初的非均衡发展战略有关，但与资源依赖型经济固化及资源开发过程中的利益分配机制不合理等原因也密切相关。为缩小区域

---

[1] 布和朝鲁. 西部民族地区自然资源禀赋与经济可持续发展 [M]. 北京：民族出版社，2011：3.

经济发展差距,推进区域发展平衡,根据邓小平"两个大局"❶的战略构想,我国在21世纪初实施了西部大开发战略,从政策、体制、投入等方面给予西部民族地区大力支持,帮助西部民族地区加快发展步伐。2017年,党的十九大报告明确提出,中国特色社会主义进入新时代,我国社会主要矛盾已经转化为人民日益增长的美好生活需要和不平衡不充分的发展之间的矛盾。如何推动西部民族地区的资源优势实实在在地转化为经济发展优势,切实改变东西部区域经济之间、人民生活水平之间发展不平衡的局面,确保资源开发成果惠及地方经济和民生发展,仍然是摆在我们面前的重要课题。

广西是我国人口最多和少数民族人口最多的少数民族自治区,有包括壮、瑶、苗、侗、彝、毛南、仫佬、仡佬、水、京、回在内的11个世居少数民族,少数民数人口约占总体人口的38%。与其他西部民族地区相比,广西沿江、沿边、沿海,具有毗邻粤港澳大湾区、海南自由贸易区、东盟经济圈与西南经济圈的交汇优势,还有丰富的矿产、水电等自然资源和生态、旅游资源优势。同时,广西又是集革命老区、边疆地区、大石山区、贫困地区、水库移民区于一体的后发展欠发达地区。开发广西丰富的矿产、水电、生态和旅游等优势资源,加快推进资源优势转化为竞争优势、发展优势,改变贫困落后面貌,是广西各族群众的热切期盼。西部大开发战略实施以来,广西民族地区自然资源开发步伐明显加快,经济社会发展面貌焕然一新。但是,在资源开发过程中,也出现了一些不和谐因素。为此,以广西民族地区为典型对象,研究资源开发如何实实在在地惠及民族地区和少数民族群众发展,既有利于缓解发展矛盾,减少社会冲突,营造各方共建共享的和谐社会,也可为完善我国民族地区资源开发的制度设计和有效途径提供学理阐释与实证分析,丰富资源开发与民族发展的研究内容和研究视角,探索可复制、推广的经验,提出有针对性的政策建议,有利于进一步解决我国当前不平衡不充分发展的主要矛盾,对繁荣发展我国民族团结进步事业大有裨益。

---

❶ 邓小平1988年提出"两个大局"的战略构想,即"沿海地区要对外开放,使这个拥有两亿人口的广大地带较快地先发展起来,从而带动内地更好地发展,这是一个事关大局的问题。内地要顾全这个大局。反过来,发展到一定的时候,又要求沿海拿出更多力量来帮助内地发展,这也是个大局。那时沿海也要服从这个大局"。

第二节 相关理论及文献综述

学术界对于自然资源开发模式的研究随着市场经济的发展不断丰富，一致认为自然资源开发在市场经济发展中起到了至关重要的作用。特别是 19 世纪中后期以来，国内外关于自然资源开发模式的研究层出不穷。其中，自然资源开发与当地经济增长并惠及居民利益是重要内容，相关研究为各国和地区顺利开发自然资源和后期社会及民生保障提供了学理研究和实践指导。❶

一、自然资源丰裕程度及开发与经济增长关系研究

自然资源丰裕程度及开发与经济增长的关系一直是国内外经济学界研究自然资源开发问题的一个热点。直到 20 世纪 80 年代，大多数经济学家都认为开发丰富的自然资源可以促进当地经济发展，自然资源开发对当地经济发展具有正面效应和积极贡献。沃尔特·罗斯托（Walter Rostow）认为，自然资源禀赋及其开发将成为工业发展的"启动器"，可以帮助发展中国家和地区从不发达向发达转变，正如其对澳大利亚、美国和英国的发展贡献一样。然而，到 20 世纪 80 年代后期，大量的研究开始对这种传统的观点发起挑战。其中比较著名的是"资源诅咒"理论（Resource Curse）和内部殖民主义理论（Internal Colonialism）。

（一）"资源诅咒"理论

围绕"资源诅咒"理论的研究始于 20 世纪 80 年代后期，而这一理论为人关注是从萨克斯（Sachs）和华纳（Warner）关于资源充裕程度与经济增长之间关系的实证研究开始的。他们从 1997 年开始对 95 个发展中国家的经济增长数据进行研究，发现在控制初始人均收入、贸易政策、政府效率和投资率等影响经济

---

❶ 覃娟. 一个综述：国外自然资源开发理论与模式 [J]. 学术论坛, 2014（8）.

增长的多种变量后，自然资源充裕程度与经济增长速度成明显的负相关关系。其观点引发了其他学者大量的相关研究，结果大多研究都证实了这一观点。"资源诅咒"理论认为，丰富的自然资源可能是经济发展的诅咒而不是祝福，大多数自然资源丰富的国家和地区比那些资源稀缺的国家和地区的经济增长更慢，人民生活更加贫苦；尽管资源丰裕的国家和地区可能由于资源开发及其价格的上涨在短期内促进国家或地区的经济增长，但长期来看会制约和限制这个国家和地区的经济发展，最终陷入经济停滞状态。这种现象被许多研究者称为"丰富的悖论"和"富饶的贫困"。例如，荷兰在20世纪50—70年代因对石油、天然气开采的过度依赖，产生对制造业和服务业的挤出效应而掉入"资源经济增长枯竭"的陷阱。学者们在关注和研究这种现象之后，又把这种典型的"资源诅咒"现象称为"荷兰病"。

2000年以后，国外学界对"资源诅咒"问题的研究以更广阔的视野、更深的层次展开，研究领域延伸至发生"资源诅咒"国家和地区的经济、政治、制度的现状，甚至历史背景等领域。杰弗里（Jeffrey）认为，自然资源财富经常会导致较低的经济增长速度，使国家和社区面临更大的波动，政府和社会更腐败，而且在极端的情况下，还会导致毁灭性的内战和纷争，这一问题归结于体制结构薄弱、问责机制不力、获取信息和参与市场贸易的能力低下、缺乏经济社会发展的长期规划和参与性不足等原因。截至目前，国外经济学界普遍认为，"资源诅咒"产生的原因涉及资源开发地区的经济类型、政治制度、利益分配和补偿机制、冲突管理能力、人力资本形成、出口贸易和国际剥削等方面。阿雷兹基（Arezki）和范德普罗格（Van der Ploeg）经过一系列的实证研究和对比，发现"资源诅咒"效应往往发生在那些制度设计较差的国家。[1]

国内以徐康宁等为代表的学者们对于我国资源富集区的"资源诅咒"问题也进行了实证研究和学理分析。徐康宁、徐剑首次通过构建能源资源为核心的资源丰裕度指数，研究得出1978—2003年我国资源丰裕地区的经济增长速度普遍慢于资源贫乏地区，表明我国经济在长周期范围内存在着"资源诅咒"效应且成

---

[1] 覃娟．一个综述：国外自然资源开发理论与模式[J]．学术论坛，2014（8）．

为区域发展差距的重要成因。随后，武芳梅、胡援成、胡健、布和朝鲁、李德升、黄悦、何雄浪、马宇等学者，从我国省级层面及资源型城市发展的角度进行了多方面的实证研究和数量分析，结论表明我国资源丰富的地区及资源型城市发展普遍存在"资源诅咒"现象，而"资源诅咒"产生的原因涉及资源型经济发展模式、利益分配和补偿机制、人力资源水平、技术创新和经济转型、区位条件等方面。

对规避"资源诅咒"的制度安排和发展模式的研究是近年来国内外学术界研究的重中之重。国外诸多的研究结果表明，好的政治、经济和分配制度是资源富集地区经济增长的关键，它之所以能够促进经济的长期增长，在于它会最大化社会福利，将资源繁荣的收益投资于基础设施、人力资本和提高民众收入。衡量制度好坏的标准是建立在一定制度基础上的政府是否具备生产性功能，包括行政部门是否负责任、公共设施是否完善、法制精神、平民能否参与政策制定、政策制定程序是否公开透明，以及是否具有强化的产权和契约等。国内学者针对"资源诅咒"现象也探索了一些解决之道。周喜君等认为，提高煤炭资源就地转化率是规避内蒙古和陕西陷入"资源诅咒"的有效途径。[1] 何雄浪等认为，我国省级层面存在的"资源诅咒"现象可以通过提高劳动者素质进行逆转。[2]

（二）内部殖民主义理论

与"资源诅咒"理论更多从经济学意义上的研究视角不同，内部殖民主义理论是一些学者从社会学和政治学的角度对资源诅咒现象进行解释和研究的成果。1957年，利奥马休（Leo Marquard）在他的书里第一次使用"内部殖民主义"的概念来阐释南非的一些经济和社会现象。从20世纪70年代开始，这一概念被美国、墨西哥等国家的学者如冈萨雷斯（Gonzalez）、沃尔普（Wolpe）、海克特（Hechter）等广泛使用和论述。内部殖民主义理论侧重于从国家内部各地区、各

---

[1] 周喜君，等.煤炭资源就地转化与"资源诅咒"的规避——以中国中西部8个典型省区为例[J].资源科学，2015(2).

[2] 何雄浪，姜泽林.自然资源禀赋与经济增长：资源诅咒还是资源福音？——基于劳动力结构的一个理论与实证分析框架[J].财经研究，2016(12).

民族间的政治、经济和社会发展的不平衡来解释"资源诅咒"现象。

阿培克朗比（Abercrombie）认为，由于不同的文化变量如民族、语言和宗教及地理位置等原因，处于地理偏远而资源富集地区的少数民族通常会被排除在威权的政治和社会地位之外，处于被支配和从属的地位，从而使在政治上占优势的国家首都及其附近区域，以及其他经济发达地区优先受益于自然资源开发所产生的财富，这种不尊重当地少数民族权利的做法，很容易导致种族的冲突。与传统殖民主义不同，内部殖民主义主要是发生在国家内部各地区和民族之间。20世纪80年代开始，许多美国学者使用内部殖民主义理论来对美国阿拉巴契亚山脉和阿拉巴马州等落后地区的资源开发和贫困现象进行实证研究，认为外地的开发公司攫取资源是造成这些地区持续贫困的主要原因。

二、自然资源开发利益分配模式研究

自然资源开发利益分配模式的研究主要集中在两个方面：一是资源开发过程中国家、地方、企业和居民之间的利益分配；二是对资源开发过程中受影响群体的利益补偿和权益保障。

（一）利益相关者理论

利益相关者理论起源于19世纪，开始主要是围绕企业的社会责任研究展开。1984年，R.爱德华·弗里曼（R.Edward Freeman）出版了《战略管理：利益相关者方法》一书，明确提出了利益相关者理论，认为利益相关者是指那些能影响企业或组织目标的实现，以及在企业或组织目标实现过程中受到影响的个人或群体。❶国内学者在综合相关理论的前提下，提出利益相关者是指那些在企业的生产活动中进行了一定的专用性投资，并承担了一定风险的个体和群体，其活动能够影响或者改变企业的目标，或者受到企业实现其目标过程的影响。最具代表性的是杨瑞龙等学者的研究。杨瑞龙等学者认为，利益相关者理论是"从单边治理

---

❶ 弗里曼.战略管理：利益相关者方法[M].王彦华,梁豪,译.上海：上海译文出版社,2006.

到多边治理"的发展,他结合我国国情提出了"共同治理"的概念,即企业不仅要重视股东权益,还应重视其他利益相关者对经营者的监控,不仅要注重经营者的权威,还要关注其他利益相关者的实际参与。❶

利益相关者理论是对企业经济利润最大化的传统理论的一种挑战,它分散了企业的经营目标,提出除了经济上的目标以外,企业也必须承担社会责任和道义责任。与传统的股东至上主义分配模式相比,该理论认为任何资源开发收益不应该只在国家、地方政府和企业三者之间进行分配,而应把与资源开发活动有相关利害关系的所有主体因素都考虑在内,特别是资源开发所在地的社区和居民所受到的影响、收益和发展问题必须考虑进去,要站在各利益相关者立场思考问题;如果长期忽视居民的收益分配问题,会影响资源开发企业的正常经营活动和资源开发地的和谐发展。

(二)资源开发利益共享理论

随着国内外资源开发的深度和广度不断推进,资源开发利益共享理论也为国内外学者积极研究和讨论。学者们从构建资源开发利益共享保障机制、产权制度、产权转移制度、补偿费制度、收益分配制度等多角度展开研究,以期促进资源开发利益的和谐共享。

国内以李甫春为代表的学者提出通过发展联合股份制来实现重大资源开发的利益共享。他们在对西部地区油气、水电、矿产资源开发中的移民收入和生活进行实证研究的基础上,提出改革西部自然资源开发模式,即通过从计划到市场的机制转变,采取联合股份制的开发模式,运用马克思地租理论和股份资本理论,科学地计算矿山、水能、土地等重大资源的地租、价值、价格并折算成股份核定其产权,让资源开发地群众与国家、企业联合开发重大资源,并按股份共同享受资源开发带来的成果,从而保障当地群众生存和发展的权利,推动民族地区可持续发展。

---

❶ 杨瑞龙,周业安. 论利益相关者合作逻辑下的企业共同治理机制 [J]. 中国工业经济,1998 (1).

（三）区域经济协调发展理论

缩小区域间的发展差距，促进地区协调发展，是经济社会和谐发展的原则要求。世界各国特别是后发展国家和地区都或多或少存在区域发展不平衡的问题。如何避免由区域发展差距带来的社会矛盾和冲突，促进区域协调和谐发展，是多年来各国学者研究的重点。高志刚认为，区域经济协调发展依重要程度要强调效率与公平兼顾、适度倾斜与重点发展、优势互补与共同发展的原则；区域经济协调发展模式是既不同于均衡发展也不同于非均衡发展的一种区域经济发展模式，要着重从效率和均衡的角度考虑。❶ 张可云认为，区域经济协调发展就是在区域经济发展的非均衡过程中不断追求区域间的相对平衡和动态协调过程。❷

将区域经济协调发展理论应用于资源开发研究领域，有利于处理好资源开发地与受益地区的利益关系，有利于处理好东部与中西部、沿海与内地的关系。在非均衡发展战略下，我国自然资源丰裕的地区及开发地主要在中西部，而资源开发的效用首先主要是满足东部沿海发达地区的发展需要。多年来，资源输出的低价格和沿海企业的高收益形成对资源开发地的利益挤出效应，资源开发地因为资源不断输出导致资源枯竭，又因为收益和投入不足导致缺乏替代产业，从而陷入发展困境。一些学者从基础理论和实证的方面研究了如何利用资源开发的优势促进区域经济协调发展的问题。例如，胡健以西部地区油气资源开发为实证对象，提出如何将资源优势转化为产业优势和区域优势，进而形成上下游一体化的石油化工产业链与产业集群的内在逻辑和政策思路。❸ 布和朝鲁论证了资源依赖型经济发展模式转型的必要性和可行性，从自然资源管理制度、人力资本积累和知识资本积累的角度提出西部地区经济发展模式转型的对策性分析。❹

（四）环境公平理论

环境公平理论最早出现于美国。经过国内外学者近 30 年的研究，环境公平

---

❶ 高志刚.新疆区域经济协调发展的机制研究 [J].新疆教育学院学报，2002（3）.
❷ 张可云.论区域和谐的战略意义与实现途径 [J].创新，2007（4）.
❸ 胡健，等.油气资源开发与西部区域经济协调发展战略研究 [M].北京：科学出版社，2007.
❹ 布和朝鲁.西部民族地区自然资源禀赋与经济可持续发展 [M].北京：民族出版社，2011：3.

理论在理论原则和实践操作层面都得到了不同程度的发展。环境公平理论主要涉及自然资源的开发、利用、分配和资源环境的保护及可持续发展。环境公平理论认为，发展中国家和工业化国家中的贫困人口实际上分担着过多的环境负担，而发达国家和富人又推卸他们的环境责任；发展中国家由于贫穷而被迫以不可持续的方式开采森林、利用土地和其他资源，他们更倾向于工作与发展，而发达国家由于享用了工业化的好处在高喊"保护环境"口号的同时，又把那些污染重、资源消耗多的产品转移到不发达国家生产。

环境公平依时间层面分为代内公平和代际公平。代内公平是不同国家、不同地域、不同人群之间的公平。国际上普遍存在掠夺式地攫取发展中国家或后发地区原材料和能源的问题，造成资源地生态系统的严重破坏和损失。资源输出地获得的贸易收益不足以补偿生态环境被破坏所造成的损失，这就使资源输出地的社会经济与资源环境系统处于不可持续状态，造成资源环境的不公平。因此，获益一方应对资源输出地的损失给予补偿。代际公平指当代人和后代人在利用自然资源、享受清洁环境、谋求生存与发展上的权利均等，其实质是自然资源利益上的代际分配问题。佩基（Page）最早提出代际公平的概念，认为代际公平问题就是当前决策的后果如何在后代人之间进行公平分配的问题；伊迪丝·布朗·维斯（Edith Brown Weiss）提出了资源、环境、机会的代际公平三原则，明确代际公平以代内公平为前提，代内不公平延续到后代将导致更大程度的不公平。为界定、判断代际公平，杨勤业等学者提出代际公平的判断模型，为实现代际公平提供量化依据。

三、资源开发对居民生计影响及可持续生计重建研究

资源开发对居民生计的影响主要表现在当地居民因资源开发被占用了大量土地，导致他们不得不改变原有的生计模式和生存状态，由此造成生产方式、社会角色和文化心理的一系列变化。

（一）可持续生计发展理论

把可持续生计发展理论引入由自然资源开发而导致的居民生计重建研究是近年来理论界的一个热点。可持续生计发展理论在20世纪80年代被提出，钱伯斯（Chambers）和康威（Conway）认为，"生计"是一种建立在能力、资产（包括储备物、资源、要求权和享有权）和活动基础之上的人类活动。斯科尼（Scoones）提出，某一个生计由生活所需要的能力、有形和无形资产及活动组成，如果能够应付压力和冲击进而恢复，并且在不过度消耗其自然资源基础的同时维持或改善其能力和资产，那么该生计具有持续性。一些学者对当地矿产、水电、森林等自然资源开发进行了实证研究，认为自然资源开发对失地农民的收入与支出、基本保障与防护性保障、人力资本与就业、社区环境、生态环境、利益补偿等方面产生负影响，从而导致失地农民生计资本负增长，可持续生计能力弱化。❶

随后，学术界把研究重点转向可持续生计重建的框架分析上。2000年，由英国国际发展机构（DFD）建立的SLA框架被国内外广大学者和组织所采纳。这个模型通过对贫困性质进行区分，可以指导对生计战略和单个家庭限制条件的分析。它遵循以人为中心、响应和参与、多层次和可持续原则，揭示了人们如何利用有限的资本、权利和可能的策略去追求某种可持续的生计出路的途径。在研究中，一些学者认为，在多重生计内容中，能力建设在可持续生计目标实现中起着十分关键的作用。斯科尼（Scoones）的生计维持系统把能力放在首位，认为仅仅减少收入贫困绝不可能是反贫困政策的终极动机，最根本的问题在于要求我们按照人们能够实际享有的生活和他们实实在在拥有的自由来理解贫困和剥夺。另外一些学者对可持续生计理论在不同情境下的应用进行研究，并且试图从新的角度拓展该理论，如提出兼顾上代人和下代人的生计主张，关注非物质福利在可持续生计中的作用及居民参与式生计发展等。❷

印度学者近年来对自然资源开发中受影响移民的安置研究比较热衷，出现

---

❶ 覃娟．一个综述：国外自然资源开发理论与模式[J]．学术论坛，2014（8）．
❷ 同❶．

了一大批研究成果。达干瓦（Dhagamwar）最早提出了"制度能力"的概念。她认为，移民安置必须思考那些来自制度改变的要求，包括诸如政策、早期计划、人们的参与、教育和技术训练、改革立法，以及印度的获取土地行为等。里尼莫迪（Renu Modi）在对印度及世界其他地区的自然资源开发利益分配模式进行研究之后，指出更多的融资对合理的移民安置来说必不可少，移民不仅需要赔偿资金，更需要发展的投资资金。同时，通过合理的经济投入可以减少阻止项目发展的消极因素，从而加快项目发展和完成，使项目效益尽快显现，使因项目而利益受损的人们更快得到实惠。然而，融资实际上取决于政治意愿，包括政策取向、扶贫意愿等，有了政治意愿，更多的资金、发展项目都会被带动起来。同时，多元化的投资机制是适用的，而这些意愿和政策最后都要转变为立法才可靠。❶

（二）长期补偿移民安置理论

国内对于长期补偿移民安置理论和实践的探索始于20世纪70年代。由于传统安置方式给移民搬迁和安置工作带来的困难和问题越来越多，库区和移民安置区信访问题越来越突出。为了提高移民生活的长期保障水平，发展移民经济、维护社会稳定，广西从1975年开始在全国率先对水电资源开发进行了长期补偿移民安置的试点和探索，对因建电站占用、水库淹没的农田进行补偿。一些学者和移民工作者加强了对长期补偿移民安置理论的研究，从概念、经济人假设、理论模型、测算依据、资金来源、补偿模式等方面开展研究。主流观点认为，长期补偿必须以移民自愿为前提，它是把过去的一次性静态补偿转变为长期的动态补偿，其实质是在移民自愿的基础上把原来移民一次性补偿费用的支付方式改为按年长期支付方式，并与开发企业存续挂钩，保证了移民能够长期获得基本收入，避免一次性补偿可能造成的"坐吃山空"现象。可以说，它是一种分年提取本利的经济行为，是对移民安置方式的一种创新。

2009年以后，长期补偿理论经过多年实践探索，逐渐在贵州、云南、四川等多个省区的大中型水电资源开发项目中得以推行，在一些地区创造了移民、政

---

❶ 覃娟. 一个综述：国外自然资源开发理论与模式[J]. 学术论坛，2014（8）.

府、业主多赢的局面，一些省区还出台文件明确要求新建水利水电工程要全面推行长期补偿移民安置方式，使之成为新时期大中型移民安置最受欢迎的模式。目前，国内学术界对长期补偿移民安置理论的研究主要聚集于政策定位、经济效益、资金来源、社会稳定等方面。

四、中国特色社会主义民生理论研究

中国特色社会主义民生理论是马克思主义民生理论与中国具体国情相结合的产物，是马克思主义中国化的理论创新成果。"民生"是中华文化的特有表述，体现中国传统的民本思想。马克思主义的文本虽然没有关于"民生"的直接和具体表述，但是关于"人的全面发展"的民生思想却一直贯穿在马克思主义哲学、马克思主义政治经济学和科学社会主义的论述中。马克思主义理论认为，"人是一切社会关系的总和，人的全面发展是未来社会的价值目标，也是现实人的发展的最高理想境界"，"推动历史的不是思想，而是物质资料的生产。社会的发展最终要实现人的自由而全面的发展"❶。从历史和实践来看，马克思主义中国化的过程也是马克思关于"人的全面发展"思想中国化的过程。而人的全面发展归结起来，都属于与民生相关的物质生活和精神生活的范畴，没有超越物质生活和精神生活这两方面的协调发展、全面发展。❷关于"人的全面发展"思想构成了马克思主义民生思想的根本出发点和落脚点。

中国共产党在领导中国革命和建设的实践中，坚持把马克思主义民生思想与中国实际相结合，对中国传统的民本思想进行扬弃，对马克思主义民生思想进行吸收、创新和转化，经过革命时期"耕者有其田"的理想价值追求和中华人民共和国初期的社会主义民生建设与理论的探索，在改革开放以来的民生建设实践中逐步发展形成了中国特色社会主义民生理论。特别是党的十八大以后，习近平总书记从历史和发展的视角出发，坚持以人民为中心，围绕释放民生红利、增进

---

❶ 中共中央马克思恩格斯列宁斯大林著作编译局. 马克思恩格斯选集 [M]. 北京：人民出版社，1995:56.
❷ 孙学玉，等. 当代中国民生问题研究 [M]. 北京：人民出版社，2010：21.

民生福祉发表了系列重要讲话，强化了中国特色社会主义民生理论的系统性、科学性，创新和发展了中国特色社会主义民生理论体系。中国特色社会主义民生理论博大精深、内容丰富，下面仅围绕本书的研究重点，对民生的内涵和经济增长与民生改善的关系进行理论和文献的综述。

（一）民生的内涵

从中国特色社会主义民生理论研究的视角来看，当前我国学界对民生内涵的界定有广义和狭义之分。广义的"民生"是把所有与民生直接或间接有关的事项都纳入民生关注的范围，延展至政治、经济、社会、文化和生态等一切领域，与人类发展相关的方方面面都可以列入。吴忠民认为，狭义的民生概念是指民众的基本生存和生活状态，以及民众的基本发展机会、基本发展能力、基本权益保护的状况等。这种狭义的民生概念更准确，与我国具体层面上的民生政策更吻合。❶孙学玉提出，民生的内涵涉及政治建设、社会进步、制度安排、公平正义、公共服务等。❷邓伟志提出，民生是指人们的生存、生活、生计，具体包括全体社会成员的生命健康、基本生活必需品等。❸本书认为，在全面建设中国特色社会主义现代化事业的实践中，民生被赋予了更加丰富、更具时代性的新内涵。从纵向来看，它包括了一个人生命的整个过程；从横向来看，它可以分为基本生计、未来发展和社会福利三个方面。其中，基本生计指的是生计方式和物质生活保障，未来发展包括发展能力和发展机会，社会福利包括教育、医疗、文化和社会生活等，涉及民众的生存权、发展权、知情权、参与权、受教育权、共建共享权及生活质量、幸福指数等内容。而最基本的民生仍然是可持续的生计方式和物质生活保障。

（二）经济增长与民生改善的关系

马克思指出："人们为了能够'创造历史'，必须能够生活。但是为了生活，

---

❶ 吴忠民. 改善民生的战略意义[N]. 光明日报，2008-09-17.
❷ 孙学玉，等. 当代中国民生问题研究[M]. 北京：人民出版社，2010:3.
❸ 邓伟志. 论民生[M]. 上海：上海人民出版社，2015:6.

首先就需要吃喝住穿以及其他一些东西。因此，第一个历史运动就是生产满足这些需要的资料，即生产物质生活本身。"❶ 丰富的物质资料是民生的基本前提，物质资料的生产和满足来自于人类的经济活动，经济增长过程就是物质资料的生产和再生产过程。习近平总书记在马克思民生思想、中华民族传统民生思想和前几代革命建设者的民生思想的基础上，对中国特色社会主义民生理论进行了更为全面和细致的阐述，将民生理论发展到空前的水平，成为新时代中国特色社会主义思想的核心内容。❷ 习近平总书记在党的十九大报告中指出，"坚持在发展中保障和改善民生"，并强调"增进民生福祉是发展的根本目的。必须多谋民生之利、多解民生之忧，在发展中补齐民生短板、促进社会公平正义"。可见，经济是民生赖以改善和发展的物质基础，是解决好一切民生问题的必要条件，也是破解民生矛盾的核心切入点。脱离经济的支撑，民生改善无从谈起，民生的发展也就成为无源之水、无本之木，历史上从来就不存在超越经济基础之上的民生。❸

第三节　研究内容与方法

一、研究内容

西部大开发战略实施以来，民族地区自然资源开发步伐明显加快，但资源开发过程中引发的利益分配与矛盾冲突也比较突出。本书以广西民族地区为实证研究对象，运用民族学、社会学、人类学、区域经济学、产业经济学等相关理论，对广西库区矿区、旅游开发区、生态保护区等资源开发区民生状况进行有效评估，通过实证性研究客观解释资源开发模式和政策制度对当地民生造成的影

---

❶ 中共中央马克思恩格斯列宁斯大林著作编译局. 马克思恩格斯选集：第2卷[M]. 北京：人民出版社，1995：78-79.
❷ 王文兵. 让马克思民生思想呈现时代活力[J]. 人民论坛，2018（10）.
❸ 毛莉. 创新发展中国特色社会主义民生理论——访吉林大学马克思主义学院院长韩喜平[EB/OL].（2017-04-04）[2020-03-01]. http://www.cssn.cn/zx/bwyc/201704/t20170404_3475392.shtml.

响，并借鉴国内外关于自然资源开发利益分配公共政策和补偿机制的相关研究成果和先进经验，进行正确的价值判断、利益让渡和制度选择，从而深入剖析民族地区资源开发如何实实在在地惠及民族地区和少数民族群众，破解"资源诅咒"，促进民族地区资源开发在利于国家的同时惠及民生目标的实现，有利于营造国家、地方、企业和居民共建共享的和谐社会，有利于推进我国民族团结进步事业的繁荣发展。

本书的框架结构包括七个部分：一是绪论，包括研究背景和意义、文献和理论综述等；二是广西实施西部大开发战略20年来的经济发展和惠及民生效果总体评估；三是以百色市为重点的桂西铝土矿资源开发实证研究；四是以河池市为重点的红水河水电资源开发区实证研究；五是以巴马长寿国际旅游开发区和广西少数民族特色村寨为重点的旅游资源开发实证研究；六是国内外先进经验与启示；七是民族地区资源开发理念及模式创新。

本书的研究重点是：广西在西部大开发战略背景下推动资源优势向发展优势转化的实践和成效；以矿产、水电和旅游资源开发为例，追溯广西民族地区资源开发历史、评估现状；开展广西民族地区库区矿区群众生存现状的调查与评估，选取以百色市为重点的桂西铝土矿资源开发区和以河池市为重点的红水河水电资源开发区为实证研究对象，从物质需求和精神需求的层面，对库区矿区群众的民生状况进行有效的描述与评估；分析和研究广西民族地区资源开发的利益补偿机制、分配政策等对当地社区群众收入水平、生活水平、生产生活方式、民族关系价值取向和民族观念、未来发展机会，以及社区生态等民生表现形态形成的现实影响和外部联系性；以中央与广西民族自治地方自然资源开发利益分配格局为背景，分析和评价民族自治地方在改善资源开发地民生中政府责任方面的能力建设和绩效水平，包括中央与民族自治地方政府事权财权的分配政策等；总结国内外资源开发利益分配制度、资源开发地经济发展的先进经验及借鉴意义；提出民族地区资源开发促进经济增长、惠及民生发展的核心价值理念、制度选择和发展走向，包括中央、地方、企业、社区群众在资源开发中各自的功能定位、关系架构、沟通机制、利益协调等。

二、研究方法

第一,多案例实证研究法。通过选择多个案例积累多方面的、广泛而深入的第一手资料,以求对广西民族地区资源开发促进经济增长、惠及民生发展状况作出真实判断,同时通过对多案例现状和经验的分析,提出具有前瞻性和现实针对性的策略选择。

第二,参与式评估法。通过相关利益者座谈会、知情人访谈等集体对话与讨论的方式,深入调查资源开发地社区群众、地方政府和业主等利益相关者的看法和评价,对相关情况进行准确的评估,探索解决问题的途径与对策。

第三,问卷调查法。根据研究目标和阶段性要求设计调查问卷,进行抽样问卷调查。

第四,定量分析法。对调查问卷数据进行定量分析。

第四节 创新之处

一、理论价值与应用价值

在研究内容和方法上,本书以民族地区自然资源开发中比较典型的矿产、水电、旅游资源开发为对象,以资源开发活动对资源开发地经济发展和民生改善的影响为主线,从多学科、多视角进行综合分析和深入探讨,包括自然资源开发与当地经济增长关系研究、自然资源开发利益分配模式与利益相关者分析、自然资源开发对当地居民生产生活影响分析、生态环境影响分析等内容,以求能够综合性、全景式地反映自然资源开发对经济发展和民生改善的作用,进而探索自然资源开发惠及民生的价值理念、制度安排和政策选择。

在理论价值上，本书运用了"资源诅咒"理论、利益相关者理论、资源开发共享理论、区域经济协调发展理论、环境公平理论、可持续生计发展理论、长期补偿移民安置理论及中国特色社会主义民生发展理论等相关理论，对广西民族地区资源开发进行了比较全面、系统的实证研究。一方面是对相关理论的全面梳理和总结，另一方面是对相关理论的实践和运用，有利于评价和深入了解民族地区资源开发地群众的生存状况、发展基础，为民族地区资源开发惠及民生提供基础数据，有利于自然资源开发相关理论和中国特色社会主义民生理论的发展，同时还能为促进社会公平正义，促进各民族共同团结进步共同繁荣发展的相关研究提供分析案例和研究视角。

在应用价值上，本书通过多案例的实证研究，梳理民族地区资源开发惠及民生的脉络和问题；通过探索资源开发惠及民生的核心价值理念、制度选择和发展走向，为民族地区资源开发的科学、合理推进提供事实依据和决策参考，从而缓解社会矛盾，有利于民族地区和谐稳定和可持续发展。

二、主要观点和发现

第一，民族地区资源开发的利益相关者必须共同采纳一些核心价值理念，这些价值理念不是建立在计划的强制性和单纯的市场性基础上，而是需要政府、企业和居民的共同参与、共同协商、合作努力，实现尊重、沟通、善意与认可。

第二，资源开发地各族群众应当成为开发的合作者，其选择权、知情权、参与决策权和优先受益权应该受到尊重，并需要得到法律和制度的保障。

第三，树立"补偿—赋权—受益"的资源开发理念，不再单纯地以补偿资源开发地群众的损失为目标追求，而是在至少保证维持其原有生活水准的基础上，赋予资源开发地群众参与资源开发利益分配的主体权利，要在保证其损失得到相应补偿的基础上实现其从资源开发项目中受益的目的，从而为下一步的生产生活创造可持续发展的环境和条件，减少由此产生的社会矛盾，把互相博弈的不同利益方变成利益共享、风险共担的合作共赢方。

第四，改革现有的自然资源管理体制，兼顾中央与民族自治地方利益，创造中央企业、地方企业平等开发和经营的开发模式，保证地方政府发展、改善民生事业的能力和水平。

第五，通过规范的制度化管理强化生计重建的制度能力建设是基础，通过参与式发展提高受影响人口自我发展能力水平是核心，通过区域经济良性发展为受影响人口提供更多的发展机会是保障。

第六，资源开发企业更好地履行社会责任是推进资源开发地经济和民生可持续发展的重要保证。通过强化企业履行社会责任的自律机制和约束机制，探索建立资源开发企业对当地居民的直接支持机制，推广地方政府—企业共建模式，走出资源高效开发、社区和谐、生态安全和成果共享的资源开发新路。

第七，建立对资源开发项目全面评价的新模式，将其纳入民族学、人类学的评价范式，对项目开发进行项目社会效益评估、减轻贫困评估、少数民族和妇女发展评估等，从各个方面加强对惠及民生的前期论证，制定惠及民生的行动指南。

第二章
西部大开发与民族地区发展

在全球资源日益短缺的背景下，我国民族地区的资源优势不断凸显，但是资源开发是否真正给当地群众带来福音，资源优势能否真正转化为经济优势，使民族地区受益并惠及当地民生呢？这是民族地区资源开发过程中一直被拷问的问题。本章将以我国 21 世纪初开始实施的西部大开发战略为重点，选取广西壮族自治区为实证研究对象，着重探讨资源开发与民族地区经济发展及民生改善的关系。

第一节　我国西部大开发战略的实施及成效

我国西部地区总面积 681 万平方千米，占全国国土总面积的 71%，人口约 3.5 亿，占全国总人口的 28%。西部地区是我国少数民族聚居区，全国 55 个少数民族有 50 个集中分布在西部地区，少数民族聚居区占整个西部地区面积的 85%，西部少数民族人口约占全国少数民族人口的 75%。西部民族地区又是边疆地区，与蒙古、俄罗斯、塔吉克斯坦、哈萨克斯坦、吉尔吉斯斯坦、巴基斯坦、阿富汗、不丹、尼泊尔、印度、缅甸、老挝、越南等国接壤，陆地边境线长达 1.8 万余千米，约占全国陆地边境线的 91%；与东南亚许多国家隔海相望，大陆海岸线长 1595 千米，约占全国大陆海岸线的 1/11。从一定意义上说，西部大开发就是民族地区的大开发。

一、西部民族地区的资源禀赋

西部民族地区疆域辽阔，资源富集，既有丰富的矿产、水电、油气和生物等自然资源，也有优美的山川、悠久的历史、多样的文化、多姿的风情等旅游和人文资源。据统计，西部民族地区矿产资源占全国的 60% 以上，其中 45 种主要矿产已探明工业储量潜在价值约占全国一半，如铝、铅、锌、镍、锡、锑等；西部民族地区是长江、黄河、珠江、澜沧江等江河的源头或上游，蕴藏着丰富的水能资源，占全国水能蕴藏总量的 85% 以上，可开发水能资源占全国的 80%；天然气储量占全国总储量的 78.75%，塔里木盆地、柴达木盆地等均是天然气资源聚集地；石油远景储量仅新疆就占全国总储量的 40%，西北地区煤炭储量也达到了全国的 40% 左右。❶ 我国陆地新增探明石油储量主要来自西部民族地区，如长庆油田占新增探明石油储量的 40% 左右，基本形成了中国石油产业重心往西部偏移的格局。此外，西部民族地区还有丰富多彩的旅游资源，是我国生物多样性资源和绿色生态康养资源最丰富的地区。然而，由于自然、历史等原因，西部民族地区虽然既是资源富集区、文化特色区，又是水系源头、生态屏障区，但同时也是欠发达后发展的贫困地区，资源禀赋优势没有得到充分发挥，经济社会发展长期滞后。

二、西部大开发战略的提出

自改革开放以来，依据邓小平同志提出的"两个大局"战略思想，我国实行了优先支持东部沿海地区发展的非均衡发展战略。在这一战略带动下，全国"一盘棋"支持东部地区率先发展，特别是广大西部地区根据自身资源优势在各个方面全力支持东部率先发展，促使东部经济实现快速腾飞，并成为我国经济发展快车的强劲引擎。然而，由此也带来了区域经济发展不平衡、东西部差距急剧扩大

---

❶ 王铎．西部地区资源开发状况分析 [J]．内蒙古民族大学学报，2006（3）．

等突出问题，进一步加深了东西部的发展鸿沟。1979—1999年20年间，东部经济总量增长了7.8倍，西部仅增长了5.7倍，西部地区生产总值年均增长率比东部低1.4个百分点，1999年东部的人均地区生产总值是西部的2.46倍。为了推动西部民族地区加快发展，缩小东西部发展差距，推进区域统筹协调，1999年党的十五届四中全会提出要实施西部大开发战略。西部大开发的范围包括四川省、陕西省、甘肃省、青海省、云南省、贵州省、重庆市、广西壮族自治区、内蒙古自治区、宁夏回族自治区、新疆维吾尔自治区、西藏自治区12个省（自治区、直辖市），并把我国民族自治地方（包括5个自治区、30个自治州、120个自治县）全部纳入西部大开发范围或者参照享受西部大开发的有关优惠政策。实施西部大开发战略，加快西部民族地区发展，是21世纪以来我国提出的最重要的区域经济发展战略之一，是党中央、国务院在世纪之交做出的重大决策，对于维护社会稳定、民族团结和国土安全具有十分重大的政治和经济意义。

三、西部大开发战略的实施

开发西部、发展西部是一项宏大而艰巨的历史任务，实施西部大开发战略是紧迫性、长期性、艰巨性和复杂性并存的系统工程。2000年1月，国务院成立西部地区开发领导小组。2000年10月出台的《国务院关于实施西部大开发若干政策措施的通知》明确提出，实施西部大开发要依托亚欧大陆桥、长江水道、西南出海通道等交通干线，发挥中心城市作用，以线串点，以点带面，逐步形成我国西部有特色的西陇海兰新线、长江上游、南（宁）贵（阳）昆（明）等跨行政区域的经济带，带动其他地区发展，有步骤、有重点地推进西部大开发。同时，中央还提出，用50年左右的时间，分阶段稳步推进，力争到21世纪中叶将西部地区建成一个经济繁荣、社会进步、生活安定、民族团结、山川秀美、人民富裕的现代化新西部。❶这一发展定位为之后党中央提出的"两个一百年"奋斗目标奠定了坚实基础，具有高度的战略前瞻性和先导性。

---

❶ 鸿雁.西部大开发的"前世""今生"[J].中国商界，2018（10）.

（一）发展演进

西部大开发战略正式实施后，各项相关政策和发展规划密集出台，确保西部大开发各项任务和重点工作得到部署落实，推动西部民族地区经济社会取得迅猛发展。《国务院关于实施西部大开发若干政策措施的通知》同时明确了西部大开发政策制定的依据和重点。2002年，国家发展计划委员会、国务院西部地区开发领导小组办公室联合发布了西部大开发的第一个五年规划《"十五"西部开发总体规划》，提出实施西部大开发的指导方针和战略目标，以及"十五"期间西部大开发的主要任务、重点区域和政策措施。2004年，国务院发布了《国务院关于进一步推进西部大开发的若干意见》，针对面临的诸多现实矛盾和问题，部署了进一步推进西部大开发的重点工作。2007年，《西部大开发"十一五"规划》出台，重点围绕扎实推进社会主义新农村建设，继续加强基础设施建设，大力发展特色优势产业，引导重点区域加快发展，坚持抓好生态保护和建设、环境保护和资源节约，着力改善基本公共服务，切实加强人才队伍建设，积极扩大对内对外开放及建立健全西部大开发保障机制九个方面进行规划和部署。2010年6月，中共中央、国务院发布了《关于深入实施西部大开发战略的若干意见》，指出西部大开发第一个10年取得了良好开局，打下了坚实基础，并针对新一轮西部大开发作出构建国家重要的能源基地、资源深加工基地、装备制造业基地和战略性新兴产业基地的部署。同年7月，国务院西部地区开发领导小组再次召开西部大开发工作会议，提出新一轮西部大开发的总体目标、工作重点和主要任务，标志着西部大开发进入了承前启后、深入推进的关键时期。2012年，中华人民共和国国家发展和改革委员会（以下简称"国家发改委"）再次召开西部大开发工作会议，全面总结了西部大开发战略实施以来的成就与问题，深入分析了西部大开发面临的新形势，并研究部署了《西部大开发"十二五"规划》的落实工作。同年2月，《西部大开发"十二五"规划》正式出台。自2013年起，国家发改委连续多年发布西部大开发新开工的重点工程，并对上一年的工程进展进行公布。2017年，国家发改委发布了《西部大开发"十三五"规划》，围绕多个重点方面对深入推进西部大开发作出了新指示。2019年3月，中央全面深化改革委员会第七次会议审议通过的《关于新时代推进西部大开发形成新格局的指导意见》，按照"着重推进大保护、大开放、高质量发展"的要求，对新时代西部大开发工作进行了新的部署。❶总之，自西部大开发战略实施以来，国务院先后发布了西部大开发"十五""十一五""十二五""十三五"四个"五年规划"，重点围绕资源开发、产业发展、基础设施、生态环境、民生社会及对外开放等方面进行了顶层设计，推动西部大开发战略的贯彻部署和持续发展。

（二）开发重点

西部大开发显然不是单纯的自然资源开发，而是一项庞大的系统工程，这一点从实施西部大开发的初衷到贯彻落实西部大开发的系列意见、政策措施和工作规划，都有充分的体现。西部大开发涉及政治、经济、社会、文化、教育等方方面面，具体到发展层面则聚焦于基础设施建设、经济结构调整、生态环境建设、深化改革开放、发展教育科技五个方面。然而，不可否认，自然资源开发仍是西部大开发的主要切入点和重要抓手，自然资源的开发利用一直是西部大开发的战略重点和目标指向之一。

2000—2018年，西部大开发累计新开工重点工程345项，投资总额达73281亿元，重点投向资源开发、生态建设及铁路、公路、大型水利枢纽等重大基础设施建设领域。从分阶段实践来看，西部大开发的第一个十年主要是打基础，国家和其他地区投入了大量的人、财、物力帮助西部地区改善发展的基础条件，其发展思路是从开发利用西部具有比较优势的自然资源入手，通过完善基础设施建设、优化市场环境、扩大改革开放，加快促进西部资源优势转化为经济发展优势，从而带动西部地区产业结构优化调整、生态环境改善、科技教育发展，形成互相依托、相互促进的西部经济社会发展良性循环。这些可以从西部大开发相继启动的西电东送、西气东送、南水北调、青藏铁路、退耕还林等一批重

---

❶ 白永秀，何昊.西部大开发20年：历史回顾、实施成效与发展对策[J].人文杂志，2019（11）.

大标志性工程和重点项目得到印证。这些工程都直接着眼于西部地区丰富的能源资源与东部经济发展的密切结合，通过开发丰富的水电、风电、天然气、矿产等自然资源，基本构建了我国从西向东输送能源的发展格局。2006年7月正式通车的青藏铁路，一方面加快了青藏地区旅游资源的开发，改变了西藏地区的能源结构，便捷了煤炭、石油入藏；另一方面促进了西藏铬铁矿、铜矿、锂矿、硼矿等矿产资源的开发利用。进入西部大开发的第二个十年，国家对西部发展不再采取大规模的财政投入，而是希望西部地区能够培育出自我发展新动能，形成内生的增长动力，到2020年西部地区综合经济实力要上一个大台阶，基础设施更加完善，现代产业体系基本形成，建成国家重要的能源基地、资源深加工基地、装备制造业基地和战略性新兴产业基地，推动西部地区人民生活水平和质量上一个大台阶，基本公共服务能力与东部地区差距明显缩小，生态环境恶化趋势得到遏制。

  我国学界对西部大开发战略开发重点的研究和讨论也比较热烈。如杨雪清、段昌群从生态经济学的视角对西部大开发中几个重点问题进行了重新审视，认为西部地区生态环境脆弱，资源条件比较单一，在资源不再成为当今经济发展的唯一核心要素时，过分地强调西部的资源将可能导致西部地区资源枯竭与环境恶化的后果，且这种基于西部丰富资源的产业分工可能会使西部地区陷入"比较优势的陷阱"，这将违背西部大开发的初衷。因此，技术的引入，多元产业的共同发展才是确保资源有序和合理利用的基础。卢文忠、刘辉认为，在西部大开发中应以生态治理为先，生态环境是实现西部可持续发展的基础。史向军分析了建立循环经济发展模式对西部地区经济发展的必要性，认为生态特征是西部大开发能否最终成功的关键所在。尽管西方国家有着"先污染，后治理"的成功先例，但建立生态的循环经济发展模式是我国西部地区经济发展和社会进步的内在要求。

四、西部大开发战略的成效

西部大开发战略实施 20 年来,西部地区经济社会得到长足发展,综合实力稳步提升,主要经济社会指标变化明显,尤其在经济总量、基础设施、产业结构、民生改善、生态环境等方面取得显著成效。然而,从长远和全局看,西部发展仍存在较大隐忧,缩小东西部发展差距的建设初衷尚未实现。

(一)总体成效

一是西部经济呈现高速增长,但与东部经济差距仍逐渐扩大。西部地区生产总值从 1999 年的 1.58 万亿元增长到 2018 年的 18.43 万亿元,占全国的比重从 16.72% 提高到 20.47%,年平均增速 13.80%,略高于全国 12.85% 的平均增速,也高于东部 13.10%、中部 13.55% 的平均增速。总的来说,自实施西部大开发战略以来,西部主要经济指标增速多年领先于全国及其他地区(图 2-1)。然而,由于基数小、起点低,以这样的发展速度仍难以实现后发追赶,东西部经济差距的绝对数量逐年增大。1999 年东西部经济总量差距为 30836.15 亿元,2008 年扩大到 119969.01 亿元,2018 年经济总量差距又进一步扩大到 296694.17 亿元,比 1999 年增长了近 9 倍(图 2-2)。

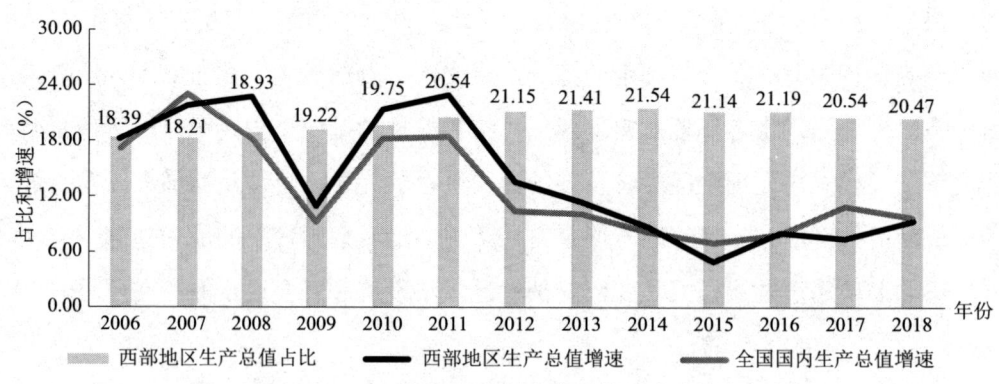

图 2-1 2006—2018 年西部地区生产总值增速总体高于全国

数据来源:2007—2019 年《中国统计年鉴》。

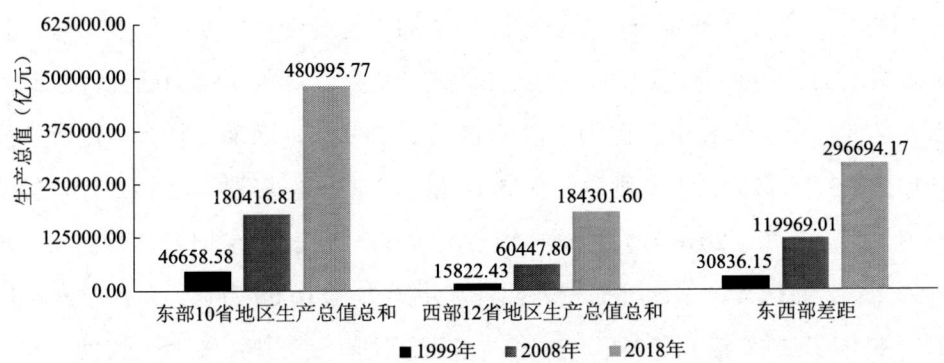

图 2-2　1999—2018 年东西部经济差距变化

数据来源：2000—2019 年《中国统计年鉴》。

从 20 年的发展轨迹来看，西部经济较快增长背后的驱动因素主要是以投资为主，经济发展的产业支撑动能较弱。2000 年，西部地区的固定资产投资占地区生产总值比重与东部、全国水平大体相当，分别为 32.83%、34.27% 和 32.83%。至 2018 年，西部固定资产投资占地区生产总值比例高达 95.55%，而同期东部、全国水平分别为 59.08%、71.99%（图 2-3）。可见，如何使西部摆脱单纯的投资拉动，促进资源优势真正转化为经济发展新动能，是新时代推进西部大开发形成新格局需要面对的重点难点问题，也是实现我国经济高质量发展的重要议题。

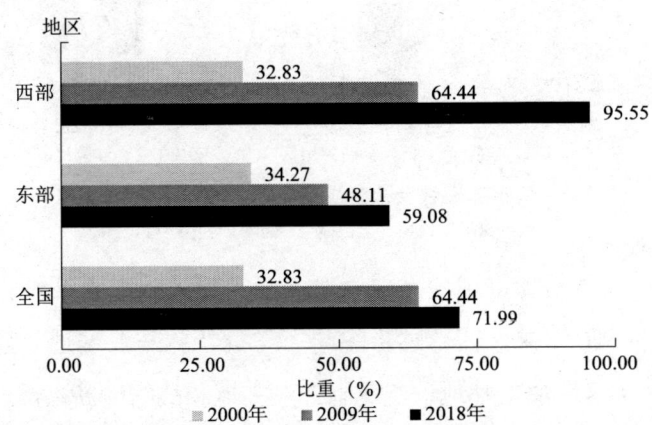

图 2-3　东西部固定资产投资占地区生产总值比重

数据来源：2001—2019 年《中国统计年鉴》。

二是西部全社会固定资产投资额连年增加,但投资总额明显低于东部,且民间投资乏力。2000 年,西部全社会固定资产投资总额为 0.54 万亿元,东部为 1.73 万亿元,东西部投资差额为 1.19 万亿元;2009 年,西部全社会固定资产投资增加到 4.97 万亿元,东部则达到 9.55 万亿元,东西部差额扩大到 4.59 万亿元,差距扩大到近 4 倍。2018 年,西部全社会固定资产投资增长到 17.77 万亿元,东部则为 28.42 万亿元,东西部投资差额进一步扩大到 10.65 万亿元,投资差额比 2009 年扩大了 2 倍多(图 2-4)。同时,东西部民间投资热度差距也较大,2016 年东部民间固定资产投资 16.47 万亿元,西部民间固定资产投资仅 7.11 万亿元,还不到东部的一半,东西部民间投资冷暖可见一斑。总体来说,自西部大开发战略实施以来,西部整体投资水平得到显著提升,但相比东部的投入仍存在较大差距。特别是经济进入新常态以来,西部经济下行压力相比其他地区更大,投资增速明显落后,2018 年西部投资增长 4.7%,分别比东中部低 1.0 个和 5.3 个百分点。

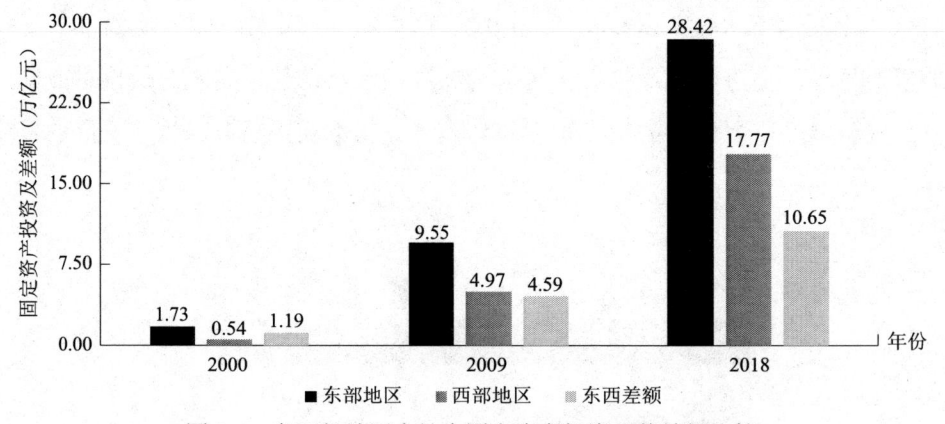

图 2-4 东西部地区全社会固定资产投资及其差额比较
数据来源:2001—2019 年《中国统计年鉴》。

三是西部产业体系和市场体系建设取得显著成效,但产业结构优化升级明显迟滞于东中部。20 年来,西部逐步崛起了一批特色产业基地,建成了国家重要的能源基地、资源深加工基地、装备制造业基地和战略性新兴产业基地四大基地。例如,重庆的汽车、电子信息产业,贵州的大数据、大健康、大旅游产业,陕西的能源化工,广西的新能源电动车等蓬勃发展,太原城市群、呼包鄂榆地区、成渝地区、滇中地区、藏中南地区、关中—天水地区、兰州—西宁地区、广西北部湾经济区、宁夏沿黄经济区、天山北坡地区等成为西部地区据点式开发及集聚人口和产业的重点地区和重要支撑。但是，从三次产业结构来看，东西部的差距鸿沟仍难以逾越。2018年第一产业占东部地区生产总值约5%，已经属于发达国家水平，而西部地区占比在10%以上（图2-5）；从城镇化率来看，2018年我国常住人口城镇化率约60%，东部地区则接近70%，京津沪三大直辖市甚至超过了80%，但西部地区只有50%。

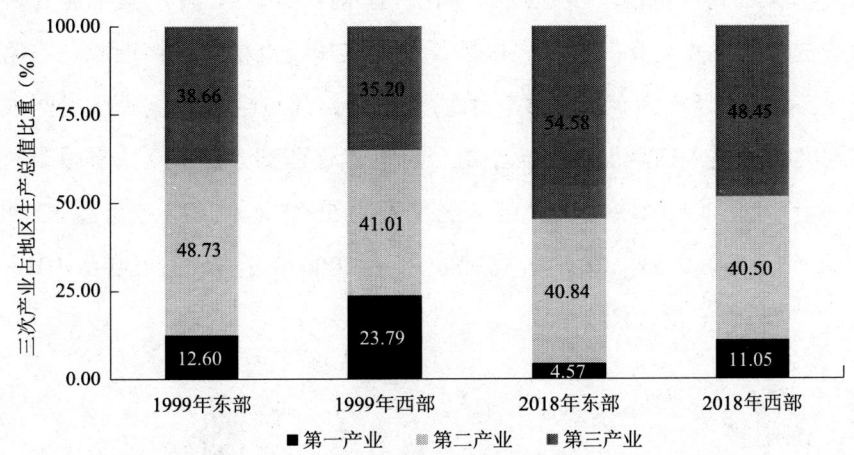

图2-5　1999年和2018年东西部三次产业占地区生产总值比重
数据来源：2000—2019年《中国统计年鉴》。

另外，西部战略性新兴产业发展取得较大突破，但由于交通、市场、人才资源等要素聚集能力的限制及经济发展新常态的影响，西部中小企业融资成本急剧攀升，公路物流成本普遍高于全国平均水平，传统产业转型升级缓慢，知识技术密集、物质资源消耗少、成长潜力大、综合效益好的新兴产业规模依然较小，新旧动能转换增速还难以填补传统行业增速放缓留下的空白，在一定程度上抑制了高质量发展的增势。同时，随着多条高速铁路的开通和东中西部市场的融通，在极大方便西部省市与东中部省市经济联系的同时，也使西部面临着来自东中部原材料、资本、人才、市场等优势资源更大的"虹吸效应"。西部地区既迎来了高质量发展的机遇期、窗口期，也面临前发展资源进一步流失的风险和挑战。

四是西部民生福祉改善成效明显，但东西部居民收入差距仍逐年扩大。从西部历史发展的纵向维度考察，西部大开发的 20 年是西部城乡面貌改善最大、人民生活水平提高最快、群众得到实惠最多的时期。特别是 2010 年以来，西部大开发由投资基础设施和重大项目为重点逐渐转向以保障和改善民生为着力点，加大了对西部地区均衡性转移支付力度，把教育、医疗、社保、扶贫开发等方面的专项转移支付重点向西部地区倾斜，大力发展社会事业，推进西部地区基本公共服务均等化，确保社会主义制度的政治优势和各族群众的生活改善。特别是把南疆地区、青藏高原地区、滇桂黔石漠化片区划入了全国 14 个集中连片特困地区作为扶贫开发重点。党的十八大以后，通过实施精准扶贫、精准脱贫方略，又把"三区三州"❶划定为全国深度贫困地区，提出通过全面打赢脱贫攻坚战，实现贫困地区和贫困人口全面脱贫奔小康目标，确保西部人民群众共享改革发展成果。2000 年，西部地区城镇居民可支配收入为 5642 元，2018 年增至 33388 元，增长到近 5 倍（图 2-6）；农村居民纯收入由 2000 年的 1685 元增至 2018 年的 11831 元，增长到 6 倍（图 2-7）。

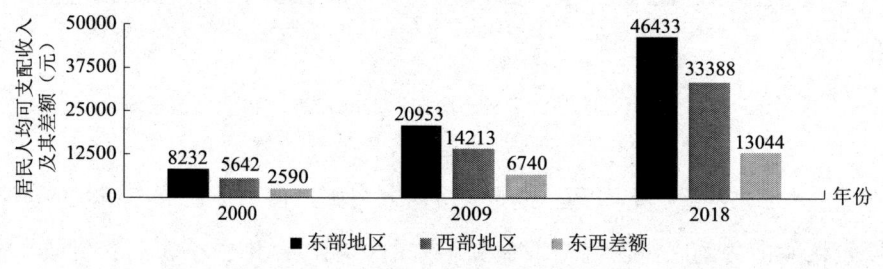

图 2-6　东西部城镇居民人均可支配收入及其差额比较

数据来源：2001—2019 年《中国统计年鉴》。

从居民收入水平的横向比较来看，东西部居民收入差距在逐年扩大（图 2-6、图 2-7）。2000 年，东西部城镇居民可支配收入和农村居民纯收入差距分别为 2590 元、1514 元，到 2009 年差距分别增大到 6740 元和 3339 元，2018

---

❶ "三区"指西藏自治区和青海、四川、甘肃、云南四省藏区及南疆的和田地区、阿克苏地区、喀什地区、克孜勒苏柯尔克孜自治州四地区；"三州"指四川省凉山彝族自治州、云南省怒江傈僳族自治州、甘肃省临夏回族自治州。

年差距进一步增大到13044元和6454元。20年间东西部城镇居民可支配收入和农村居民纯收入差距分别增长到原来的5倍和4倍多。

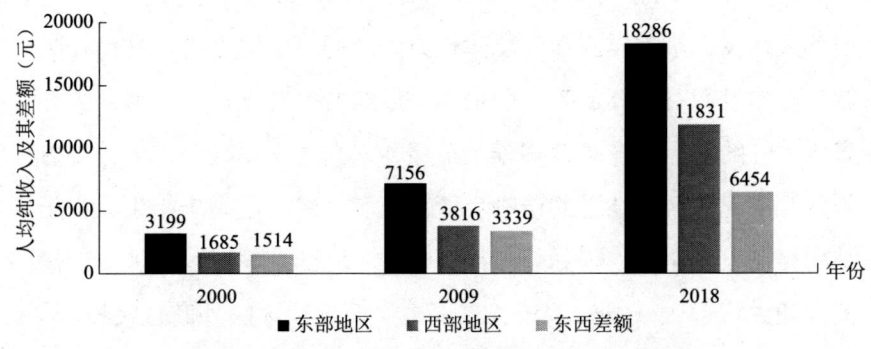

图2-7　东西部农村居民人均纯收入及其差额比较
数据来源：2001—2019年《中国统计年鉴》。

五是生态环境保护和建设取得重大进展，但经济发展与生态环保之间的矛盾依然突出。西部地区是我国重要的生态屏障区，同时也是生态脆弱区，加强生态环境保护和建设是西部大开发的根本要求和主要切入点之一。20年来，西部大开发先后实施了退耕还林、天然林保护、京津风沙源治理、退牧还草等生态工程，大力增加和恢复林草植被，减少水土流失，降低风沙危害，使长江上游、黄河上中游、珠江—西江等重点流域生态环境明显改善，形成了以青藏高原生态屏障、黄土高原—川滇生态屏障为面上保护，以北方防沙带及大江大河重要水系为生态廊道的保护体系。同时，通过科学划定西部地区的重要生态功能区，加大对重点生态功能区的转移支付，初步形成了点轴带动、面上保护的国土空间开发和生态安全战略格局，为保障国家生态安全提供了重要支撑。但是，总体来看，西部地区以资源型经济为主的粗放发展模式并未得到根本转变，如何处理好环境保护和经济发展之间的关系仍然是摆在西部发展面前的突出问题。

（二）对西部大开发成效的研究述评

学术界对西部大开发的总体实施成效给予了积极评价，多数有关西部大开发协调效果的研究都强调西部大开发对改善西部地区基础设施、推动西部地区经济增长方面的作用，但对其缩小差距、实现区域经济协调发展方面的作用却并不乐观。

王洛林和魏后凯最早对西部大开发的进展和效果进行了评价。其研究结果表明，西部大开发在基础设施和环境建设方面取得了较大成效，然而在吸引民间投资、软环境建设和对外开放等方面仍然进展缓慢。王珏认为，西部大开发实施五年后省级单位的地区生产总值规模及排序并未发生重要改变，但综观对外贸易及吸引外资等情况，西部地区的份额反而出现了下降。赵果庆指出，由于区域间吸引力结构存在较大差异，国际直接投资也并不向西部集聚，再加上政策的溢出效应，即使通过西部大开发的政策优惠促进了西部地区的外商直接投资（FDI），但中部与东部同样受益，最终结果同样无助于缩小东西发展差距。魏后凯和孙承平应用定量方法和系统的数据，从9个方面考察了我国西部大开发的实施效果，发现西部大开发促进了经济增长的速度，但是并没有使西部地区与东部地区经济发展的差距缩小。

邵帅、齐英应用"资源诅咒"假说，基于1991—2006年的省级面板数据对西部地区的资源开发与经济增长的关系进行研究，证明了西部大规模的资源开发并没有有效地推动经济增长，反而在一定程度上遏制了经济增长。资源禀赋通过对科技创新和人力资本投入的挤出效应，以及滋生寻租和腐败而引起的政治制度弱化效应成为中国区域间经济发展不平衡的一种潜在因素。通过建立增长模型，刘生龙、王亚华和胡鞍钢采用1987—2007年中国省际面板数据，使用系统GMM（广义矩估计）方法对西部大开发的实施成效进行了严谨的检验。其实证结果表明，西部大开发的实施，使西部地区2000年以来的年均经济增长率增加了约1.5个百分点，促使中国区域经济从趋异转向收敛。尽管如此，西部大开发促进西部地区经济增长的机制，主要是通过大量的实物资本特别是基础设施投资实现的，而西部地区的教育发展、科技进步及软环境并没有因为西部大开发而得到显著改善。

第二节　广西实施西部大开发战略的历史性成就

广西地处华南经济圈、西南经济圈与东盟经济圈结合部和中国—东盟自由贸易区的中心位置，是西部地区唯一沿海、沿江、沿边的省区，处于"一湾相挽十一国，良性互动东中西"的关键节点。广西是我国人口最多的少数民族自治区，生活着壮、汉、瑶、苗、侗、仫佬、毛南、回、京、水、彝、仡佬12个世居民族和其他44个民族成分。据2010年第六次全国人口普查数据，广西总人口5159万，其中少数民族人口1958万，约占38%，是我国少数民族人口最多的省区。

西部大开发战略实施以来，广西努力把握这一千载难逢的历史发展机遇，围绕中央部署，结合自身优势，制定了一系列促进经济社会发展的有力举措。特别是党的十八大以来，广西深入落实"三大定位"新使命和"五个扎实"新要求，着力营造"三大生态"❶、加快实现"两个建成"❷，经济社会发展取得了历史性成就。可以说，西部大开发以来的20年是广西投资规模最大、建设项目最多、发展最快的20年。

一、综合实力显著提升，城乡居民生活实现从总体小康向全面小康迈进

20年来，广西坚持以培育和发展特色优势产业为核心，着力推动经济发展方式转变和经济结构优化，推动区位优势、资源优势、政策优势转变为发展优势，实现经济持续快速发展。全区生产总值从2000年突破2000亿元，到2018年突破20000亿元，取得近9倍的增长，人均地区生产总值超过6000美元，财政收入从2000年的220亿元增加到2018年的2790亿元，增长超过11倍。重大

---

❶ "三大生态"：风清气正的政治生态、团结和谐的社会生态、山清水秀的自然生态。
❷ "两个建成"：与全国同步全面建成小康社会，基本建成"三大定位"新使命要求的"面向东盟的国际大通道、西南中南地区开放发展新的战略支点、21世纪海上丝绸之路与丝绸之路经济带有机衔接的重要门户"。

项目建设取得历史性突破,龙滩水电站、百色水利枢纽等一大批西部大开发标志性工程相继建成投产,广西西南出海通道和"西电东送"基地全面建成并发挥重要作用。

产业结构不断优化,战略性新兴产业初具规模。产业结构由过去的"一二三"转变为"三二一",形成食品、汽车、机械、有色金属、电子信息、石化、电力、冶金、建材等10个千亿元工业产业,其中食品产业超4000亿元,电子信息等9个产业超2000亿元,汽车年产超过200万辆,成为全国重要的汽车生产基地。推动糖、铝、机械、冶金等传统优势产业"二次创业",通过技术改造向高技术水平、高附加值、中高端产业迈进。新材料、新能源、节能环保、海洋经济、养生长寿健康等战略性新兴产业蓬勃兴起,增长新动能显现。现代特色农业发展迅猛,形成了粮食、糖料蔗、水果、蔬菜、茶叶、桑蚕等十大种养产业和富硒农业、有机循环农业、休闲农业3大新兴产业"10+3"特色农业,成为全国最大的制糖基地和茧丝生产基地。

人民生活显著改善,社会保障明显提升。城乡居民收入稳步增长,2018年城镇和农村居民人均可支配收入分别达到32436元和12435元;城镇化进程不断加快,城镇化率上升到50.22%;消费水平大幅提升,消费结构发生巨大变化,汽车、空调、移动电话、家用电脑等高档耐用消费品拥有量大幅提高,文化娱乐、医疗保健、旅游休闲、体育健身等消费成为新时尚;新型农村合作医疗合作不断推广,城乡居民最低生活保障体制基本建立,社会保险覆盖面不断扩大,城乡居民基本养老保险参保率超过98%。卫生和社会保障相对落后的局面不断改善。

文化教育事业蓬勃发展,精神文化生活日益丰富。广西壮族霜降节作为"二十四节气"扩展名录项目列入联合国教科文组织人类非物质文化遗产代表作名录;左江花山岩画文化景观列入世界文化遗产名录;灵渠列入世界灌溉工程遗产名录;"壮族三月三"成为民族节庆文化活动品牌。基础教育从普及走向均衡。2007年,广西率先成为实现国家"两基"目标的自治区,并在全国首创普惠办园机制;高等教育向扩量提质并重转变,深入实施高等教育特色化上水平工程和强基创优计划,至2018年年底全区高等学校发展到80所。

扶贫开发持续强力推进,脱贫攻坚战取得历史性成就。进入21世纪,广西创造性地开展了边境地区、东巴凤三县、大石山区五县等集中连片特困区域基础设施建设大会战,整合人财物力集中解决制约贫困地区生产生活的行路难、饮水难、看病难等问题,取得明显成效,为全国扶贫开发工作提供了可复制、可推广的先进经验。自2015年以来,广西全面打响"攻坚五年、圆梦小康"脱贫攻坚战,精准实施"八个一批"❶和"十大行动"❷,按照"核心是精准、关键在落实、确保可持续"的总体要求,聚焦深度极度贫困地区,推进脱贫攻坚战三年行动,努力实现全面小康路上"一个民族、一个地区都不少"的庄严承诺。2012—2018年,全区累计减少贫困人口825万人,年均减贫117万人,实现3451个贫困村、25个贫困县摘帽,贫困发生率从18%降至3.7%。在2016—2018年省级党委和政府扶贫开发工作成效考核中,广西连续三年被认定为"综合评价好"的等次。

二、开放发展迈出坚实步伐,从昔日的西南边陲发展成为我国面向东盟开放合作的重要前沿

广西最大的优势在区位,最根本的出路在开放。进入21世纪,广西紧紧抓住西部大开发战略实施、中国—东盟自由贸易区建立、中国—东盟博览会永久落户南宁等开放合作新机遇,积极实施区域合作战略和"互利共赢"的开放战略,以面向东盟为重点的多区域开放合作明显加快,成为中国面向东盟开放合作的重要前沿。

在开放格局上,充分释放"海"的潜力、激发"江"的活力、做足"边"的文章,

---

❶ "八个一批":扶持生产发展、转移就业扶持、移民搬迁安置、生态补偿脱贫、教育扶智帮助、医疗救助解困、低保政策兜底和边贸政策扶助一批。

❷ "十大行动":特色产业富民行动、扶贫移民搬迁行动、农村电商扶贫行动、农民工培训创业行动、贫困户产权收益行动、基础设施建设行动、科技文化扶贫行动、金融扶贫行动、社会扶贫行动、农村'三留守'人员和残疾人关爱服务行动。

盘活开放发展这盘棋,着力构建"南向、北联、东融、西合"❶全方位开放发展新格局,努力在"一带一路"建设中发挥更大作用。加快推进与东盟国家的互联互通、经贸合作和人文交流,不断拓展与粤港澳台合作,成功举办了14届桂台经贸文化合作论坛,成为大陆首个赴台举办经贸文化活动的省份,在海峡两岸产生积极反响。

在开放平台上,推动一大批中国—东盟合作机制落户广西,形成了中国—东盟合作的"南宁渠道"。从2004年起,广西连续举办了16届中国—东盟博览会和中国—东盟商务与投资峰会、10届泛北部湾经济合作论坛,共有80多位中外领导人、3100多位部长级嘉宾出席活动,吸引70多万中外客商参展参会。此外,广西还举办了中国—东盟自贸区论坛、亚洲政党专题会议、中越青年大联欢等200多个专业论坛以及一系列重大活动,积极参与中国—东盟自由贸易区建设,参与推动泛北部湾、大湄公河次区域、中越"两廊一圈"等多区域合作,并与东盟国家缔结了54对国际友城,总数居全国第一。

在开放创新上,构建了与东盟国家全方位、多层次、宽领域开放合作新模式。广西北部湾经济区同城化、商事制度改革、沿边金融综合改革等走在全国前列,率先在全国推进异地城市通信、金融、社保、口岸通关等服务同城化、一体化,成为全国沿边金融综合改革试验区之一,跨境人民币结算总量稳居西部12省(区)、9个边境省(区)前列。开创中国—马来西亚"两国双园"等国际合作新模式,南宁、凭祥、钦州保税港区和北海出口加工区等保税物流体系不断完善,口岸设施建设和通关便利化水平明显提高,成为西部地区首个启动并建成"单一窗口"的省份。中国—新加坡互联互通南向通道铁海联运集装箱班列班轮常态化运行,成为西部地区新一轮开放开发的新引擎。

在对外贸易上,加快"引进来""走出去"步伐,外贸进出口额不断攀升。据广西国民经济与社会发展统计公报数据,1999年,广西外贸进出口总额仅为

---

❶ 南向,就是以西部陆海新通道建设为载体,构建面向东盟的国际大通道;北联,主要是加快畅通联系贵州、重庆、四川、陕西、甘肃等地的通道,把"一带"和"一路"在中国西部地区连接贯通起来;东融,主要是主动对接融入珠三角、粤港澳大湾区,借力东部加快发展;西合,主要是联合云南等省份,加强与越南、缅甸、老挝等湄公河国家的合作。

17.5亿美元，到2008年首次突破100亿美元，2018年广西外贸进出口规模创历史新高，达到623亿美元，20年间增长了近35倍。2018年广西对东盟进出口约311亿元，占广西对外贸易额的50%左右，东盟已连续19年成为广西最大的贸易伙伴。

三、交通基础设施建设发展迅猛，实现从交通末梢向区域性国际交通枢纽的历史性转变

交通基础设施薄弱，一直是制约广西经济社会发展的主要瓶颈之一。加强交通础设施建设，是国家支持西部大开发的重点。借助西部大开发的东风，广西先后实施了县县通二级公路、加快边境地区、革命老区及沿海基础设施建设等战略决策，在公路、铁路、民航、水运等综合运输体系建设方面取得了令人瞩目的成就，向实现"高速县县通、高铁市市通、民航片片通、内河条条通"海陆空立体式交通网络的目标不断推进。

交通累计投资频现"新高度"。1999—2002年，累计完成固定资产投资248.6亿元；2003—2007年，固定资产投资成倍增长，完成730.6亿元，进入交通投资爆发期；2008—2018年，交通投资更是呈井喷式增长，完成投资7058.2亿元；2019年广西公路水路投资额预计达到1003亿元，成为西部第4个投资达1000亿元的省区。

铁路、公路建设迈入飞速发展阶段。1997年，被誉为"国家最大扶贫项目"的南宁—昆明铁路建成通车，但仍然没有改变广西铁路运输相对落后的局面。进入21世纪，乘上西部大开发的"快车"，广西铁路建设得以迅猛发展。铁路运营里程由2000年的3109千米增加到2018年的5140千米，铁路路网密度219千米/万平方千米，高于全国平均水平。其中，高铁运营里程1751千米，排全国第二位，初步形成了以南宁为中心的"123"快速铁路网。❶同时，铁路建设也创造

---

❶ "123"快速铁路网即广西北部湾经济区内"1小时城市经济圈"、到区内主要城市"2小时城市经济圈"、到相邻省会城市"3小时城市经济圈"。

了多个新历史。2009年建成的洛阳—湛江铁路（广西段）终结了桂东无铁路的历史；2013年12月28日，桂林到北京首趟高铁列车正式发车，标志着广西成为首个开通高铁的自治区；随着首府南宁轨道交通1号、2号线开通运营，广西又成为首个开通地铁的自治区。公路建设得到较快发展，公路里程由2000年的5.29万千米增至2018年的12.54万千米，其中高速公路5563千米，县县通高速率达91%，农村公路突破10万千米。实现乡乡通沥青（水泥）路，99.8%的建制村通沥青（水泥）路，位居西部地区前列。

　　港口、航空建设取得长足进步。沿海和内河港口年吞吐能力分别达2.5亿吨、1.1亿吨，生产性泊位达到265个，北部湾千万标箱现代化港口建设加快推进，沿海港口成为西南、中南地区重要出海口，西江亿吨黄金水道直航粤港澳，初步形成了"一干七支"的内河水运网络。西部地区首座核电站防城港红沙核电站一期投产运营。建成7个民航机场，是中南地区民航运输机场最多的省区之一；飞行航线320条，可通航110个城市和地区，东盟航线实现全覆盖，成为面向东盟的航空枢纽。

四、生态文明建设全面加强，"山清水秀生态美"的金字招牌更加闪亮

　　西部大开发实施20年以来，广西坚持生态立区、生态惠民、绿色发展，一届接着一届传承好"绿色接力棒"。从持续推进石漠化综合治理到2005年作出建设生态广西的决策部署，从2010年启动生态文明示范区建设到2013年启动"美丽广西·乡村建设"，从2015年提出大力发展生态经济到2017年全面实施生态文明体制改革，"绿水青山就是金山银山"的生态文明理念得到有效贯彻落实，八桂大地逐步实现青山常在、清水长流、空气常新。

　　坚持打好污染防治攻坚战，生态环境持续优化。建设桂西北生态屏障，桂东北、桂西南、桂中、北部湾沿海、十万大山生态功能区，西江千里绿色走廊，构建"一屏五区一走廊"生态安全格局。2018年，广西森林面积达2.2亿亩，森

林覆盖率达 62.37%，排名全国第三位；全面完成国家下达节能减排降碳任务和空气质量改善目标，2012—2018 年，广西万元 GDP 能耗累计下降 24.1%，位居全国前茅；近海生态质量主要监测指标、生物多样性丰富度排全国前列；植被生态质量和植被生态改善程度位居全国首位。生态环境质量不断提升。

持续推进石漠化治理，综合成效居全国前列。广西是我国石漠化最严重的省区之一，经过西部大开发 20 年的治理，毁林开荒、水土流失的控制和防治工作取得重大进展，建设了 100 多个石漠化综合治理示范点；新一轮退耕还林、珠江流域防护林体系建设、森林生态效益补偿等林业重点生态工程项目的实施，使石漠化严重地区地表植被得到恢复，岩溶地区生态环境明显改善，农田基础设施建设改造出了大片良田，石漠化扩展趋势整体得到有效遏制。在治理过程中，各地还探索出"竹子＋任豆""任豆＋金银花"等 10 多种混交造林模式，为我国石漠化问题治理提供了实践经验和有益探索。

大力推动生态经济，绿色发展之路越走越宽。广西坚持把发展生态经济作为转变发展方式和加快生态文明建设的重要抓手；实施生态经济十大工程，大力发展生态旅游业、生态农业、健康养生等产业，打好"绿色牌""长寿牌""富硒牌"；引进一大批生态环保企业和产业项目，推进生态经济、绿色产业蓬勃发展，努力把生态优势转变为发展优势，走出一条具有广西特色的产业强、百姓富、生态美的绿色转型绿色崛起之路。❶

从历时性的角度考察，广西实施西部大开发战略 20 年确实取得了历史性的辉煌成就，为迈进新时代的发展筑牢根基。然而，对西部大开发战略的实施效果进行科学、综合评判，还需要进一步考虑经济增长动力因素的可持续性和稳定性、产业结构优化和产业升级、经济增长与环境保护的协调平稳，以及民生保障和公共服务水准的提升等方面。根据国家西部大开发确定的战略方向，结合广西在地理位置、人口构成、自然资源、基础条件等方面的特殊性，本书将从经济增长、结构调整、民生水平、生产要素吸纳、生态保护五个方面，对广西实施西部大开发效益展开评估分析。

---

❶ 覃娟. 广西：打造西部大开发南向高地 [J]. 新西部，2019（10）.

第三节 西部大开发与广西经济增长

一、经济增长指标评估与分析

经济增长指标是评估一个地区经济发展水平的基础指标，可以直接反映西部大开发对广西经济增长规模、速度与质量的效果。从经济发展的总体评价来看，速度和效率两方面都是不可忽视的。一味强调发展速度，不顾资源的过度消耗、环境压力的承载负荷和可持续发展违背科学发展、生态文明的总体要求；而如果不以最优的经济发展速度前行，西部大开发的成效难以显现，缩小区域经济发展差距从而实现协调发展就无从谈起。西部大开发在追求更高的经济发展速度的同时，更要重视和保证经济发展的效率；既要追求经济增长数量，也要讲求经济发展质量。

（一）经济增长速度方面

西部大开发战略在广西的实施从一大批资源开发、基础设施等重大项目开工建设拉开帷幕。"十五"期间，广西的能源、交通、特色产业、城市基础设施和社会公共设施等固定资产投资共完成5586亿元，比"九五"期间增长近2倍，新开工规模以上项目2.8万个，比"九五"时期增加1倍多。龙滩水电站、百色水利枢纽、洛阳—湛江铁路广西段、河池水任—南宁高速公路、南宁—友谊关高速公路、南宁—百色高速公路、桂林—梧州高速公路、防城港20万吨级泊位及深水航道等一批西部大开发重大项目相继开工建设，特别是龙滩水电站、百色水利枢纽作为西部大开发标志性工程取得了历史性突破，西南出海大通道不断完善，红水河水电资源开发和西电东送通道建设取得重大成效。利用丰富的矿产、水电、旅游等资源和西部大开发带来的重大项目投资，广西发展壮大了以铝和锡为主的有色金属工业、以水力发电为主的能源工业及以制糖为主的食品加工工业等优势产业。

西部大开发实施 20 年来，广西以重大项目投资带动为契机，着力推动区位优势、资源优势、政策优势转变为发展优势，推动经济持续快速发展。"十五"期间，广西地区生产总值平均增速为 10.60%，比"九五"期间提高了 2.1 个百分点；"十一五"期间平均增速最快，达到了 13.70%；"十二五"时期的增速也保持在 10% 以上，经济进入新常态以后，广西的经济增速回落到 6% 左右。2018年，广西地区生产总值突破了两万亿元大关（表 2-1）。

表 2-1　广西主要经济发展指标和平均增速对比

指标	2000年	"九五"平均增速	2005年	"十五"平均增速	2010年	"十一五"平均增速	2015年	"十二五"平均增速	2018年	2015—2018年平均增速
地区生产总值	2080亿元	8.50%	4076亿元	10.60%	9604亿元	13.70%	16870亿元	10.10%	20353亿元	6.46%
人均地区生产总值	4652亿元	7.60%	8788亿元	10.00%	20292亿元	18.20%	35330亿元	11.73%	41489亿元	5.50%
财政收入	220亿元	10.50%	475亿元	16.40%	1227亿元	20.90%	2333亿元	13.72%	2790亿元	6.15%
社会消费品零售总额	859亿元	10.10%	1397亿元	11.60%	3312亿元	18.80%	6348亿元	13.90%	8282亿元	9.27%
全社会固定资产投资	660亿元	9.30%	1661亿元	21.90%	7859亿元	36.50%	16278亿元	15.68%	22713亿元	11.73%
居民消费价格指数	100亿元	—	102亿元	—	103亿元	0.10%	101.5亿元	-0.29%	102.3亿元	0.26%

注：数据来源于 2001—2019 年《广西统计年鉴》。

但是，广西经济总量在全国的排位仍呈下降趋势。1999 年广西经济总量在全国的排名为第 16 位，2018 年下降了 2 位排到第 18 位（表 2-2）。

表 2-2 西部主要省（市）1999 年与 2018 年地区生产总值变化及增长率对比

省份	1999 年地区生产总值（亿元）	2018 年地区生产总值（亿元）	增长率（%）	排位变化
贵州	937.50	14906.45	1480	2
陕西	1592.64	24438.32	1434	3
宁夏	264.58	3705.18	1300	0
西藏	105.98	1477.63	1294	0
内蒙古	1379.31	17289.20	1153	0
重庆	1663.20	20363.19	1124	1
青海	239.38	2865.23	1097	0
四川	3649.12	40678.10	1015	0
新疆	1163.17	12199.08	949	−1
广西	1971.41	20352.51	932	−2
云南	1899.82	17881.12	841	−2
甘肃	956.32	8246.10	762	−1
总计	15822.43	184002.11	1063	—

数据来源：2000—2019 年《中国统计年鉴》。

从经济增长速度来看，20 年来广西经济发展平均增速为 13.13%，慢于广东的 13.71% 和湖南的 13.42%，总体发展缓慢（图 2-8）。可见，广西与广东、湖南两省区的经济总量差距较大。1999 年，广西与广东、湖南的经济总量差距为 6511 亿元和 1374 亿元，2018 年分别增加到 76925 亿元和 16073 亿元（图 2-9）。

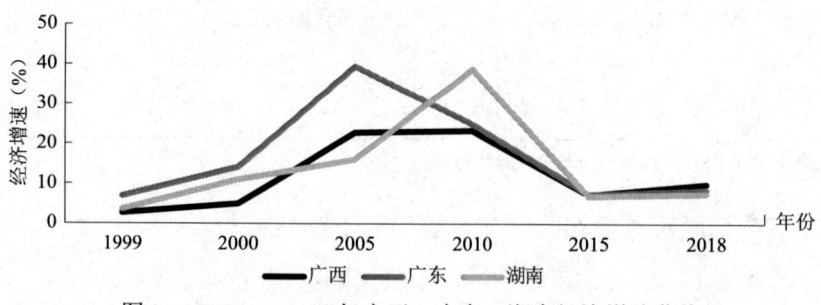

图 2-8 1999—2018 年广西、广东、湖南经济增速曲线

第二章 西部大开发与民族地区发展

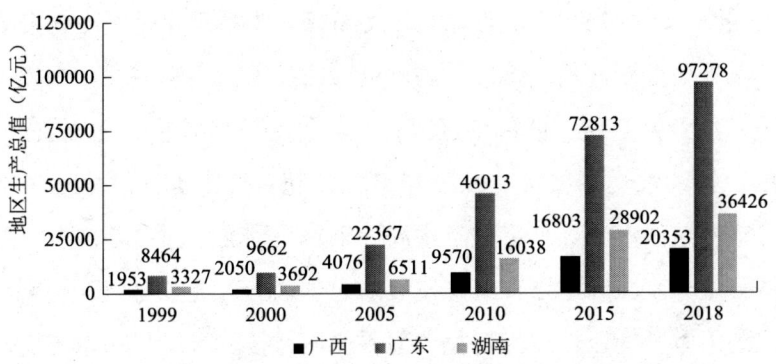

图 2-9　1999—2018 年广西、广东、湖南地区生产总值对比

（二）经济增长质量方面

从广西的情况来看，"十五"到"十一五"期间，广西经济一直保持年均 12% 左右的稳定增速，居民消费价格也比较平稳，处于"高增长、低通胀"的良好状态。2012 年，我国经济开始进入新常态的增速换档期，广西经济在"十二五"期间依然保持了 10.1% 的平均增速，2015 年后经济下行压力才逐渐增大。总的来说，广西经济增长仍存在不少问题。

一是经济增长仍以层次较低的投资拉动型为主，市场经济不够活跃。西部大开发实施 20 年来，虽然广西科技创新能力不断增强，科技进步对广西经济增长的贡献率逐年提高，但是与其他西部地区一样，由于资源开发仍以低端粗放为主，产品附加值不高，产业发展水平低，出口规模小，再加上人均收入水平低，消费能力有限，消费和出口都难以有效带动经济快速增长，只能依靠高投资率来维持高速度的经济增长。20 年来，投资对广西经济增长的贡献率都在 70% 左右，投资仍然是拉动广西经济增长的第一动力。从西部大开发的战略安排和政策设计来看，第一个十年主要是打基础和培育动力，这一阶段国家和发达地区投入了大量的人财物力帮助西部地区进行大规模的资源开发、基础设施和生态环境建设，帮助西部地区加快把资源优势转化为发展优势，龙滩电站、百色水利枢纽、有色金属资源开发及一系列重大交通基础设施建设都是广西这一阶段的重点投资项目；第二个十年开始逐渐转向增强西部自我发展能力和培育内部增长动力，国家先后批复了成渝、关中天水、北部湾三个经济区，支持重点地区率先发展，以点到面推动西部地区发展，这一阶段大规模的财政投入已逐渐减弱。在投入不能增加的情况下，广西乃至整个西部地区投资拉动型经济增长模式面临着严峻挑战，经济增长的可持续性受到质疑。2019年开始，随着西部大开发第三个十年的开启，以新时代推进西部大开发形成新格局为重点，国家层面对西部投资拉动型经济的支持还会进一步减弱，培育经济发展的内生动力，提升对外开放度，谋求经济增长方式的根本转变，促进投资拉动型最终向科技、市场带动型转变，将是新时代广西实现高质量发展的战略重点和关键之举，机遇和挑战并存。

二是广西的特色产业和比较优势还没有明显发挥出来，产业特色和竞争优势不明显，经济效率处于一般水平。广西经济发展走的还是高消耗、高成本、高速度、低效率的路子，伴随经济高投资、高增长出现的是部分行业的盲目建设和低水平重复建设，以及土地和能源及消耗，在市场上具有竞争优势的特色产业还未真正发展起来，优势产业和特色经济对广西经济增长的带动力不强，相比其他地区还没有充分体现出自身的比较优势。

第四节　西部大开发与广西经济结构调整

推动经济结构的战略性调整，促进区域经济协调发展是西部大开发的战略重点之一。

一、三次产业结构的发展优化

西部大开发20年来，广西不断加大产业结构调整力度，取得了一定成效。1999年，广西三次产业结构比例为27∶36∶37，到2018年三次产业结构比例转变为 15∶40∶45，由过去的"一二三"转变为"三二一"，产业结构不断优化。

从与广东、全国的数据对比来看，广西第二、第三产业对经济增长的贡献率不断提升，第二产业占比已接近广东和全国，说明工业化发展比较迅速；第一产业和第三产业占比广西与广东差距较大，2018 年东部第一产业占比平均水平在 5% 左右，广东第一产业占比仅为 4%，第三产业占比达到 54%，已经是发达国家水平。第三产业占比增高意味着服务业超越制造业成为经济增长的主动力，由原来的工业主导型经济转变为服务主导型经济，体现了国民经济发展更高的水平与质量。广西第一产业占比虽然一直在降低，但 2018 年仍达到 15%，比广东高 11 个百分点，比全国高 8 个百分点；第三产业占比为 46%，比广东、全国分别低 8 个和 6 个百分点（表 2-3）。从 20 年发展数据来看，广西仍处于工业化中后期阶段。

表 2-3　广西三次产业结构与广东及全国对比　　　单位：%

年份	第一产业占比			第二产业占比			第三产业占比		
	广西	广东	全国	广西	广东	全国	广西	广东	全国
2000	27	10	15	36	50	46	37	39	40
2005	22	6	12	37	51	47	41	43	41
2010	18	5	9	47	50	46	35	45	44
2015	15	5	8	46	45	41	39	51	50
2018	15	4	7	40	42	41	46	54	52

数据来源：2001—2019 年《中国统计年鉴》。

从从业人员数量方面来看，广西第一产业从业人员比例由 2000 年 61% 下降到 2018 年的 49%，下降了 12 个百分点；第二、第三产业从业人员比例则都提高了 6 个百分点。而同期的广东、湖南及全国第一产业从业人员比重分别下降了 19 个、20 个、24 个百分点。相比之下，广西第一产业从业人员比重偏高，第二、第三产业从业人员比重虽然有所增长，但增速缓慢，明显低于广东、湖南及全国水平（表2-4）。这与三次产业结构层次优化较慢有关。由于第二产业发展仍然滞后，广西的工业生产不能充分吸纳从第一产业转移出来的剩余劳动力，工业基础薄弱又使第三产业发展失去可依托的物质基础，社会整体消费水平不高，致使第三产业接纳剩余劳动力的能力也非常有限。大部分农业剩余劳动力不得不依靠劳务输出和就业转移到东部发达地区。如图2-10、图2-11所示，从从业人员结构比例来看，2000—2018年广西的"工业短腿"现象仍然比较明显。

表2-4　广西三次产业从业人员结构及对比表　　　单位：%

地区	第一产业占比		第二产业占比		第三产业占比	
	2000年	2018年	2000年	2018年	2000年	2018年
广西	61	49	11	17	28	34
广东	40	21	28	39	32	40
湖南	59	39	24	22	17	39
全国	50	26	23	28	28	46

数据来源：2001—2019年《中国统计年鉴》。

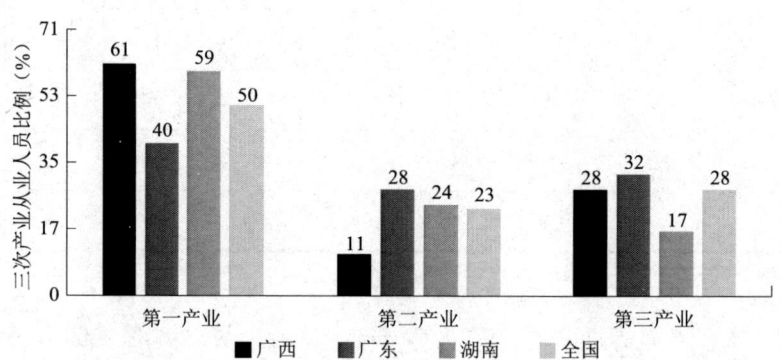

图2-10　2000年广西、广东、湖南与全国三次产业从业人员比例

数据来源：《中国统计年鉴2000》（中国统计出版社，2001年）。

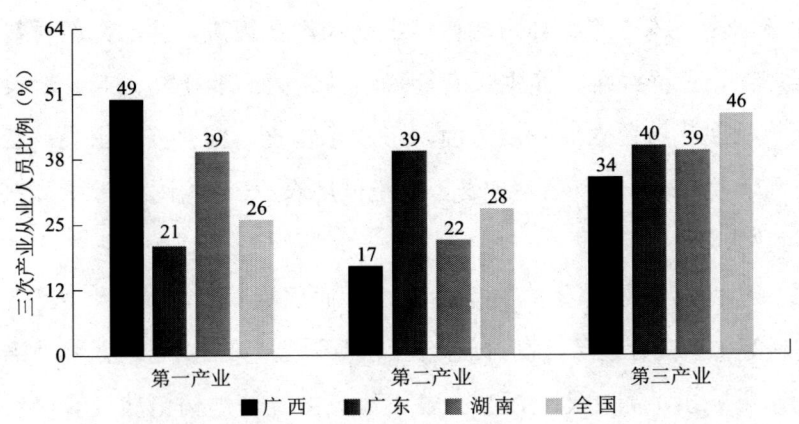

图 2-11　2018 年广西、广东、湖南与全国三次产业从业人员比例
数据来源：《中国统计年鉴 2019》（中国统计出版社，2019 年）。

二、产业体系的培育与升级

西部大开发第一个十年，广西充分发挥丰富的矿产、水电、农业、旅游等资源优势，叠加西部大开发、民族地区、沿边沿海开放等政策优势，建设了一批有一定规模的特色产业项目，包括以铝和锡为主的有色金属工业、以水力发电为主的能源工业、以制糖为主的食品加工工业、以山水景观为主的旅游产业、以炼油为主的石化产业、以钢铁为主的冶金产业、以微型汽车为主的汽车产业、以工程机械为主的机械产业等特色优势产业和工业支柱产业。2008 年，全区规模以上工业增加值 1976 亿元，为 1999 年 282 亿元的 4.76 倍，按可比价格计算，年均增长 18.9%。

西部大开发第二个十年，广西坚持推进转变经济发展方式、加快产业结构优化升级、增强可持续发展能力的核心战略，继续做大做强做优工业，努力使工业成为经济增长的核心支撑，形成了食品、汽车、机械、有色金属、电子信息、石化、电力、冶金、建材 10 个千亿元工业产业，其中食品产业超 4000 亿元，电子信息等 9 个产业超 2000 亿元，汽车年产超过 200 万辆，成为全国重要的汽车生产基地；实施对糖、铝、机械、冶金等传统优势产业的"二次创业"计划，通过技术改造向高技术水平、高附加值、中高端产业迈进。同时，新材料、新能源、节能环保、海洋经济、养生长寿等战略性新兴产业蓬勃兴起，增长新动能逐渐显现。在现代特色农业发展方面，形成了粮食、糖料蔗、水果、蔬菜、茶叶、桑蚕等十大种养产业和富硒农业、有机循环农业、休闲农业三大新兴产业的"10+3"特色农业。

但是，广西产业结构总体质量不高，产业层次偏低，冶金、石化、有色、电力、建材等传统高耗能❶、高排放产业体量偏大，第三产业发展相对滞后，结构性过剩矛盾突出，高耗能资源型工业占比高的经济结构仍然没有得到根本改变。2015年，广西高耗能产业占规模以上工业比重近40%，高技术产业增加值仅占规模以上工业增加值的8.6%，但在2019年这一数值下降到6.7%，产业结构优化的压力进一步加大。高耗能行业用电量占比高，反映了广西经济增长对能源的高依赖，以及资源型、高耗能、高排放等行业转型和迭代升级方面面临较大困难。从整个西部地区来看，对于能源开发的过度倚重和优势渲染，再加上西部地区大都热衷于通过向高耗能企业大幅降电价来刺激产业转移，在一定程度上形成了"低电价、高载能"的陷阱，也因此造成了部分不具备竞争力的企业将产能竞争转移到西部，形成变相鼓励西部地区高耗能行业无序扩张的现状，导致西部地区产业结构更趋向于重型化。同时，西部地区内部的部分高耗能产业过分依赖地方保护和低电价，缺乏规划引导，造成社会资源在不同产业之间配置失衡，不利于西部地区节能降耗和产业结构的转型升级，进一步加剧了产业结构的畸形化。广西的钢铁、石化等高耗能、高排放产业体量偏大也是这一问题的突出反映。广西能源自给率一直低于全国平均水平，2015年广西一次能源生产总量约为3300万吨标准煤，化石能源消费比重超过70%，且煤炭消费比重较高，90%的煤炭和几乎全部的石油、天然气依靠外省或者进口。广西虽然是水电资源丰富且装机容量占比大的省区，但水电能源受丰枯期季节性因素影响较大；广西核电、太阳能发电仍处于起步阶段，风电、太阳能发电并网效率仍然较低，新能源

---

❶ 高耗能行业是指对资源（电力、水、天然气等自然资源及物耗）需求量大的行业，主要包括黑色金属、有色金属、非金属、化工、石化、电力热力供应六大高耗能行业。

和可再生能源规模依然不大。因此，广西清洁能源的替代效应还难以发挥，未来高耗能产业的能源资源约束问题会更加突出。"十三五"时期，广西开始全力推进铝产业"二次创业"，以推进电力供给侧改革为关键，加快和完善区域电网建设，加快煤电铝一体化，推进铝电结合，着力解决铝工业用电成本过高的"痛点"；同时，大力发展铝精深加工和高性能铝合金，进一步延伸产业链，形成产业集聚，加快提升铝产业核心竞争力，但铝产业生产成本与产品价格倒挂的风险仍然较大，能源价格"卡脖子"仍是广西铝工业发展的最大制约因素。

三、中心城市的辐射和极化效应

世界城市群发展历程表明，中心城市与周边地区之间首先是集聚关系，然后才是辐射关系。资源必须先集聚到中心城市产生聚变效应，然后通过中心城市对周边地区产生辐射效应，才能帮助这些地区加快发展，最后形成中心城市与周边中小城镇互相影响、互相依存的良性互动关系，进而推动经济带发展。综观国内先进省区，珠江三角洲依靠广州、深圳，浙江发展杭州、宁波、温州，福建聚焦福州、厦门、泉州，湖南依托长沙、株洲、湘潭等中心城市辐射带动作用，都实现了经济的飞跃发展，有的更进一步迈进世界城市价值链的高端，跨入世界重要城市行列。

西部大开发20年来，广西主要城市的交通、能源等基础设施水平不断改善，产业、人才、商圈加速汇聚，刺激城市及周边区域的潜力与价值，广西的城市发展水平得到不同程度提升。作为省会城市，南宁市全市（包括五县城区）地区生产总值由2001年的325亿元增加到2018年的4027亿元，增加了11倍，排在广西第1位，排在西部12省区首府或中心城市第5位（表2-5）。此外，柳州、桂林作为第二、第三大城市，经济社会也得到不同程度的发展，柳州继续强化工业优势，桂林的旅游经济不断提升。

表 2-5 西部主要城市 2001 年与 2018 年地区生产总值及排位

省会及直辖市	2001 年地区生产总值（亿元）	2018 年地区生产总值（亿元）	2018 年排位	排位变化
重庆	1977	20363	1	0
成都	1492	15342	2	0
西安	734	8350	3	0
昆明	673	5207	4	0
南宁	325	4027	5	+1
贵阳	303	3800	6	+1
乌鲁木齐	315	3184	7	−1
兰州	349	2733	8	−3
呼和浩特	211	2508	9	0
西宁	104	1417	10	+1
银川	105	1285	11	−1
拉萨	34	528	12	0

数据来源：西部 12 省区 2002 年、2019 年统计年鉴。

广西北部湾经济区自 2008 年上升为国家战略，经济实力显著提升，建成了中石油钦州 1000 万吨炼油、钦州金桂林浆纸、北海中石化异地改造、北海诚德新材料、防城港红沙核电、金川有色金属等一大批标志性重大产业项目，逐步形成了石化、电子信息、冶金、能源、林浆纸、粮油食品等现代产业体系，带动了南（宁）北（海）钦（州）防（城港）等城市经济快速发展，形成了沿海发展新一级，构建了支撑广西加快发展的战略引擎和极核效应。百色市作为国家"西电东送"重要基地和中国十大有色金属矿区之一，2011 年国家批复建设广西百色生态型铝产业示范基地；2012—2018 年，百色全市经济年均增长 8.4%，地区生产总值跃升至广西第 5 位，铝工业总产值、财政收入分别突破千亿元和百亿元。2020 年 4 月，国务院同意设立广西百色国家重点开发开放试验区。2019 年，中国（广西）自由贸易试验区获批复，涵盖南宁、钦州、崇左三个片区，着力建设面向东盟的国际陆海贸易新通道。梧州、贵港、贺州、玉林等城市交通条件不断改善，乘东部产业转移和粤港澳大湾区建设的东风，城市发展速度和水平也得到较快提升。

然而，总体而言，广西城市发展仍然滞后，全区没有一线大城市，南宁属于二线城市，桂林、柳州属于三线城市，其他都居于四五线城市行列，中等城市数量偏少，小城镇居多。可见，广西城市规模和发展水平不高，城市综合竞争力不强，龙头中心城市的辐射带动力培育和发挥不足。中国城市竞争力研究会从2004年开始发布中国城市竞争力排名，广西只有南宁市位列第47名，落后于周边昆明第24名、贵阳第45名。到2018年，南宁城市竞争力总分值为29.37分，排在第59位，并且与其他省会城市相比，南宁城市首位度❶不高，2017年南宁城市首位度排名第22位，发展辐射带动力偏弱。近年来，广西党委、政府提出实施"强首府战略"，但南宁经济以地产、服务业为主，产业基础相对薄弱，进入经济新常态后经济形势更显严峻，高新区、经开区、东盟经济开发区三大园区工业生产形势不容乐观，产业辐射带动力弱，极核功能还难以显现。柳州作为广西的工业家底和老牌工业城市，由于创新发展跟不上国内外市场的变化，工业重镇地位处于逐渐弱化的状态；桂林虽是享誉海内外的旅游名城，但旅游产品开发力度和形式创新不足，旅游的外延性和带动作用不强，集聚发展的动能不足，一些景区仍然满足于"圈地收钱"的低水平开发，在广西旅游产业发展中的带动作用没有明显发挥；玉林临近广东，人口密度高，过去是广西思想意识最开放也是民营经济发展最活跃、经济活力最充沛的地区，一度成为两广（广东、广西）经济合作的排头兵，但由于投入不足、改革力度不够，其发展也逐年消沉；北海、防城港、钦州三个港口城市借助北部湾经济区发展战略，近年来获得大量资源投入，但由于经济底子差、人口密度小，"港大城小"、小城拉大港，北防钦一体化面临同质竞争、区域博弈的问题，城市能量难以聚集，核心带动作用难以发挥；百色、河池、崇左仍偏重于资源型产业，巴马长寿旅游区的绿色生态资源和长寿品牌优势也没有得到足够的重视和发挥。

我国经济进入新常态后，发挥中心城市的辐射带动作用已成为目前区域经

---

❶ 首位度在一定程度上代表了城镇体系中的城市发展要素在最大城市的集中程度。城市首位度，是用于测量城市的区域主导性的指标，反映区域城镇规模序列中的顶头优势性，也表明区域中各种资源的集中程度；一般用一个地区最大城市与第二大城市经济规模之比表示这个最大城市的首位度，它通常用来反映该国或地区的城市规模结构和人口集中程度。

济协调发展的一大方向,中心城市发展日益持重成为一大趋势。2018年11月29日,中共中央、国务院发布《关于建立更加有效的区域协调发展新机制的意见》,提出未来我国将建立以中心城市引领城市群发展、城市群带动区域发展的新模式,推动区域板块之间融合互动发展,进一步明确发挥京津冀、粤港澳大湾区、长三角等地区中心城市功能,增强中心城市的辐射带动能力,形成高质量发展的发动机和助推器。在新时代推动构建西部大开发新格局中,打造和提升中心城市的辐射带动能力,发挥中心城市"极核功能"和"聚变效应",将是形成高质量发展的重要助推力。综观广西城市发展,新的城市极核发展乏力,旧的城市特色优势逐渐削弱,特别是缺乏对接粤港澳大湾区的综合实力强、能够辐射和引领周边城市抱团发展的中心城市,由此导致以中心城市为核心对接大湾区的都市圈格局尚未形成,这是广西推进西部大开发和经济高质量发展的一大痛点。

第五节 西部大开发与广西生产要素吸纳利用

生产要素包括资本、劳动、技术、人才等,是决定经济增长的基本条件。拥有这些要素的数量越多,经济发展和社会进步就越快。同时,这些要素的多方引进和充分利用又可以反映一个地区对外开放的程度和改革的成果。下面将通过投资数量及增长率、技术与智力引进数量及增长率、资本与人才流失数量等指标来衡量广西在西部大开发中的生产要素吸纳与利用能力。

一、资本方面

实施西部大开发战略,提升广西的工业化和城镇化水平,大规模的资金投入是必不可少的。在资金来源方面,除了依靠国家财政及加大财政转移支付力度等方式外，还需要通过政府投资引导政策吸引民间资本的大规模进入，才能确保西部大开发的真正实现。

西部大开发战略实施以来，广西全社会固定资产投资规模大幅上涨，到2005年年底共计投入资金6246亿元，"十五"期末投资总额比"九五"期末翻了近一番，增长速度最高的年份达到40%，年均增长速度为21.9%，比"九五"期间高出12.6个百分点。"十一五"时期，广西更加以非常措施、非常力度抓固定资产投资，通过集中力量抓重大项目、做大做强重点产业、培育壮大强优企业，推动石化、钢铁、林浆纸等重大项目的投资来带动全社会固定资产投入。"十一五"时期，全社会固定资产投资是"十五"时期的4倍，形成超常规投入带动效应。"十二五"期间，广西全社会固定资产投资规模又实现了历史性飞跃，累计完成投资额达65774.33亿元，是"十一五"时期投资总量的2.9倍，年均增速达15.68%，固定资产投资对广西经济增长的年均贡献率超过了70%。如表2-6所示，广西固定资产投资占西部与全国固定资产投资比重呈逐年增高趋势。

表2-6 广西全社会固定资产投资总额及比重

时期	总额（亿元）	占西部投资比重（%）	占全国投资比重（%）	增长率（%）
"十五"	5586.27	10.00	1.89	98.93
"十一五"	22565.56	11.81	2.52	303.95
"十二五"	65774.33	12.29	2.98	191.48
"十三五"	61325.91	12.31	3.24	—

数据来源：2000—2015年《广西统计年鉴》《中国统计年鉴》。
注："十三五"数据年份为2016—2018年

从固定资产投资经济类型来看，西部大开发之初，政府投资比重较大，2000年政府投资占60.49%。2000—2005年，广西全社会固定资产政府投资额共计2919亿元，政府投资在大规模改善广西基础设施的同时，带动了民间资本的进入，6年间吸引了约1579亿元的民间投资，形成了政府投资逐年降低、民间投资逐年上升的趋势，政府投资带动民间投资的引导作用逐步显现。从2004年开始，个体私营、股份制、港澳台商及外商投资等民间投资首次超过政府投资，成为中坚力量。如表2-7所示，2005年，广西全社会固定资产民间投资额占比达到了56.02%，政府投资开始退居二线。西部大开发第二个十年，广西多措并举加大激发民间投资活力，出台了鼓励民间投资发展的各类政策和实施细则，民间投资准入领域和范围不断拓宽，刺激了民间投资积极性。2010—2015年，民间投资累计完成3.65万亿元，占固定资产投资的比重提高到65%，其中重大项目完成投资占68.5%。2015年以后，随着经济进入新常态，全社会固定资产投资增速逐渐回落，2015—2018年平均增速为11.73%。民间资本的大量进入在一定程度上反映了广西民营经济渐趋繁荣的局面，政府投资撬动民间投资的作用进一步发挥。

表2-7 2000—2015年广西政府投资与民间投资情况

年份	政府投资		民间投资	
	数额（亿元）	占比（%）	数额（亿元）	占比（%）
2000	352.86	60.49	230.48	39.51
2005	730.40	43.98	930.60	56.02
2010	2310.30	42.68	3102.20	57.32
2015	4538.94	30.57	10308.62	69.43

数据来源：2001—2016年《中国统计年鉴》。

从利用外资的情况来看，虽然广西外资企业数量呈增长态势，但实际利用外资额特别是外商直接投资的总量一直不大，而且由于受外贸、税收政策变动及外部市场变化影响，外商直接投资稳定性差，波动较大，外商直接投资占全国比重逐年下降（表2-8）。2007年，我国重新修订了《外商投资产业指导目录》，广西的锡、锑、电解铝、锌等有色金属的冶炼和加工及生物液体燃料生产被列入限制外商直接投资产业目录；锡、锑等有色金属的开采，近海水产品的捕捞，珍贵中药材的加工等被列入禁止外商直接投资产业目录。2008年1月1日，我国开始实施新的《中华人民共和国企业所得税法》，取消了多年以来外资企业在税收上的优惠。同年，随着新《中华人民共和国劳动合同法》的实施，外资企业的用人成本进一步增加,广西的劳动力资源优势受到一定的冲击,一些外商将部分劳动密集型产业转移到劳动力成本更低的东南亚国家。2018年,广西外商直接投资总额甚至比2000年更低,外商直接投资总量占全国的比重逐年下降。在贸易结构中,一般贸易是广西进出口的主导方式,小额边境贸易占了相当大一部分比例,说明广西边贸中零散户比较多,发展合力有待提升。近年来,广西边境地区大力推进加工贸易落地,但由于产业基础薄弱、市场培育不足及海关政策变动等因素的影响,加工贸易所占比例仍然偏低,近年甚至出现降低趋势。

表2-8 广西实际利用外资情况

年份	实际利用外资额		外商直接投资		外资企业数	
	金额(亿美元)	比重(%)	金额(亿美元)	比重(%)	数量(个)	比重(%)
2000	7.53	1.27	5.24	1.29	3427	1.69
2005	6.39	1.00	3.79	0.63	2251	0.87
2010	7.19	0.66	9.12	0.86	5327	1.20
2018	12.04	0.89	5.06	0.37	5333	0.90

数据来源:2001—2019年《广西统计年鉴》《中国统计年鉴》。
注:比重为广西实际利用外资所占全国利用外资的比重。

二、科技方面

科技创新能力不足一直是制约广西经济竞争力的瓶颈问题,其背后制约因素又突出表现在科技投入不足、科研人才队伍薄弱、科技成果转化效率不高、产品技术含量低与效益差等方面。西部大开发实施以来,广西的科技活动无论在经费,还是机构、人员上都呈上涨趋势,特别是"十五"期间科技经费筹集总额以年均36.9%的速度增长,比"九五"时期增长了31.4个百分点,2018年科技经费比2000年翻了近九倍。但与全国水平相比,广西科技经费总额占地区生产总值的比重仍然偏低,远没有达到全国水平,科技活动财力投入在全国的排位属于中下游水平,而且增长速度呈逐年减弱趋势。2018年,广西科研经费占地区生产总值比重只有0.71%,科技人员数量增长也较慢(表2-9)。从企业研发投入来看,企业的科技经费主要用于技术改造支出,用于新技术引进的比例不大;科技新产品开发对于增加工业产品销售收入影响占比偏低，平均在10%左右，优势资源开发和传统产业改造中的不少技术难题未能很好解决，广西企业对技术开发投入的意识和能力都亟待提升。可以说，科技创新资源不足动力不够仍是新时代西部大开发的难点。

表2-9 广西科技发展情况

项目	2000年	2005年	2010年	2015年	2018年
广西研究机构（个）	732	639	714	842	828
广西科技研发经费支出（亿元）	8.36	14.67	62.87	105.91	144.9
广西科研经费占地区生产总值比重（%）	0.41	0.36	0.66	0.63	0.71
国家科研经费占国家生产总值比重（%）	1.00	1.34	1.71	2.07	2.19
广西科技人员数量（万人）	4.86	5.67	8.91	11.37	—

数据来源：2001—2019年《广西统计年鉴》及《全国科技经费投入统计公报》。

从科技部公布的科技进步统计监测指标来看，广西科技支撑产业高质量发展水平也不高。"十五"期间，科技进步对广西经济增长的贡献率有所提升，2005年达到了45.31%，比"九五"末期的38%增加了7.31个百分点，但仍比全国平均水平低4.54个百分点，在全国科技促进经济社会发展的指标排位中处于中等水平，排在第15位。此后，由于科技投入增长缓慢、人才培养滞后等原因，广西综合科技进步水平、科技活动产出水平、科技促进经济社会发展、科技环境改善等指标在全国的排位踟蹰不前。根据中华人民共和国科技部发布的《中国区域创新能力监测报告2016—2017》，2015年广西综合科技进步水平指数仅为43.76%，落后全国平均水平23个百分点，在全国排名第25位（表2-10）。

从产业技术升级创新来看，广西的产业以资源依赖型和能源消耗型为主，长期以来与珠江三角洲的产业合作主要靠出卖矿产、水电等自然资源初级产品为主，产业链条短且层次低，配套需求不大，未能真正融入珠江三角洲的产业体系和产业分工并形成产业互补。由于承接东部产业转移大多还是简单的高耗能产业

"拿来主义",再加上产业园区行政化管理模式倾向,导致广西现有开放合作平台的对接推动作用弱,缺乏一批强配套的"领军型企业",产业集群难形成。目前,广西制造业仍处于以机械化为主,电气化、自动化、信息化为辅的发展阶段,智能制造能力较为薄弱,广西全区工业部门关键工序数控化率仅为38.8%,甚至落后于新疆40%的水平,初步具备探索智能制造基础条件的企业比例仅为1.4%,说明广西工业部门智能制造转型升级基础较为薄弱,进展缓慢。

表2-10 广西科技进步统计监测指标在全国的排位

项目	2000年	2005年	2010年	2015年
综合科技进步水平	21	26	28	25
科技促进经济社会发展	16	15	22	26
科技活动财力投入	28	27	28	25
科技活动产出水平	21	28	24	30
科技环境改善	25	24	29	25
高新技术产业化	15	14	21	9

数据来源:国家科技部网站。

在高新技术产业化方面,"十五"末期,广西已初步形成了以桂林—北海高速公路一线相连的桂林、柳州、南宁、北海,以及玉林、梧州"一线两翼"的高新技术产业发展格局。20年来,广西在电子与信息、生物医药、机电一体化、有色金属新材料、海洋生物等领域形成了一批有市场竞争力的高新技术产业。2016年,广西高技术产业主营业务收入2077.64亿元,排西部第4位,全国第16位,但相比之下,只达到广东高技术产业主营业务收入的1/20,高技术产业主营业务收入占工业主营业务收入比重只有8.73%,比广东少20个百分点,排全国18位。2017年,广西高新技术企业数1186个,分别排在西部第5位、全国第20位,高新技术企业营业总收入5442.60亿元,分别排在西部第4位、全国第19位。

从科研经费支出的对比来看，广西的科研经费投入总额与广东的差距呈几何级上升，2000年广西与广东科研经费投入差距约100亿元，到2018年广东科研经费支出达2704.70亿元，广西只有144.90亿元，相差2500多亿元；广西与湖南科研经费支出的差距也越来越大，由2000年的10.84亿元增加到2018年的513.40亿元（图2-12）。从2000—2018年，广西科研经费占地区生产总值比重从0.41%提升到0.71%，增长幅度缓慢，始终没有突破1%。2000年湖南科研经费占地区生产总值比重与广西差距不大，广东科研经费占地区生产总值比重也只是广西的2倍多，到2018年湖南科研经费占地区生产总值比重已是广西的2.5倍多，广东则是广西的3.9倍（图2-13）。再加上经济总量本来就偏低，广西科研经费总体投入不足的短板十分明显，也成为制约广西科研发展和创新的主要问题。

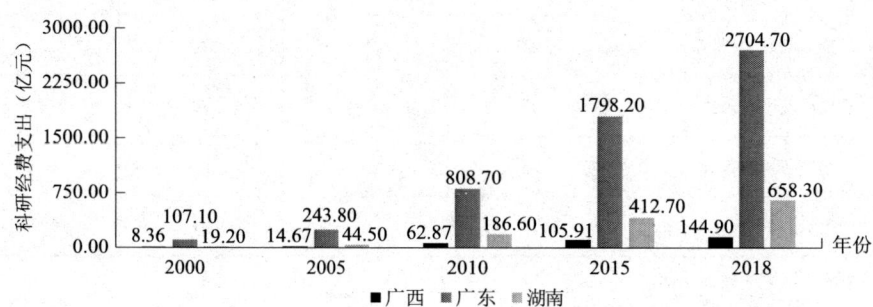

图2-12　2000—2018年广西、广东及湖南科研经费支出
数据来源：2000—2019年《广西统计年鉴》《全国科技经费投入统计公报》。

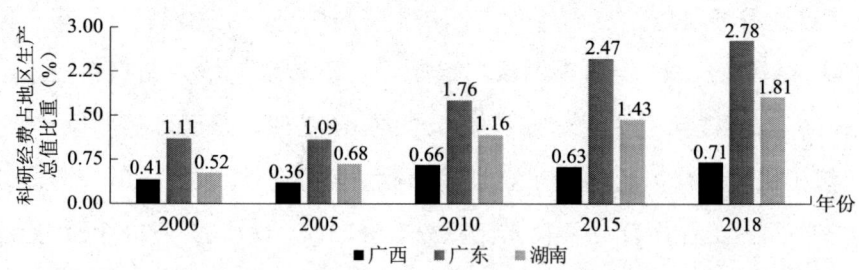

图2-13　2000—2018年广西、广东及湖南科研经费占地区生产总值比重
数据来源：2000—2019年《广西统计年鉴》《全国科技经费投入统计公报》。

在开展科技活动方面，广西企业的发展方式还较为粗放，自主创新能力普遍不强。2017年，广西有研发活动的企业数仅543个，占工业企业总数的9.49%，排全国29位。2018年，广西规模以上工业企业5723家，有研发活动的企业仅543家，占9.5%，研发投入强度为0.39%；而同期，全国规上企业中有研发活动的企业占比为27.4%，研发投入强度达1.06%。广西国有企业产业研发创新和质量等方面表现不尽如人意，新技术、新业态、新产品板块还没有形成新的盈利增长点，企业利润大幅增加主要靠产销量增加及产品价格提高，企业研发投入、科技创新水平不足的问题十分突出。例如，2018年柳钢集团利润总额占自治区国资委监管国有企业利润总额的41%，其利润的大幅增长虽然有柳钢集团自身加强管理、降本增效的因素，但主要是依赖于当年钢材综合售价同比升高和钢材综合销售成本同比下降，同时也得益于国家政策红利。对市场价格和政策外部因素的过度依赖，反映了企业市场竞争力和应对市场波动能力的局限，一旦政策调整或市场形势出现大逆转，企业效益就有可能出现"过山车"式大幅下滑。

三、人才方面

西部大开发实施以来，广西提出并实施了"人才强桂"战略，把建设"人才小高地"作为突破口，加大了人才的引进和培养力度，特别着重提升专业技术人才队伍和高技能人才队伍建设，优化人才发展环境，人才总量持续增长，人才素质明显提升，为经济社会发展提供人才保障和智力支撑。但是，广西人才总量不足、人才结构与行业分布不合理、人才竞争力总体偏弱等情况还比较突出。据不完全统计，截至2015年年底，广西专业技术人员总量约为145万人，仅占全区总人口的0.026%，与0.38%的全国水平相比具有明显的差距，人才密度远不能满足经济社会发展需要；而且，广西大部分专业技术人员都集中在党政及科研院所等非物质生产部门，企业人才比较匮乏。据统计，广西国有企业研究生、本科学历占比分别为4.4%、41%，分别比全国水平低2.1和7个百分点，而党政机关研究生学历占比为6.8%，比全国高0.8个百分点。❶此外，广西全区高层次

---

❶ 覃黄莉. 新常态下广西高层次人才工作的思考[J]. 人事天地，2016（5）.

人才比例偏低，自主创新能力较弱，拥有自主知识产权和关键核心技术的人才奇缺；人才创业环境有待改善，人才外流现象严重。广西一直是人口净流出省区，据《广西统计公报》显示，2019年年底广西全区人口为5695万人，常住人口为4960万人，未来还要进一步面临粤港澳大湾区系列人才优惠政策的竞争，更加剧了广西人才外流趋势，人才"虹吸效应"挑战日益严峻。

据《中国区域人才竞争力研究报告》显示，2017年广西人才资源竞争力排全国第27位，人才竞争力、人才效能排全国第19位，人才环境排全国第14位；万人发明专利申请数为7.77件，排全国第10位，为广东（16.35件/万人）的1/2；万人发明专利授权数为0.93件，排全国第18位。在文化教育方面，2018年，广西财政性教育经费支出1189.18亿元（图2-14），占地区生产总值比重为5.82%，总额排全国第15位。据艾瑞深研究院发布的《2017中国大学评价研究报告》，广西的大学综合竞争力排全国第24位。中国区域创新能力监测报告显示，2017年广西万人以上大专业学历人数为765.43人，排全国倒数第一；研发人员全时当量为7.54人年/万人，排全国倒数第三，与排在首位的北京（124.31人年/万人）

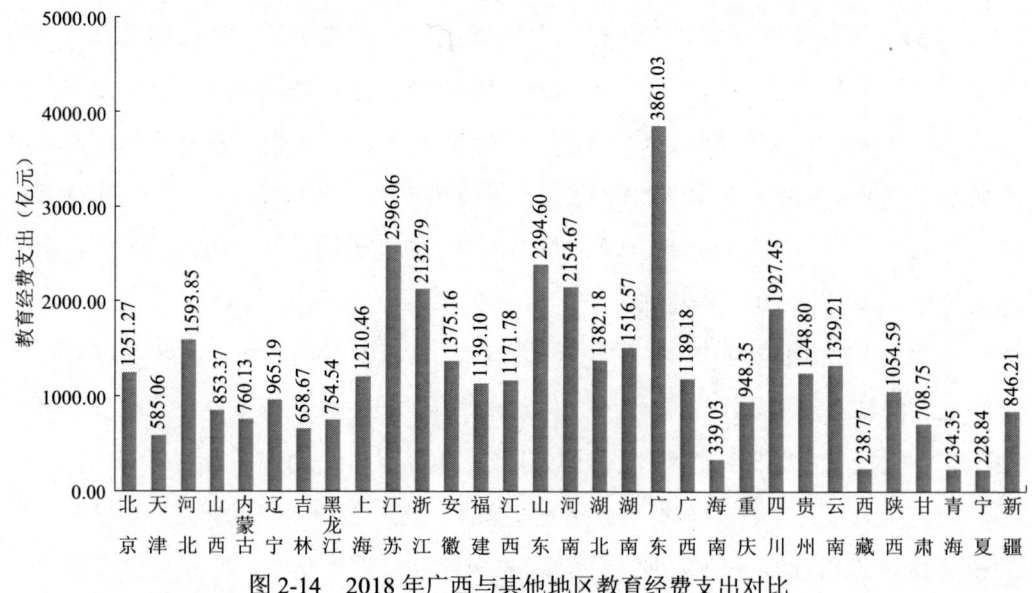

图2-14 2018年广西与其他地区教育经费支出对比
数据来源：各地区统计年鉴。

差距巨大,与周边广东(50.61人年/万人)、湖南(19.07人年/万人)差距明显。总的来看,广西的人才存量、流量、素质等方面不容乐观。

第六节　西部大开发与广西人民生活水平提高

西部大开发20年来,广西城乡居民收入增长实现翻番,人民生活水平从重生产轻物质生活发展的时期进入更加注重生活质量的新阶段。2018年,广西城镇和农村居民人均可支配收入分别达到32436元和12435元,比2000年增长近5倍和6倍(表2-11),增长速度高于同期全国平均水平。经济社会的快速发展和收入水平的提高也带来了人民消费水平和生活品质的大幅提升,消费结构发生巨大变化,汽车、空调、移动电话、家用电脑等高档耐用消费品拥有量大幅提高,文化娱乐、医疗保健、旅游休闲、体育健身等消费成为新时尚,教育、医疗、住房等基本公共服务供给水平加快改善,居民获得感、幸福感不断提升。

但是,从对比来看,如表2-11、图2-15、图2-16所示,20年来广西城乡居民收入水平明显低于广东、湖南,也低于全国平均水平。2000年,广西城镇居民人均可支配收入分别比广东、湖南及全国水平低3928元、385元、446元;至2018年,这些差距扩大到11905元、4262元、6815元。在农村居民人均可支配收入方面,2000年广西的数据为1865元,分别比广东、湖南及全国水平低1789元、332元、388元;至2018年,这些差距扩大到4733元、1658元、2182元。总的来看,收入差距进一步扩大。

表2-11　广西居民收入与全国及广东、湖南对比　　　单位:元

指标		2000年	2005年	2010年	2015年	2018年
城镇居民人均可支配收入	广西	5834	9287	17064	26416	32436
	广东	9762	14770	23898	34757	44341

续表

指标		2000年	2005年	2010年	2015年	2018年
城镇居民人均可支配收入	湖南	6219	9524	16566	28838	36698
	全国	6280	10493	19109	31195	39251
农村居民人均可支配收入	广西	1865	2495	4543	9467	12435
	广东	3654	4690	7890	13360	17168
	湖南	2197	3118	5622	10923	14093
	全国	2253	3255	5919	11422	14617

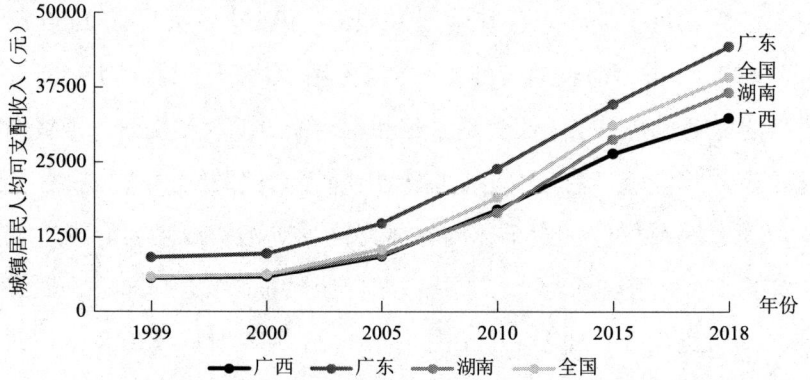

图 2-15　1999—2018 年广西城镇居民人均可支配收入增长对比图

数据来源：2000—2019 年《中国统计年鉴》。

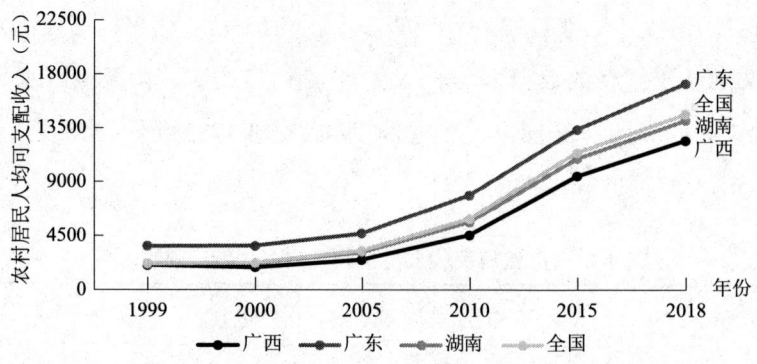

图 2-16　1999—2018 年广西农村居民人均可支配收入增长对比图

数据来源：2000—2019 年《中国统计年鉴》。

城镇化可以有效推动人口、产业和财政聚集效应,加速社会资源优化配置,推动社会公共服务质量和水平提升,加快改善人民生活水平。西部大开发实施20年,广西城镇化率由2000年的28.20%上升到2018年的50.22%,取得明显进展。但与全国水平相比,2000年广西城镇化率比全国平均水平低8个百分点,排全国第22位,到2018年广西城镇化率比全国低9个百分点,排全国第27位,仅高于云南、甘肃、贵州、西藏,排名不升反降。2000年广西与广东城镇化率差距近27个百分点,到2018年这个差距减少到约20个百分点,呈逐步缩小趋势,但这仍意味着广西与广东城镇化水平还有15年到20年的发展差距(表2-12)。

表2-12 广西与广东、全国城镇化率对比 单位:%

地区	2000年	2005年	2010年	2015年	2018年
广西	28.20	33.62	40.00	47.06	50.22
广东	55.00	60.68	66.18	68.71	70.70
全国	36.22	42.99	49.95	56.10	59.58

数据来源:2001—2019年《中国统计年鉴》。

第七节 西部大开发与广西生态文明建设

西部地区拥有丰富的自然资源,但是相对恶劣的地理、气候条件及掠夺式开发的人为破坏使西部地区成为沙漠化和水土流失等诸多环境问题的重灾区。这些问题在广西主要表现为水土流失、石漠化和各种水土污染。因此,增强环境保护和可持续发展能力是实施西部大开发的初心,也是保证广西未来发展能力的基础。

一、林业工程和林业经济

广西地处我国北回归线"绿带",林木一年四季均可生长,林木综合生长率是全国平均水平的 2~3 倍,非常适合森林资源培育、保护和利用。全区森林面积达 2.22 亿亩;林地面积保有量超过 2.4 亿亩,占全区土地面积的 67.6%。西部大开发实施以来,广西抓住机遇实施了退耕还林等一系列林业工程,生态恢复与建设成效卓著。得益于大规模的植树造林,全区森林覆盖率由 2000 年的 41% 提高到 2018 年的 62.37%,喀斯特石漠化山区披上绿装,土壤水源涵养能力大大增强。全区重点生态工程营造乡土树种、珍贵树种、混交林比例从过去 10% 左右提高到 80% 以上,森林质量和生态效益日渐提升。据不完全测算,2017 年全区森林植被和土壤年固碳量达 5851.1 万吨,氧气释放量达 1.2599 多亿吨,全区工业排放的二氧化碳基本上被森林所固定;2018 年全区森林生态服务价值超过 1.42 万亿元,相当于全区地区生产总值的 69.8%。

截至 2018 年,广西累计完成退耕还林建设任务 1536.7 万亩。其中,退耕地还林 402 万亩,配套荒山荒地人工造林 975.7 万亩,封山育林 159 万亩,惠及全区 14 个设区市、100 个县(区、市)、1148 个乡镇、10200 个村、102 万退耕农户、510 万农民。西部大开发实施 20 年来,退耕还林工程成为广西实施面积最大、中央补助最多、受益群众最广、时间跨度最长、建设成效最好的重点生态工程之一。[1] 大规模植树造林塑造了广西"山清水秀生态美"的靓丽名片,也为因地制宜发展林业、林产和林下经济创造了条件。全区集体林地面积占林地总面积的 90% 左右,是林农发展林业产业、增产增收、脱贫致富的主要依托,特别是核桃、油茶、坚果、林下经济等特色林业产业给贫困地区农民和贫困人口带来更多的绿色福利收入。2018 年,全区发展特色经济林带动 600 多万林农种植油茶、200 多万林农种植核桃;森林旅游接待游客量和总消费近几年增长了近 10 倍;全区林产企业 2.56 万多家,其中规模以上企业 350 多家,年产值 1 亿元以上的 60 家,10 亿元以上的 12 家;全区人造板年产量达 4317 万立方米,约占全国的

---

[1] 张雷,等.退耕还林二十载 生态变好民变富 广西大石山区写下"绿色传奇"[N].广西日报,2019-05-17.

1/8，为全国重要的人造板生产基地❶。自 2016 年生态护林员选聘续聘工作开展以来，广西利用各级财政资金在 64 个重点生态功能区转移支付补助县、滇桂黔石漠化片区县和国家扶贫开发工作重点县开展生态护林员选聘工作，组织选聘续聘了 3.74 万名生态护林员，惠及 14.3 万贫困人口，走出了一条可持续发展的绿色脱贫之路。

广西林业建设的成效离不开资金的大规模投入。2003 年，广西林业系统营林固定资产投资规模仅为 11.64 亿元，2010 年增长到 371.69 亿元，由原来的第 14 位跃居全国第 1 位，到 2018 年投资规模增长到 962.92 亿元，比 2010 年增加近 3 倍，稳居全国第 1 位，可见广西对林业投入力度非同一般。从资金来源看，2010 年、2018 年国家预算内资金分别占广西林业系统营林固定资产投资总额的 7.78%、7.03%，占比不大。2018 年国家预算内资金对广西林业投资额仅排全国第 16 位（表 2-13）。2008 年，广西党委、政府作出把广西从林业大区建设成为林业强区的战略决策，推动林业经济形成"一产稳固、二产主导、三产蓬勃发展"的崭新局面。2018 年，广西林业总产值 5628 亿元，造纸与木材加工成为"双千亿产业"，林下经济也接近"千亿元产业"门槛，林业经济从 10 年前全国排名第 9，发展到与广东、山东并列全国三强。然而，广西林业"大而不强"、林产业竞争力低下和效益不佳等问题仍然比较突出，践行"绿水青山就是金山银山"还需要付出更大的努力。

表 2-13　广西 2003—2018 年林业系统营林固定资产投资资金来源情况

年份	林业系统营林固定资产投资总额				其中：国家预算内资金			
	合计（亿元）	占全国比重（%）	全国排位	西部排位	合计（亿元）	占全国比重（%）	全国排位	西部排位
2003	11.64	2.99	14	8	6.52	2.1	16	9
2005	18.68	3.94	11	7	9.39	2.66	16	8
2010	371.69	23.93	1	1	28.91	3.88	9	6
2018	962.92	19.99	1	1	67.71	2.78	16	8

数据来源：2004—2019 年《中国统计年鉴》。

---

❶ 袁琳，等. 广西森林覆盖率 70 年大增近 3 倍 [N]. 广西日报，2019-10-31.

二、环境保护与污染治理

随着西部大开发的持续推进和经济社会发展,广西的资源环境承载量进一步加重,环境保护问题突显,特别是工业污染排放和治理方面的任务越来越艰巨。

从表2-14可以看出,广西工业废气、废水、固体废物的排放量大体呈逐年上升趋势,工业废水排放达标率、工业固体废物综合利用率有所提升,但波动也较大。广西工业化程度远落后于广东,但一些环境污染指标如工业固体废物产生量、排放量等却接近甚至超过广东。2017年,广西综合能耗产出率为17.30元/千克标准煤,排全国第10位,低于广东(23.27元/千克标准煤);空气达到二级以上天数为322天,排全国第6位,低于广东(326天);万元GDP用水量153.81米^3/万元,排全国第6位,与广东(48.32米^3/万元)差距明显;固体废物综合治理率为72.31%,低于广东94.52%(表2-15)。

表2-14 广西与广东工业污染排放与治理情况对比

指标	2005年		2010年		2018年	
	广西	广东	广西	广东	广西	广东
工业废气排放总量(亿标立方米)	8339	13447	14520	24092	16010	41268
工业废水排放总量(亿吨)	14.56	23.16	16.52	18.70	19.81	88.20
工业废水排放达标率(%)	83.70	83.90	96.93	93.11	—	—
工业固体废物产生量(万吨)	3489	2896	6232	5456	6503	6340
工业固体废物排放量(万吨)	110.48	13.85	9.13	14.16	—	—
工业固体废物综合利用率(%)	61.80	76.7	67.89	90.78	56.79	83.77

数据来源:国家统计局网络。

表 2-15　2017 年广西生产能耗与广东对比

指标	广西	广东
劳动生产率（万元/人）	6.25	12.60
资本生产率（万元/万元）	0.21	0.62
综合能耗产出率（元/千克标准煤）	17.30	23.27
万元 GDP 用水量（米^3/万元）	153.81	48.32
固体废物综合治理率（%）	72.31	94.52

数据来源：《中国区域创新能力监测报告 2016—2017》。

三、石漠化治理

广西有岩溶地区 12495 万亩，占全区面积的 35%，是岩溶地貌发育的典型地区。过去，由于过度的毁林开垦、砍柴伐薪，广西的石山森林遭到严重破坏，导致严重的水土流失，形成了以光山裸石为特征的石漠化现象，进一步加剧了石山地区的贫困。西部大开发以来，广西实施了石漠化综合治理工程。2001年，广西率先在平果、忻城等 13 个县启动石漠化综合治理试点工作。20 年来，全区实施了退耕还林、珠江防护林、公益林保护、沼气建设、森林生态效益补偿等林业重点生态工程项目，不断探索和提高石漠化治理科技含量，坚持保护优先、自然修复为主，自然修复与人工促进相结合，推广石漠化治理林业建设"六字"方针，即"封"（封山育林）、"造"（人工造林）、"退"（退耕还林）、"管"（林木管护）、"沼"（建沼气池）、"补"（生态补偿），探索出"竹子+任豆""任豆+金银花"等 10 多种混交造林模式，建立了 100 多个治理示范点，岩溶地区生态环境显著改善。

据全国第一次石漠化监测结果显示，2005 年广西仍有 3500 多万亩石漠化土地面积，占全区土地总面积的 10% 左右；潜在石漠化土地面积 2800 多万亩，占全区土地总面积的 8% 左右，石漠化土地每年仍在以 3%～5% 的速度扩展。

2011年全国第二次石漠化监测结果显示,2005—2011年,广西石漠化土地面积减少了45.74万公顷,减少率为19.2%,年均减少率为3.2%,治理成效领先全国。2017年全国第三次石漠化监测表明,广西石漠化面积2298万亩,比2005年全国第一次石漠化监测减少1269万亩,净减35.58%,是全国8个石漠化省区中石漠化面积减少最多、减少率最高的省区,生态修复程度远远超过生态退化程度,治理成效继续稳居全国第一。

总体而言,西部大开发实施20年来,广西经济社会面貌发生了翻天覆地的巨大变化,谱写了祖国南疆繁荣稳定的美好篇章,为迈入新时代、新征程打下了坚实基础。然而,我们不得不看到,广西整体上还是一个后发展欠发达地区,传统产业比重过大,工业增长动力不足,新经济、新产业、新业态发展较为滞后,脱贫攻坚任务繁重,转型升级、爬坡过坎困难重重,面临发展不足与生态脆弱的双重压力、扩大总量与提升质量的双重任务、培育竞争优势与补齐发展短板的双重难题、生态增效与农民增收的双重矛盾。从自身发展来讲,广西多年来的政策优势、开放优势、生态优势、人文优势等没有充分释放并真正转化为发展优势,发展不平衡不充分仍是广西最突出的问题;特别是进入经济新常态以来,地区生产总值增速持续下滑,产业结构调整困难,新旧动能转换乏力,发展质量效益不佳,居民收入水平提速不快,基本公共服务供给不足。从与全国和周边比较来看,其经济发展、人民生活、三大攻坚、民主法治、文化建设、资源环境六大类监测指标全面落后于全国水平,其中最大的差距仍在经济发展上。

第八节 启示与思考

西部大开发是21世纪以来我国启动实施的最重要的区域经济发展战略之一,旨在加快西部地区发展,解决东西部地区差距拉大的问题,进而有效维护西部稳定、民族团结和边疆安全。20年来，西部大开发成效显著，西部地区经济发展、生态保护、环境治理、基础设施、科技教育、特色优势产业等取得积极进展。然而，西部经济增速虽然总体高于全国，但东西部在经济总量、产业结构、公共服务能力、城市化发展、市场机制和人才聚集等方面的差距仍越来越大，而且东部地区通过汇集优质生产要素对西部地区形成的强大"虹吸效应"日益显现。2019年3月，《关于新时代推进西部大开发形成新格局的指导意见》提出西部发展要突出"三个注重"，即注重抓好大保护、大开放，注重推进高质量发展，从而推进西部大开发加快形成新格局。要在总结和反思西部大开发成效得失的基础上，研究如何延续并推进西部大开发政策创新、体制创新和机制创新，推动形成现代化产业体系和高质量发展新格局，加快西部地区后发追赶。

一、西部大开发破解发展不平衡不充分

西部少数民族地区蕴含着丰富的煤、石油、天然气、水电等自然资源，我国经济快速发展离不开少数民族地区资源开发提供的能源、金属、工农业原材料等基础支撑。按照《民族区域自治法》的规定，国家在民族自治地方开发资源时，应当照顾民族自治地方的利益，作出有利于民族自治地方经济建设的制度安排，采取措施对输出自然资源的民族自治地方给予一定的利益补偿，照顾当地少数民族群众的生产生活，帮助民族地区发展经济。应该说，西部大开发战略既是通过开发西部地区丰富的资源支持国家总体建设，也是加快促进西部地区资源优势转化为竞争优势、经济优势的一种制度安排。20年来，西部地区经济社会建设成效显著，发展环境不断改善，人民获得感、幸福感不断提升。然而，我们也不得不正视东西部发展差距日益扩大的现实。

党的十九大提出，中国特色社会主义进入了新时代，社会主要矛盾已经转化为人民日益增长的美好生活需要和不平衡不充分发展之间的矛盾。这是党中央审时度势，对我国经济社会发展和人民生活需求重心发生转变作出的科学而准确的判断。这种不平衡首先就是地区之间发展的不平衡，特别是东西部之间的差

距；这种不充分更包含着西部地区发展的不充分，经济社会发展水平与资源禀赋、时代进程不匹配。党的十九大对民生的关注从"物质需求"到"美好生活"，供给方面从"落后生产"到"不平衡发展"，明确提出"永远把人民对美好生活的向往作为奋斗目标"，"必须始终把人民利益摆在至高无上的地位，让改革发展成果更多更公平惠及全体人民，朝着实现全体人民共同富裕不断迈进"，体现了未来中国经济发展政策将更加注重地区发展平衡和收入分配问题，更加注重促进社会公平和民生保障，更加注重增长质量和环境友好问题。因此，如何进一步完善系列制度安排，促使西部民族地区资源优势真正转化为发展优势，形成自我发展的良性循环机制和动力机制，仍是新时代推进西部大开发形成新格局的重要方面。

二、东西部发展差距与民族区域自治政策实施成效

西部民族地区虽然幅员辽阔、自然资源丰富，但是与东中部比起来，经济基础薄弱，经济发展水平低，社会发育程度不高，发展压力大。改革开放以来，国家给予西部民族地区大量的政策倾斜，给予巨额财政补贴，东部发达地区也对西部民族地区进行对口支援，帮助民族地区改善生产生活条件，发展经济和社会事业，西部民族地区的变化可谓翻天覆地，也充分彰显了中国特色解决民族问题道路的正确性。但是，东西部发展差距拉大的现实也成为中国特色解决民族问题道路上的一个巨大挑战，具体表现在以下两个方面。

一是东西部差距不断拉大必然会影响各民族之间、发达地区与西部民族地区之间关系的健康发展，影响民族地区干部群众对党的民族政策的信心。中华人民共和国建立以后，我国在处理好国内各民族关系，促使各民族团结、互助、友爱、平等方面付出了巨大努力，形成了56个民族共同团结进步、共同繁荣发展的良好局面。各民族共同走向繁荣富裕是维系民族团结、和睦、平等关系的重要纽带。民族之间经济差距的增长，将导致民族地区干部和少数民族群众产生心理上的不平衡，最终对党的民族政策产生误解。同时，东西差距不断拉大也会在民

族地区干部和群众中产生消极情绪，导致少数民族干部群众求发展的动力不足，积极性不高，甚至对本民族的发展失去信心，并由此引发出其他一些影响社会和谐、民族团结的社会问题，对我国民族团结进步事业造成不良影响。

二是东西部差距拉大影响民族政策的真正落实。西部地区由于经济发展起点低、基础弱、条件差，与东中部相对发达地区竞争处于劣势，很难争取到技术、资金和人才，市场竞争的平等性难以体现，国家给予民族地区优惠政策的实际效益因此受限，使民族优惠政策的现实操作难以落地。多年来，许多民族地区发展仍然以依靠资源开发导向型为主，在资金、技术、人才资源有限的情况下，如果经济关系不理顺、经济发展环境差距过大，将会带来利益分配的不公正，从而对民族区域自治政策的实施，对巩固民族团结、促进共同繁荣产生消极影响。

三、民族地区资源开发利益补偿与破解"资源诅咒"

西部民族地区通过多年的资源开发，既为国家经济建设提供了大量的能源、资源，也为民族地区经济发展积累了一定的财富，但是由重大资源开发而造成的耕地占用、环境污染、地质灾害等一系列破坏生存资源和发展环境的负面影响也需要由民族地区和当地群众来承担，其从资源开发中得到的利益补偿很大一部分要用于生活保障、生产恢复和生态重建等，一些项目补偿不到位的地区甚至还出现了财政收入减少、群众生活艰难、环境荷载不堪重负的局面，更增加了对未来发展的担忧。事实证明，在资源开发过程中，如果补偿机制不合理、制度安排不到位，对于发展原本就比较滞后的西部民族地区和当地群众来说，丰富的自然资源及其开发带来的不一定是福音，而往往是经济发展的诅咒，自然资源丰富的地区可能比那些资源稀缺的地区增长更缓慢，发展的风险更大。当资源枯竭耗尽时，留下的很可能是一个资源匮缺、环境破坏和更加贫困落后的地方，从而陷入"资源诅咒"的怪圈。

为了破解这一难题，多年来国家和地方也进行了不懈的探索。如广西库区移民生活补助不断提高，由最初每月人均 36.75 元提高到目前的 600 元，但这个标准也只相当于2018年当地贫困线标准的五分之一,且基本是一个固定标准,缺乏随物价上浮的考虑。在水电留成方面,经过多年呼吁,资源开发地的水电留成在天生桥电站得到了落地。如为建设天生桥水电站作出重大贡献的广西隆林各族自治县每年都能得到一定的水电留成,且享受特别优惠电价,为繁荣当地铝电结合的工业发展提供了重要的基础条件。但是目前除天生桥电站外,广西大部分电站所在地还没有落实留成电和电价优惠,如龙滩水电站建设之初约定年发电量10%留给地方使用,电站所在地天峨县却至今也没有得到电站的任何留成电或直供电,为建设水电站贡献了家园和土地的库区移民也未能享受到电站建设带来的用电实惠,加上龙滩水电站在规划时已制约了天峨县其他小水电的发展,目前全县水电装机容量已远远无法满足经济社会发展用电需求,亟需解决用电的瓶颈制约问题。在民族地区原油、天然气开采方面,2010年我国开始了资源税由从量计征转变为从价计征的改革探索,改变了过去多年石油、天然气资源税率按开采量维持在1%左右的低标准,转变为资源税按5%从价计征。这些实践对构建和完善民族地区合理的资源开发利益补偿机制提供了有益的探索。但是,从全局和长远来看,整体破解民族地区"资源诅咒"问题仍然任重道远,需要不断加强研究和实践创新。

四、促进"绿水青山"转化为"金山银山"

山清水秀生态美是西部民族地区的生态优势。在过去的发展过程中,由于人地矛盾突出,过度毁林开荒、不适当的工业开发污染等问题造成了对西部生态环境的损害。经过西部大开发的多年治理,西部地区生态环境质量、流域水质状况、空气质量状况等生态指标已得到较大程度的改善和提升。西部地区的环境优势、生态优势已表现出相对比较优势,也成为在区域竞争中最可能实现超越发展的最大依托。但总体而言,西部民族地区青山绿水的生态美展现得还不够充分,生态屏障守护压力日趋繁重,生态保护与经济发展的有效平衡还需构建,"绿水青山"转化为"金山银山"的通道还未完全打通,生态环境与绿色发展离新时代新格局的要求还有较大差距，主要表现为资源环境优势与绿色发展水平不匹配。以广西为例，根据国家统计局发布的《2016年生态文明建设年度评价结果公报》，广西环境质量指数排名全国第4位，资源利用指数排名第8位，绿色发展指数却排名第12位，资源环境与绿色发展指数在全国排名出现明显错位，优良的生态环境质量与较高的生态资源禀赋在推动全区绿色发展中的作用发挥不充分，突出表现为生态经济业态单一，产业链不健全，投入产出效率不高，生态产品技术含量低，企业规模小实力弱，山水生态分布零散，整体开发与包装不足等。

究其原因，一是民族地区普遍存在对生态绿色创富重视不够的问题。在谋划产业发展战略方面，仍然没有真正摆脱对资源型、消耗型及重化工产业的路径依赖，对"绿水青山"转化为"金山银山"重视不够，没有真正把绿色发展这一最大优势放到经济社会发展的战略高度和统领地位来谋划。二是对绿色发展创新驱动投入乏力，支撑不足。创新驱动是生态绿色产业得以发挥资源优势并在激烈的市场竞争中独占鳌头、独树一帜的法宝，但是广西对绿色发展在财税金融、投资政策、价格政策、土地政策、产业政策、环境政策等方面的政策支持还不够充分，特别是鼓励科技创新对绿色生态产业的支持作用乏力。深入践行"绿水青山就是金山银山"的"两山"理论，推动西部民族地区"绿水青山"的生态优势转化"金山银山"的经济优势，是新时代推进西部大开发形成新格局需要重点关注的内容。

五、探索构建西部边疆高质量发展先行区

我国西部地区大多属于后发展欠发达地区、边疆地区、贫困地区和生态屏障区，既肩负着促进民族团结、维护边境安全的国家使命，又要担负起促进开放合作、实现后发赶超、改善民生的发展使命，同时还要兼顾生态保护的环境责任。进入经济发展新常态后，西部地区的经济下行压力更大，爬坡过坎、提质升级、新旧动能转换的挑战更为严峻，对于高质量发展的要求更严格更迫切。构建"西部边疆高质量发展先行区"，可为西部边疆地区实现高质量发展探索可复制的先进经验。

与其他西部边疆地区相比,广西沿江、沿边、沿海,具有毗邻粤港澳大湾区、海南自由贸易区、东盟经济圈与西南经济圈的交汇优势。同时,广西还有资源优势、生态优势,有国家战略规划全覆盖的政策优势、开放优势,有团结和谐、风清气正的发展环境,有位于西部民族地区发展前列的经济基础,完全有条件率先探索出一条适合西部边疆地区高质量发展的新路子。笔者建议在新时代推进西部大开发形成新格局中,支持广西作为西部边疆高质量发展先行区,进一步加大国家政策扶持力度,促进自贸区、跨境经济合作区、金融开放门户、国际信息港等一系列国家战略和平台资源整合,探索出一条实现西部边疆地区高质量发展、可复制推广的新路子,打造新时代西部边疆地区高质量发展"领头雁"。通过对标粤港澳大湾区复制营商环境,促进西部边疆科技、资本、信息、管理、理念等高质量发展要素健全,推进稳增长、稳投资、稳预期与优结构、提质效、化风险的机制健全;打造西部边疆"两山"理论的典范和标杆,通过发展生态循环经济,使绿色成为产业发展的普遍形态,以全方位、系统性的绿色变革,把绿色生态优势转变为发展优势、竞争优势,如争取"十四五"期间启动广西建设我国首个"长寿省区"试点,申请国家批准在广西设立中国—东盟国际健康养生学院和中国—东盟国际养生旅游保健服务人才交流培训基地,充分利用东盟国家的健康养生资源和保健服务的国际影响力。通过推进政策支持、资源整合,构建新时代西部地区实践"大保护、大开放、高质量发展"的先行试验区。

六、出台更具竞争力的西部人才发展政策

随着我国区域经济一体化战略的推进,京津冀、粤港澳、长三角正加速推进区域交通、产业、创新一体化,争先打造我国发展强劲活跃增长极。这些区域的强势竞争力对西部地区无论是从资本、产业、物流还是人才、消费方面,都形成了强大的"虹吸效应"。例如,国家在支持大湾区方面给予了一系列政策支持,尤其是《财政部、税务总局关于粤港澳大湾区个人所得税优惠政策的通知》明确

提出对在大湾区工作的境外高端人才和紧缺人才,其在珠三角9市缴纳的个人所得税已缴税额超过其按应纳税所得额的15%计算的税额部分,由珠三角9市人民政府给予财政补贴,该补贴免征个人所得税,对吸引高端人才和紧缺人才具有强大吸引力。大湾区各城市也制定出台了一系列吸引人才和支持人才发展的政策,对高层次人才的吸引力进一步增强。与此同时,大湾区城市也出台实施了一系列放松人口落户的支持措施,城市总体落户门槛趋于降低,对各个层次人才产生强大吸引力。

与大湾区人才政策对比,广西人才支持政策竞争力弱,尤其对高端人才和紧缺人才的吸引力非常弱,大湾区优厚的工资待遇、优越的人才环境对广西高层次人才产生了强大的"虹吸效应"。笔者建议设立"西部人才专项发展基金",为西部地区吸引优秀人才提供资金支持,同时比照东部地区人才优惠力度和政策,制定西部一揽子人才发展支持政策和计划,促使不同层次人才队伍发展壮大,大力培养西部地区特别是欠发达民族地区高层次创新型人才。

七、切实提高西部大开发企业所得税政策优惠力度

企业所得税是西部大开发税收优惠政策中覆盖范围最大、最直接的优惠政策。第一轮西部大开发(2000—2010年)除了规定对设在西部地区的鼓励类产业企业减按15%的税率征收企业所得税以外,还对西部地区投资新办的交通、电力、水利、邮政和广播电视等企业以及经营期在10年以上的外商投资企业实行"两免三减半",特别是还赋予了民族自治地方根据地方实际需要减免内外资企业所得税的权利。广西也根据本地实际对设在广西的国家鼓励类企业及有色金属、电力、汽车、食品、医药和高新技术等特色产业采取税收优惠政策,对促进地方经济发展起到积极作用。然而,第二轮西部大开发(2011—2020年)政策取消了"两免三减半"和民族自治地方的税收优惠自主权,缩小了鼓励类产业企业目录范围,并且规定产业项目当年度主营业务收入占企业收入70%以上的政策门槛,政策优惠力度减弱,对企业吸引力下降。同时,迫使企业为享受税收优

惠而放弃多元化经营战略或对辅业收入进行控制，不利于企业转变经营方式、优化产业结构、追求高质量发展。综合来看，现行西部大开发税收优惠政策已没有明显优势和吸引力，"特惠"变成"普惠"。例如，我国新企业所得税法已将高新技术企业享受15%税率优惠政策扩大到全国范围，西部税收优惠政策的优势难以显现。

笔者建议在新时代推进西部大开发形成新格局中，要进一步提升西部地区税收政策的优惠力度，在合理优化并扩大西部地区鼓励类产业企业目录范围的基础上，将企业所得税的优惠力度从15%提升至8%，将产业项目当年度主营业务收入占企业收入总额从70%下降到40%，同时，恢复民族自治地方的税收优惠自主权，对符合新时代西部大开发"大保护、大开放"要求的内外资企业如绿色环保产业、大健康产业、外贸加工企业等采取"两免三减半"政策。

八、加强对沿边城镇带发展的政策支持

沿边城镇带发展滞后和边民贫困一直是西部发展的痛点，也是西部大开发以来发展最薄弱的环节。边境贸易作为我国对外贸易的重要组成部分，一直是边疆民族地区兴边富民的重要途径。多年来，边疆地区依托边境贸易大力推动边贸加工业发展，不仅有利于促进沿边经济带和城镇带可持续发展，也是带动边民脱贫致富、实现边疆长治久安的重要依托。然而，西部边境地区对外贸易总量一直偏小，2018年沿边九省区进出口总额为2961.7亿美元，仅占我国外贸进出口额的6.4%，更需要大力扶持。提升沿边经济带和城镇带建设水平，大力推进边境贸易、边境旅游、口岸经济、优势特色农业升级发展及边境地区综合交通运输体系建设，把"沿边新型城镇示范带功能提升建设"纳入新一轮西部大开发的重点专项建设，由"十三五"以提升边境城镇功能和改善边境地区人居环境为重点目标，转向"十四五"以促进边贸产业升级改造、繁荣口岸经济为重点，进一步抓好边境地区特色产业发展，繁荣口岸经济，让边境地区成为安居乐业的家园，为边民抵边居住创造必要的发展条件。

第三章
铝土矿资源开发与惠及民生的实证研究

矿产资源是国民经济的重要物质基础，为支持经济高速发展、满足人民美好生活需求提供了资源保障。我国经济发展约90%的能源、80%的工业原材料和70%以上的农业生产资料来自于矿业。然而，绝大部分矿产资源属于不可再生资源和非清洁能源，其开发利用需要考虑资源支撑力、环境承载力与社会承受力的统一协调和可持续性。

我国是全球铝土矿资源生产量和消费量最大的国家，而铝土矿储量只占全球的3%左右，人均储量只有全球水平的1/10。位于桂西资源富集区的百色市是我国十大有色金属矿区之一，其中铝土矿资源最丰富，占全国总储量约1/4。相较于西部大开发的宏观国家视角，这一章将以百色市铝土矿资源开发为实证研究对象，着眼于市域、县域发展的中观视角和微观的经济人及利益相关者视角，分别从铝土矿资源开发与地区经济增长、利益分配模式与利益相关者、矿区居民生计水平和精神文化生活受到的影响、生态环境影响四个角度来研究矿产资源开发与当地经济增长及民生发展的关系。

第一节　百色市铝土矿资源开发概述

一、百色市基本情况

百色市地处广西西部，北与贵州接壤，西与云南毗邻，南与越南交界，是革命战争年代邓小平、张云逸等同志发动"百色起义"的地方。2002年,百色经国务院批准撤地设市,全市辖12个县(市、区)、135个乡(镇、街道),总人口400万,总面积3.63万平方千米,是广西内陆面积最大的地级市。同时,百色市也是革命老区、少数民族地区、边境地区、大石山区、贫困地区、水库移民区,全市有壮、汉、瑶、苗、彝、仫佬、回7个民族,少数民族人口占全市总人口的85%,其中壮族占77%。百色边境线长360千米,历史上百色市是援越抗法、援越抗美、对越自卫反击战的前线,百色市各族人民为保卫边疆、建设边疆做出了巨大贡献。此外,百色市是国家新一轮扶贫开发的滇桂黔石漠化区综合治理重点区域,全市12个县(市、区)中有10个属于国家扶贫开发工作重点县和滇桂黔石漠化片区县,1个属于自治区扶贫开发工作重点县。2015年打响脱贫攻坚战之初,百色市建档立卡贫困人口约68.2万人,贫困发生率为20.25%。

二、百色市铝土矿藏量及分布

百色市是矿产资源富集区,已探明矿产有57种,是中国十大有色金属矿区之一。其中,铝土矿资源最为丰富,铝土矿最新探明储量为7.8亿吨,远景储量10亿吨以上,占全国总储量约1/4,占广西的99%。百色市铝土矿质量较高,属低硫高铁铝土矿,平均氧化铝含量50%以上,矿体埋藏浅,多为露天开采。

在探明的铝土矿资源储量中,平果县铝土矿资源储量占百色全市40%左右,其余主要分布于德保、靖西、田东、田阳及那坡5个县市(靖西市于2015年撤县设市)。目前,百色可开发利用的堆积型铝土矿约5亿吨,其中平果县境内约1.6亿吨,德保、靖西、田东、田阳和那坡5县约3.4亿吨。

三、百色市铝土矿资源开发历史及现状

由于历史和地理条件的限制,改革开放前,百色市的工业发展基础非常薄弱,除了分布在各县的几家规模很小的糖厂、纸厂、水泥厂外,没有一家像样的规模企业,工业发展几乎是白纸一张。

（一）百色市铝土矿资源开发历程

随着 20 世纪 80 年代广西平果铝的启动建设及铝资源开发的深入，百色市进入了"工业立市"的发展快车道。国家实施西部大开发战略以来，广西党委、政府提出要把百色市建设成为全国乃至亚洲重要的铝工业基地，推动百色市从农业地区向中国生态铝工业基地快速转型，以加快百色市革命老区脱贫致富的步伐。2011 年 7 月，国家批准设立广西百色市生态型铝产业示范基地，百色市正式成为广西新工业基地和中国乃至亚洲重要的铝工业基地。近年来，百色市大胆探索资源型经济特征的供给侧结构性改革，实施铝产业"二次创业"，推动煤电铝一体化循环经济产业发展，加快铝产业转型升级和高质量发展。经过多年的艰苦创业和不懈努力，截至 2018 年，百色已有各类大型铝企业 18 家，形成年采选铝土矿 1800 万吨、氧化铝 840 万吨、电解铝 150 万吨、铝加工 300 万吨以上的生产能力。百色市政府工作报告的相关数据显示，2018 年百色市铝工业及配套产业工业总产值 1280 亿元，占全市工业经济总产值超过一半以上，拉动规模以上工业经济增长 9.3 个百分点；2018 年，氧化铝、电解铝、铝加工产量分别为 817 万吨、143 万吨、308 万吨，氧化铝、电解铝产量分别占全国的 11.8%、4.2%，氧化铝就地转化率由上年的 19.3% 提升至 36%。2019 年，百色市铝产业产能已达到铝土矿 2100 万吨/年、氧化铝 920 万吨/年、电解铝 186.8 万吨/年、铝材加工 320 万吨/年的生产规模。[1]

根据百色生态型铝产业示范基地建设要求和广西铝产业二次创业工作部署，到 2025 年，百色市力争形成铝土矿资源开发、氧化铝和电解铝国际产能合作格局，铝产业链高度完善，铝加工实现高端化制造，精深加工产能占比 70% 以上，百色铝产业创新能力、市场占有率、品牌知名度将得到较大提升，铝产业工业总产值将实现千亿元产业目标，带动老区实现经济振和跨越、持续发展。

---

[1] 姬长玉. 推动广西铝土矿资源可持续发展 [N]. 中国矿业报，2020-05-26.

（二）百色市铝土矿资源开发格局

从铝土矿资源开采来看，百色市已形成了以平果铝、德保铝、靖西铝为重点的铝土矿资源开发格局。其中，平果铝基地以中铝广西分公司为龙头，以平果工业园区为载体，形成了氧化铝、电解铝、铝材加工等铝产业链；平果工业园区形成了年加工氧化铝250万吨、电解铝15万吨、再生铝40万吨及各类铝材55万吨的产能。2014年，平果县涉铝企业达35家，铝产业产值达189.54亿元，利税17.1亿元，同比增长15.54%，铝产业在全县经济发展的主导地位进一步巩固。德保铝基地以广西投资集团华银铝业为龙头，年产氧化铝160万吨。靖西铝基地以广西信发铝电公司为龙头，以靖西铝工业园区为载体，形成了年产250万吨氧化铝、32万吨电解铝、3×15.5万千瓦热电、20万吨铝合金棒及30万吨冶金石灰的生产能力。

以大规模的铝土矿资源开采为依托，百色市基本构建了从铝土矿资源开采到氧化铝、电解铝、铝型材加工及相关配套产业发展完善的产业链。百色市内广西信发、银海铝业、百矿新山、华磊新材料等电解铝项目已建成并运行投产，百矿德保、田林煤电铝一体化、隆林煤电铝一体化等煤电铝一体化项目加快推进，形成了"平果—田东—田阳—德保—靖西"相连相通的支撑铝产业电力供应的区域电网，氧化铝生产配套产业体系基本完善；上海交通大学先进铝合金材料联合研究中心、中南大学铝材研究基地、清华大学材料学院博士工作站等科研平台相继揭牌，为铝产业科技创新提供支撑。目前，百色市共建设了9个涉铝工业园区，铝产品品种逐步向附加值较高的铝精深加工方向发展。

第二节 矿产资源开发的经济与民生效应分析

由自然资源开发带动的区域经济增长可以为事关民生的公共服务建设提供

重要的财政保障,为当地居民提供增收的机会,对民生水平产生宏观影响,值得深入研究和分析。

从自然资源开发与经济增长的相关理论和国内外开发实践来看,自然资源的开发并不必然带来当地经济的快速增长,许多开发了丰富自然资源的地区,其经济增长反而远低于自然资源贫乏的地区,陷入"丰富的悖论"。资源开发对当地到底是一种有益的促进还是单纯的掠夺,是利大于弊还是弊大于利,需要进行具体研究和分析。下面将选取百色市铝土矿资源开发的三个最大企业——中铝广西分公司、广西华银铝业有限公司、广西信发铝电公司所在的平果县、德保县、靖西市作为典型研究对象,以铝土矿年开采量、铝及配套工业产值等指标来反映资源开发情况,以地区生产总值、工业总产值和财政收入等指标来反映区域经济增长情况,探寻铝土矿资源开发和当地经济发展的相关性,以此说明资源开发与当地经济增长的关系。

一、铝土矿资源开发与市域经济增长

(一)释放了比较优势,激活市域经济发展新动能

百色是集"老、少、边、山、库、矿"六位一体的贫困地区,过去以农业经济为主,发展基础薄弱。直到 1986 年 9 月,依托百色丰富的铝土矿资源,邓小平同志作出了"广西平果铝要搞"的重要指示,百色市迎来了国家重大项目投资发展的机遇。平果铝的建设是开发百色老区丰富的铝土矿资源的重要依托,也是造福老区人民和边疆少数民族的现实要求,是老区人民多年的期盼。在平果铝的影响和带动下,平果铝型材厂、平果强强碳素厂、百合化工股份公司等一大批铝生产加工企业及铝工业辅助企业相继建成投产,铝工业迅速发展成为百色市的支柱产业。平果铝的建成投产极大地带动了百色铝工业和相关产业的发展,在一定程度上满足了国内氧化铝的生产需求,其不仅是百色经济社会发展的需要,而且对广西乃至全国都具有重大的现实意义和深远的历史意义。

1. 从后进发展地区跃升到全区中上水平

百色全市地区生产总值由 2002 年的 143.97 亿元提升至 2010 年的 573.99 亿元，设市 10 年间的前 9 年地区生产总值平均增速达到 11% 以上，最高年份达到 16.1%，第二产业增速均超过 20%。特别是随着信发铝、华银铝等大项目的建成投产及其他配套产业的发展，百色工业经济呈井喷发展趋势，2017 年第二产业增速最高达到了 32.7%，也使 2017 年百色地区生产总值达到了 1361.76 亿元的历史最高水平（表 3-1）。工业经济的快速发展带动了第三产业的繁荣兴盛，设市 10 年间有 7 年第三产业增速达到 11% 以上，最高年份达到 15.8%。2002—2018 年，百色经济平均增速为 14.03%，略高于广西全区 13.94% 的平均水平。2002 年，百色全市经济总量仅排在广西全区第 10 位，2003 年一举跃升至第 5 位，此后连续保持这个中上水平的排位。2011 年经济进入新常态以后，百色市经济增长速度仍位居广西全区的中上水平。

表 3-1　2003—2018 年百色市经济增长速度变化情况

类目	2003 年	2006 年	2010 年	2014 年	2017 年	2018 年
地区生产总值（亿元）	162.13	297.28	573.99	917.95	1361.76	1176.77
比上年增长（%）	12.6	24.2	26.74	14.2	22.2	−13.5

数据来源：2004—2019 年《广西统计年鉴》。

2. 从工业基础薄弱到铝工业基地崛起

百色的工业除了国家"三线建设"中迁入的军工企业和相关企业外，本地工业最早是建材工业，如水泥、水泥制品、砖瓦等，后来逐步发展了煤炭、机电、机器制造、制糖、烤胶等。随着平果铝基地的建设，百色市利用资源优势大力推进铝工业和配套工业发展。2011 年，全市铝及配套产业工业总产值达到 365.16 亿元，实现了铝工业产值一天一亿元的目标。2012 年，百色市全部工业总产值达到 1001.3 亿元，成为全区第四个全部工业总产值突破 1000 亿元的城市。2017 年，百色市铝及配套产业产值突破 1000 亿元大关，实现了"千亿元铝产业"的发展目标。2018年，百色市铝工业及配套产业工业总产值达到1280亿元，比2011年增加了3.5倍，工业发展突飞猛进。在建设全国乃至亚洲重要铝工业基地中，百色的氧化铝、电解铝、铝深加工都取得了长足的发展，2018年氧化铝、电解铝、铝加工产量分别为817万吨、143万吨、308万吨，逐步缓解了"三铝"结构不合理的情况，构建了完备的铝工业体系。同时，百色铝产品由以氧化铝为主逐步向聚合氯化铝、铝酸钙、棕刚玉、耐火材料等产品延伸，形成了非冶金化学品氧化铝特色产业，铝加工也由建筑型材逐步向铝板带箔、铝合金线、汽车铝轮毂等铝精深加工方向发展。

（二）从产业发展不平衡到产业结构协调优化

1. 工业经济迅猛发展

在铝工业的带动下，百色市工业经济增长迅猛，工业增加值由2003年47.28亿元增长到2017年的690.07亿元，增长13.6倍。2018年，由于受到国内外铝产品市场波动的影响，工业增加值出现了较大回落（表3-2）。

表3-2 2003—2018年百色市工业经济增长情况

指标	2003年	2006年	2010年	2014年	2017年	2018年
工业增加值（亿元）	47.28	126.14	273.49	417.90	690.07	458.04
比上年增长（%）	26.9	43.2	42.7	11.78	35.6	-33.6

数据来源：2004—2019年《广西统计年鉴》。

2. 从农业大市向工业立市转型

2002年，广西推进行政区划调整，百色正式撤地设市。2002年以前，百色市的三次产业结构比例一直是"一三二"，第一产业占比最高，第二产业占比最低。随着铝产业的蓬勃发展，到2003年百色市三次产业结构比例转变为31∶36∶33，第二产业增加值首次超过第一产业增加值，产业结构开始从"一三二"向"二三一"演进并持续强劲发展。2006年，第二产业增加值占据了全市地区生产总值的半壁江山。2017年，百色市三次产业结构比例为14∶58∶28。2018年由于受市场波动影响，铝产品价格回落，第二产业比重下降到50%以下。西部大开发战略实施以来，百色市通过推动资源型产业的跨越发展，弥补了工业发展短板，进一步夯实了区域经济的发展根基。铝资源的开发使百色市由过去的农业大市转变为以工业立市、三次产业协调发展的"希望之星"。

3. 从传统工业到新兴工业的质量提升

百色电力资源主要靠自身丰富的水电资源及火电，铝工业的发展又带动了电力、煤炭工业的发展，天生桥水电站、百色水利枢纽、平班水电站、田东新火电厂等项目相继投产。2015年7月，百色百矿集团新山铝产业示范园煤电铝一体化项目、广西登高集团煤电铝一体化项目等7个煤（水）电铝一体化项目，获得了中华人民共和国国家发展和改革委员会、中华人民共和国工业和信息化部认定，标志着百色生态型铝产业示范基地建设取得重大突破。同时，百色也在努力改变铝业"一柱擎天"的路径依赖，逐步走向以铝为主，铝锰、煤炭、电力、糖业、建材、化工、碳酸钙等多元产业发展的道路，并加快培育和发展新兴产业，重点发展非冶金铝产业，推进工业陶瓷及铝基、锰基等新产品、新材料开发，以及节能环保型金属产业、林竹产业、碳酸钙产业、农林产品加工业、中草药加工业、生物科技、生物医药、生物质能等产业发展。

二、铝土矿资源开发与县域经济增长

从百色市铝资源开发格局来看，中铝广西分公司、广西华银铝业有限公司、广西信发铝电公司是目前百色市内三家最大的铝资源开发企业。这三家公司的主要矿场分别位于平果市、德保县和靖西市，其所有制形式也非常具有典型意义，分别为国有控股企业、股份制企业和民营企业。下面将以三家企业为典型对象来剖析铝土矿资源开发与县域经济增长的关系。

（一）平果市铝资源开发与中国铝业股份有限公司

平果市（原为平果县，2020年5月18日撤县设县级市）位于百色市东部，临近右江河畔，区域面积2485平方千米，辖9镇3乡181个行政村（社区），总人口52万人，有壮、汉、瑶等民族，少数民族人口占总人口的94%，其中壮族人口占总人口的89%。平果市东距首府南宁市86千米，西距百色市113千米。矿产储量已探明的有铝、铁、锰等21种，其中铝土矿储量达2.9亿吨，占全国保有量的17%。在桂西铝土矿资源中，平果市境内的矿石品质最佳，赋存条件好、矿体大、品位高、埋藏浅、易开采，被誉为"南国铝都"。

中国铝业股份有限公司成立于2001年9月10日，是国务院国有资产监督管理委员会下属中国铝业集团有限公司的控股子公司，是中国铝行业的龙头企业，全球第一大氧化铝和精细氧化铝生产商与供应商、第二大电解铝生产商，在推进行业持续健康发展、承载国家资源战略方面发挥了重要作用。中国铝业广西分公司（以下简称"中铝广西分公司"或"平果铝"）是平果市最大的铝业开发公司，其前身为平果铝业公司，是中国铝业股份有限公司的8家下属分公司之一，不具独立法人资格。中铝广西分公司传承原平果铝业公司的经营性资产，是集矿山开采和氧化铝、电解铝生产于一体的特大型铝冶炼联合企业。

平果土地贫瘠，再加上过去交通闭塞，长期以来经济发展滞后。平果铝一期工程动工前的1990年，全市地区生产总值仅1.61亿元，人均收入212元，一直是国家级贫困县。1986年9月13日，在邓小平同志作出"广西平果铝要搞"的重要指示后，平果铝一期工程1991年开始建设，1995年年底全面建成投产，成为中华人民共和国成立以来国家对有色金属系统一次性投资最多、建设规模最大的工程项目，也是国家对广西民族地区经济建设发展最大的支持，是广西当时最大的工厂。平果市政府积极抓住这一难得的历史发展机遇，确定了"借铝兴平"的经济发展思路。截至2014年年底，平果铝累计生产氧化铝2212.57万吨，电解铝231.89万吨，实现工业产值765.61亿元，利润134.03亿元，上缴利税221.25亿元，公司上缴税费始终在广西排名前列，占平果县财政收入的50%以上。表3-3为平果铝1995—2010年经营情况，从中可见其发展之快，为当地做出的贡献。

表 3-3　平果铝历年经营情况　　　　　　　　　单位：万元

年度	产值	利润总额	缴纳税费
1995	72471.89	229.02	911.72
1996	133684.30	-44483.27	4040.48
1997	184530.38	-31322.24	9506.17
1998	181888.00	-33025.34	14324.89
1999	207097.00	7542.04	17692.47
2000	264805.00	65112.84	26107.94
2001	229436.00	37604.61	28634.28
2002	225981.30	27573.75	31540.53
2003	303269.10	65541.13	45244.08
2004	371513.50	144457.10	72043.90
2005	407188.20	154337.89	93230.37
2006	471836.70	187799.17	102464.58
2007	456368.50	151186.40	81226.03
2008	489069.50	88368.84	67331.15
2009	484763.80	21402.45	64788.89
2010	587445.00	127328.12	94281.61
合计	5071348.17	969653.00	753369.14

数据来源：平果铝业公司提供。

在平果铝的辐射带动下，平果市形成了以铝产业为主的工业发展新局面，成为广西千亿元铝产业的重要基地。以平果铝为最大财源，平果县的地方财政收入步步登高，1997年开始在广西各县（市）崭露头角，显示出强劲的增长势头，到2003年昔日的国家级贫困县跃升为广西财政收入首富县和中国西部百强县。2003—2015年，平果市连续12年名列广西县级财政收入第一名；2001—2010年，连续十届入围中国西部百强县；2009年，首次入选"全国最具区域带动力中小城市百强"；2014年，成为广西唯一上榜全国百强县（市）的县；2017年和2018年，连续两年被评为"中国中小城市综合实力百强县""中国新型城镇化质量百强县""全国中小城市投资潜力百强县",是广西唯一同时获得三个百强称号的地区。可以说,平果铝的建设已经使平果市由一个发展滞后的贫困县(市)一跃成为典型的因铝而兴旺、因铝而崛起、因铝而得名的铝资源型工业大县,取得了辉煌的经济发展成就。2018年,平果市地区生产总值176.53亿元,财政总收入排广西全区第2位,达25.69亿元,其中,一般公共财政预算收入17.49亿元,居百色市第1位。2019年,平果市涉铝产业有36家,推动百矿润泰高性能铝板带箔、平铝集团再生铝、天盛茶叶酒等重点项目加快建设,铝工业产业链条进一步延伸,工业对经济增长贡献率超过70%,有力拉动了经济高质量发展。平果市主要经济社会发展指标见表3-4。

表3-4 平果市主要经济社会发展指标

项目	2004年		2010年		2015年		2018年	
	数值(亿元)	排名	数值(亿元)	排名	数值(亿元)	排名	数值(亿元)	排名
地区生产总值	50.53	1	82.21	1	140.78	2	176.53	2
一般公共财政预算收入	7.46	1	15.32	1	15.13	1	17.49	1
工业总产值	47.90	1	114.70	2	245.11	2	396.97	2

数据来源:2005—2019年《广西统计年鉴》。

注:排名指的是在百色市县中的排名。

(二)靖西市铝资源开发与广西信发铝电有限公司

靖西市属于由百色市代管的县级市,原为靖西县,2015年撤县设市,地处中越边境,边境线长152.5千米;南与越南高平茶岭县、重庆县山水相连,北与百色市区和云南省富宁县交界,东北紧靠德保县;总面积3322平方千米,辖8个镇、11个乡,总人口约65万,壮族人口占总人口的99.4%。靖西是广西20个深度贫困县之一,2016年建档立卡贫困人口为13.71万人,贫困发生率为22.6%。靖西矿产资源丰富,初步探明有铝土、锰、硫铁等18个矿种,其中铝土矿储量最多，探明储量 4.06 亿吨，远景储量达 6 亿吨。目前，广西信发铝电有限公司、靖西市恒信铝业有限公司、广西华银选矿厂落户靖西，对铝土矿进行开发利用。其中，又以信发铝规模最大、实力最强。靖西还是广西著名的旅游、度假和避暑胜地，境内以溶蚀高原地貌为主，山明、水秀，以奇峰异洞、四季如春的自然风光闻名遐迩，素有"山水小桂林""气候小昆明"之誉。

广西信发铝电有限公司是山东信发铝电集团有限公司在靖西投资兴建的集发电、矿山、氧化铝、电解铝、碳素等产业于一体的现代化企业，是中国铝加工民营企业中的一支重要力量；总投资 168 亿元。一期工程已于 2008 年投产运行，当时建设规模为：热电厂总装机容量 46.5 万千瓦，年发电能力 40 亿千瓦时，供热 460 万吨，电解铝 32 万吨，氧化铝 240 万吨，石灰 60 万吨，铝合金棒 30 万吨，铝杆 10 万吨。2018 年，广西信发氧化铝产量达 272.15 万吨、电解铝产量 27.38 万吨。

以广西信发铝公司为龙头，靖西铝加工及配套项目自 2007 年开工建设，逐步形成了以铝产业为主导，锰、农产品加工、电力、建材四大重点产业为骨干的产业体系，铝工业占据全县经济的半壁江山，带动靖西经济取得突飞猛进的发展。靖西地区生产总值由 2007 年的 27.40 亿元增加到 2018 年的 128.53 亿元，一般公共财政预算收入由 2007 年的 2.86 亿元增加到 2018 年的 21.71 亿元，在百色市的排名由第 6 位跃升至第 2 位（表 3-5）。2014 年，靖西市工业对经济增长的贡献率达 79.9%。2018 年，靖西铝锰工业园区分别实现产值 130 亿元和 18 亿

表 3-5 靖西市主要经济社会发展指标

项目	2007 年		2011 年		2014 年		2018 年	
	数值（亿元）	排名	数值（亿元）	排名	数值（亿元）	排名	数值（亿元）	排名
地区生产总值	27.40	6	88.64	4	129.92	3	128.53	4
一般公共财政预算收入	2.86	6	10.03	3	9.48	2	21.71	2
工业总产值	8.16	6	55.83	3	233.24	2	435.35	1

数据来源：2008—2019 年《广西统计年鉴》。

注：排名指的是在百色市县中的排名。

元的目标。2019年，随着天桂铝业一期80万吨氧化铝项目实现投产，靖西氧化铝产能和产量跃居百色市首位。

（三）德保县铝资源开发与广西华银铝业有限公司

德保县位于百色市南部，距首府南宁230千米，距百色市129千米，全县辖12个乡（镇）、185个村（社区）委会，面积2575平方千米，总人口36万，聚居壮、汉、瑶等9个民族，其中壮族人口占总人口的98%。德保县属于广西20个深度贫困县之一，2016年建档立卡贫困人口为7.73万，贫困发生率为21%。德保县境内有铝、煤、铜、铁、金等矿产20多种，其中铝土矿远景储量3.5亿吨。近年来，德保县以广西华银铝业有限公司为依托，努力打造以铝业为主的产业基地，连续获得"广西经济发展十佳县""广西科学发展进步县"等荣誉称号。

广西华银铝业有限公司由广西投资集团有限公司（占股34%）、五矿铝业有限公司（占股33%）、中国铝业股份有限公司（占股33%）共同出资建设，是集矿山开采、氧化铝生产于一体的现代化大型国有股份制铝工业企业，总投资85亿元。公司于2003年3月20日成立；2005年5月23日，华银氧化铝一期工程项目获得国家发改委核准；2005年6月18日，项目正式开工建设；2007年12月，第一条40万吨生产线建成投产；2008年6月18日，160万吨产能全面建成投产。

自华银铝2005年开工建设以来，德保县紧紧抓住机遇，不失时机打造以铝为主，锰、铜、酒多业并举和铝、锰、铜、碳酸钙等产业集群稳步发展的产业格局，逐步壮大铝产业，催生新的增长点。新兴的铝工业生态城建设取得突破，带动区域经济快速发展。德保全县地区生产总值由2007年的12.46亿元增加到2018年的85.56亿元，年均增长15.98%；一般公共财政预算收入由2007年的2.39亿元上升到2018年的6.89亿元，在百色市各（市）县区的排名上升了3位，排第4位（表3-6）。2019年，德保重点解决了影响生态铝和生态锰工业产业链延伸的材料供给问题和用电保障问题，推动了一批电力工程建设或提级，提高了用电负荷和大工业用电保障，降低了用户运营成本。2019年，规模以上工业增加值完成39.9亿元，同比增长21.1%，对全县地区生产总值增长的贡献率达74.1%，拉动地区生产总值增长7.8个百分点，县域工业综合实力稳步提高；工业产业链不断延伸，成功打造了以"铝土矿—氧化铝—电解铝"为主的产业链，实现氧化铝就地转化和锰产业转型升级。

表3-6 德保县主要经济社会发展指标

项目	2007年		2011年		2014年		2018年	
	数值（亿元）	排名	数值（亿元）	排名	数值（亿元）	排名	数值（亿元）	排名
地区生产总值	12.46	7	53.20	6	63.56	6	85.56	6
一般公共财政预算收入	2.39	7	7.68	4	5.57	5	6.89	4
工业总产值	3.36	7	29.71	5	86.42	5	138.74	6

数据来源：2008—2019年《广西统计年鉴》。
注：排名指的是在百色市县中的排名

三、铝土矿资源开发与居民收入水平提高

从一段发展时期来看，铝土矿资源开发确实对当地经济发展有快速拉动作用，带来经济总量和财政收入的较快增长，提升了地方政府公共服务供给能力，同时产业发展也为当地居民提供了更多的发展机会和增加收入的可能。

（一）带动城乡居民收入提升

百色市农村居民人均可支配收入由2000年的1183元增长到2018年的11086元，年均增长率为13.2%，比广西平均水平高2.1个百分点。平果市城镇居民可支配收入和农村居民人均可支配收入在2004—2018年分别由7611元和1762元增加到33488元和12520元，年均增长率分别为11.2%和15.0%。

靖西和德保的农村居民人均可支配收入分别由2007年的2149元和2238元增加到2018年的10269元和10283元，年增长率分别为15.3%和14.9%；城镇

居民可支配收入由 9332 元和 12541 元增加到 28451 元和 32114 元，年均增长率分别为 10.7% 和 8.9%（图 3-1、图 3-2）。从两县（市）农村居民人均可支配收入和城镇居民可支配收入的增长曲线图可以看出，农村居民人均可支配收入、城镇居民人均可支配收入两个指标在 2007 年铝工业加快发展后都有了较快增长。

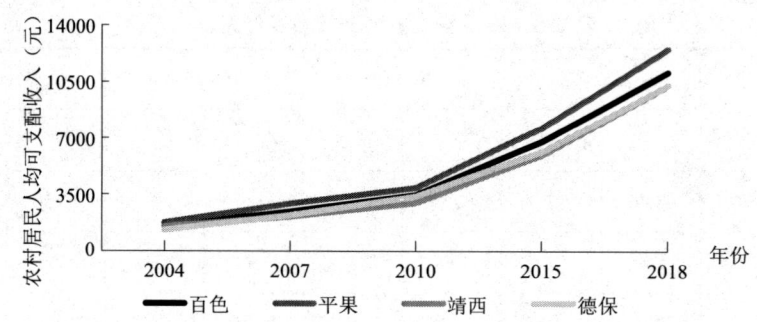

图 3-1　2004—2018 年百色农村居民人均可支配收入增长走势

数据来源：2005—2019 年《广西统计年鉴》。

注：根据统计年鉴的变化，2018 年农民人均纯收入指标调整为农村居民人均可支配收入

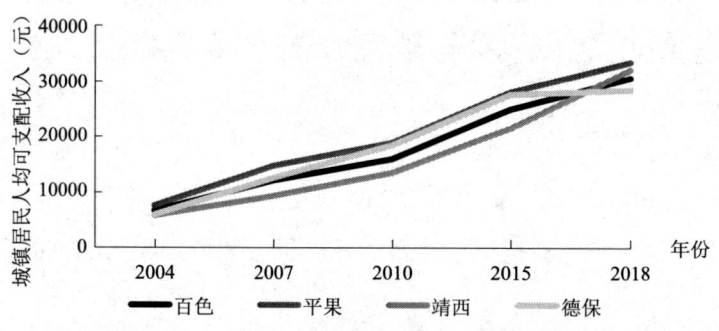

图 3-2　2004—2018 年百色城镇居民可支配收入增长走势

数据来源：2005—2019 年《广西统计年鉴》。

同时，矿产资源开发对矿区及周边乡镇贫困群众脱贫产生拉动效应。据当地相关部门统计，在脱贫攻坚阶段，平果、德保、靖西、那坡等县（市）铝土矿资源的开发利用带动了 16 个乡镇 198 个村屯 12000 多户 58000 多名群众实现了精准脱贫。❶总的来说，这些地区农村居民人均可支配收入的增长水平普遍要高于城镇居民可支配收入水平。

---

❶　姬长玉. 推动广西铝土矿资源可持续发展 [N]. 中国矿业报，2020-05-26.

(二)促进当地民生事业发展

随着财政收入的增加,平果、德保、靖西三县用于改善城镇和农村基础设施建设、提高基本公共服务能力的财政投入逐年增多,资源开发地的民生事业得到蓬勃发展,使当地居民从中得到不少实惠。以平果发展民生事业为例,平果经济发展起来以后,有更多的财力保障和改善民生,促进了各项惠农政策的全面落实,有利于统筹兼顾社会各项事业,推进文化、体育、教育、医疗卫生等社会各项事业全面协调发展,具体情况如表3-7所示。

表3-7 平果民生事业发展情况

项目	建设内容
学有所教	发展目标:着力把平果打造成为区域性教育标杆,实现"学有所教"
学有所教	①扩大城区教育规模,促进教育公平。将全县1.2万余名父母在外务工的"留守儿童"集中到县城区就学;到2013年平果县已全部取消乡镇初中、高中,统一到县城办学读书,让边远乡村的学生共享优质教育资源,同时全部发放交通费、寄宿生生活补助费; ②优化教育资源,扩大教育工程项目投入。近年来县财政投入新建、改建、扩建平果三中、平果高中、卫华高中、职教中心等一大批教育工程项目,不断扩大优质教育资源覆盖面; ③快速推进大学城建设,提高教育质量。凭借雄厚的财力,平果县委县政府提出在县城区内建设大学城,目前已有广西工程职业学院、广西幼儿高等师范专科学校、广西应用技术职业学院、南宁职业技术学院等9所高校(含高职)落户大学城,力争未来建成可容纳10万人左右的大学城区,成为名符其实的广西教育强县
劳有所得	发展目标:以工业反哺农业,以工促农、以城带乡,广大民众"劳有所得"
劳有所得	①县财政不断加大对农业投入。主要投入小型水利建设、免费给农户提供种苗发展种养业等。近年来,县财政对农业的投入均在年2000万元以上,且逐年增长; ②创造性地实施农民"下山进城入谷"工程。引导受培训的山区农民到右江河谷、本地和外地城镇打工就业落户,近年来全县共转移劳力超过10万人; ③实施积极的就业政策。统筹做好高校毕业生、城镇就业困难人员、农村转移劳动力、残疾人等各类群体就业工作

续表

项目	建设内容
病有所医	发展目标：夯实城乡居民的健康基础，努力实现"病有所医"
病有所医	① 加大对重点医疗设施项目投入。县财政投入1亿多元，先后建成了县医院传染住院病区、医疗综合大楼、县防疫站计划免疫门诊楼、县皮防站综合楼等一批重点医疗设施项目。同时，对所有的乡镇卫生院进行"五化"建设和改造，购置一大批先进的医疗设备充实到各级医疗机构，极大地提高了医疗服务接纳能力； ② 实施"降消"、母子系统保健、儿童早期综合发展等项目。2003年被联合国儿童基金会、国家卫生部评为"初级卫生保健强化项目先进县"； ③ 支持新农合发展。自2003年成为全区新农合试点县以来，平果县财政共拿出超过500万元的补助资金，农民参合率不断提高； ④ 全面启动城镇居民基本医疗保险工作，凡不属于城镇职工基本医疗保险制度覆盖范围的非从业城镇居民全部参保，惠及国有困难企业职工和关闭破产企业退休人员、进城务工的农民子女和城镇困难集体企业职工等困难群体
老有所养	发展目标：让平果民众"老有所养，老有所乐"
老有所养	① 县财政加大对敬老公寓建设投入。投入586万元，先后建成敬老山庄、穗城敬老院、祈福敬老院等一批敬老公寓，让近500位老人安度晚年；投入175万元，在城中心建成了全城规模最大的老年活动中心，方便老年人开展娱乐活动；启动了敬老山庄分院建设，总投资达1000万元，可接纳500位老人入住； ② 城乡低保基本实现应保尽保。把符合低保条件的企业下岗失业人员和失地农民全部纳入保障范围，仅2006—2008年，就发放低保金350万元，累计发放低保人数48747人（次）。2008年，平果县自行把国家当时规定"对100岁以上老人每月补助人民币100元"扩大到"对90岁以上的老人每月补助人民币100元"。平果县农村低保、城市失地农民低保均走在广西前列，成为示范县； ③ 提高五保人口供养标准。先后投入300多万元在全县兴建173个五保村和13个敬老院，1600多名五保老人得以安度晚年，成为全广西第一个村村建有五保村的县； ④ 率先在百色市各县区中推行殡葬改革，通过给丧主提供补助，火化率达到百分之百，2006年获"全国民政工作先进县"称号
住有所居	发展目标：推进住房建设，确保人民"住有所居"
住有所居	① 建设安置进城务工农民的生活小区。2008年，平果县建成了全国唯一的进城务工农民的生活小区，小区以低于经济适用房价格出售给进城务工农民，销售价格平均每平方米不超过850元，远远低于当地商品房1800～2500元的标准，基本解决了困难职工、困难党员、失地群众及残疾人士的住房问题； ② 积极开展农村贫困户危房改造工作，并创造性地实施"少数民族危房改造"活动，使90%以上的瑶族贫困农民告别了危房； ③ 大力推进经济适用房和廉租住房建设

据表3-7可知，自县域经济及财政收入水平提高后，平果县民生事业在多个领域打造了广西全区创先、率先的典范。例如，在促进教育公平方面，平果县在全区率先实现了取消乡镇初中、高中，让农村孩子统一到县城就学读书，让边远

乡村的学生共享优质教育资源，同时全部发放交通费、寄宿生生活补助费，以及将全县父母在外务工的"留守儿童"集中到县城区就学。在社会保障方面，率先把符合低保条件的企业下岗失业人员和失地农民全部纳入保障范围，在提高失地农民长期保障方面作出了表率，减少了社会矛盾因素，促进了和谐发展。总之，平果市在广西民生事业发展方面树立了标杆。

四、资源开发区面临的困境和危机

从前文的分析可以发现，无论是从市域还是从县域经济发展的角度，铝土矿资源开发都对区域经济增长和民生事业发展产生了较大的促进作用。由于铝土矿资源的开发，百色市的经济总量从广西全区排名靠后跃居并保持中上水平，平果市从过去财政落后地区一跃成为广西县域财政翘楚。靖西和德保过去的经济发展指标在百色市中等偏后，铝土矿资源开发促进了其经济较快增长，使靖西和德保成为百色市经济发展最快的排头兵。

从国内外诸多资源开发的实践经验来看，资源富集区有可能凭借自身的资源优势培育新的增长极，形成具有比较优势和竞争优势的资源型产业，从而在短期内迅速崛起，带动整个区域经济的高速发展，呈现比其他地区更为繁荣的景象。然而，对所有的资源型城市和地区来说，这同时可能潜藏另一种危机，即由资源开采带来的短期繁荣后因资源枯竭而衰败，从而陷入"资源诅咒"的泥潭，导致经济衰退、环境破坏、人民生活陷入困苦。百色市铝土矿资源的开发的确在短期内带动了区域经济的迅猛发展，但是经济可持续发展的隐患和危机一直存在。

（一）产业发展"一铝独大"，经济结构失衡问题突出

产业结构单一几乎是国内大部分资源富集区的共同特点，经济发展一般都高度依赖资源采掘加工业。随着铝土矿资源的开发，铝工业产值长期占据百色市工业总产值的半壁江山，造成整个经济对铝工业的过度依赖，特别是平果、靖

西、德保三个铝产业重点基地更是依靠铝产业立县的典型,普遍存在"一铝独大"的问题,同时还面临氧化铝与电解铝产业结构失衡、铝精深加工未形成产业集群等瓶颈问题。自2012年以来,随着国内外铝产品市场价格的大幅波动,国内电解铝企业出现了大面积的亏损,整个铝行业市场需求萎缩,一边是过度投资产能过剩,一边是经济下行导致下游企业需求锐减,原铝销售量价齐跌。例如,2015年电解铝价格跌到每吨9000多元,氧化铝价格也从2350元猛跌到1630元左右。百色市的主要铝生产企业面临开工即亏损的局面,甚至平果铝这样的大企业也随时面临生产成本被击穿的难题,时常处于停产或减产状态。矿产品市场价格波动成为百色市经济发展的"晴雨表",一荣俱荣、一损俱损。铝生产企业应对市场波动和防范风险的能力薄弱,区域经济稳定和可持续发展面临较大困难。特别是面对电解铝行业产能过剩的严峻形势,"一铝独大"的经济结构失衡问题更加突出。

(二)资源配置不平衡,资源依赖"虹吸效应"凸显

从"铝土矿—氧化铝—电解铝—铝型材"的产业链条来看,多年来百色市铝产业仍以比较低端的铝土矿采掘业和初级产品加工为主,产业链短,产品附加值低。大部分矿产企业长期依赖矿产资源的掠夺性开发,满足于靠资源采掘初级加工的低成本、低价格谋取的利润。90%以上的氧化铝被贱卖到外部市场,依赖外部加工市场的消费,无法在本地直接消化、加工,由此大量资金、人才被吸引、集中到采掘和初级加工环节,加上地方政府监管不力导致对企业行为规范不足,资源依赖"虹吸效应"凸显,企业对加大科技投入从而拉长产业链、提高产品附加值的积极性不高。

由表3-8可知,2005—2016年,百色市氧化铝的产量从92.46万吨增加到960万吨,增加了9倍多,但电解铝的产量仅增加了30.97万吨,增长1倍多;铝材加工作为铝产业链条的高端产品,从无到有,2016年发展到261.92万吨,取得可喜的发展成效。作为铝材加工生产原料的电解铝本地生产不到60万吨,大概有200万吨电解铝需要从外地市场调入,折射出百色市电解铝生产的短板,产业链条不

顺畅反过来制约了铝材加工的进一步发展。总的来说，百色市还处在矿产资源开发利用产业链条中比较低端的位置，铝下游产业链的延伸和发展远落后于铝土矿资源的开采。2018年，随着铝产品市场的波动，百色市氧化铝产量比2016年下降了近150万吨，可喜的是电解铝产量增长了近2倍，铝材加工增加了1/3多，但铝土矿就地加工比例仍然偏低，不到20%。同时，对资源采掘业的过度依赖造成对其他产业和生产部门发展机会的剥夺，加剧了经济结构的失衡。

表3-8 百色市部分年份"三铝"结构情况　　　　　　　　单位：万吨

年份	氧化铝	电解铝	铝材加工
2005	92.46	22.92	0.00
2008	251.26	48.14	17.26
2009	455.30	42.40	22.70
2012	672.24	42.16	104.53
2013	727.99	49.93	135.75
2014	805.00	39.00	166.00
2016	960.00	53.89	261.92

数据来源：百色市各年度国民经济和社会发展统计公报。

从开发企业层面来看，百色铝土矿开采大多由中央企业及大型民营企业控制，本土铝企业没有得到充足的铝土矿资源配置，本地电解铝企业缺乏配套的氧化铝项目，上下游产业链不全，产业协同程度不高，百色市煤电铝一体化产业集群面临较大短板和风险。2019年，百色市持有铝土矿采矿许可证的矿山共有8个，总设计生产规模为1562.2万吨/年。各矿山剩余开采年限不长，本地企业铝土矿资源储备不足，甚至本地工业园区的一些铝材加工企业还需要从外地调回电解铝，这都制约了本地企业的发展。同时，这也导致企业在各矿区收黑矿现象的出现，部分矿区非法采矿问题加剧，低水平、低质量盗采和破坏性开采更加速了资源的过快消耗。

（三）电力能源供应优惠政策缺位，产品精深加工受到制约

缺电、电价过高是制约百色市铝产品精深加工发展最突出的瓶颈。百色市水电资源丰富，目前有7个在建、新建的大中型水利水电工程，但电力却主要供应外地，当地的经济社会发展没能从水电资源开发中优先受益。随着铝工业基地建设的推进，百色市电力供应空前紧张，个别年份还出现了较大规模的拉闸限电现象，给工业发展造成很大阻碍。另外，过高的电价也制约了铝精深加工的发展，特别是电解铝的生产受到限制，开工即亏损，导致企业即使有生产能力也不敢开工，这是百色市电解铝产业一直踌躇不前的重要原因之一。据当地企业介绍，百色市工业电价一直在每度0.6元左右，比新疆、山东等其他区域的工业电价高0.2元。在百色生产一吨电解铝耗电约13000度，用电成本为7800元/吨左右，加上其他成本在内，盈亏平衡点为14500元/吨。2015年，电解铝的市场价格大概为13000元/吨，出现了1500元/吨的亏损。因此，只有电价降到每度0.4元以下，才能破解铝产业链延伸发展的难题，这亟须国家从宏观调控、政策等层面进行帮助和支持。

（四）资源开发富区多富民少，且生态环境承载压力大

从百色市城乡居民收入与地区生产总值、财政收入增长速度的比较来看，有些速度指标相差近10个百分点，说明资源开发地居民收入水平的增速与区域经济发展的速度仍有较大差距，资源开发的富民作用远远比不上对当地经济增速的带动作用。例如，靖西市铝土矿资源开发使其财政收入在2007—2014年的平均增长率达25.3%，然而农村居民人均可支配收入年均增长仅14.38%，差距比较明显。这是因为当地财政增长主要依赖于资源产业，其他产业发展乏力，资源开发企业又多是自动化程度高的现代企业，技术要求高，用工数量少，对解决当地就业、增加农民收入拉动不大，甚至还出现因开矿占地等影响当地农民耕作致使其收入减少的情况。

表3-9 2005—2018年城乡居民收入变化比较

地区	城镇居民人均可支配收入（元）		年均增长率（%）	农村居民人均可支配收入（元）		年均增长率（%）
	2005年	2018年		2005年	2018年	
广西	8917	32436	10.44	2495	12435	10.44
百色市	8077	30611	10.79	1783	11086	10.79
平果市	9344	33488	10.32	2072	12520	10.32
靖西市	6409	32114	13.20	1642	10269	13.20
德保县	8032	28451	10.22	1576	10283	10.22
右江区	10407	33337	9.37	2198	14678	9.37
田林县	7202	28576	11.18	1696	11160	11.18
田阳县	7563	31793	11.68	2201	13199	11.68

数据来源：2006—2019年《广西统计年鉴》。

虽然平果、靖西和德保三县（市）地区生产总值及财政收入的平均增速比相邻县区要快很多，但是从表3-9来看，三县（市）城乡居民人均可支配收入水平指标增速与周边的田林、田阳等以农业为主的县区不相上下，这说明资源开发在促进居民收入增长方面的优势没有充分显现出来。同时，矿产资源开发不可避免地带来地表土层和植被的破坏，资源开发地居民还要承受随之而来的生态环境压力。

（五）资源枯竭隐忧展现，资源型经济发展颓势渐显

从后势发展来看，百色市"一铝独大""一柱擎天"的发展格局没有根本改变，铝土矿资源储量存在枯竭隐忧，百色市资源型经济发展出现颓势。例如，百色市2018年地区生产总值、工业总产值都出现了明显下滑；平果县由于铝土矿资源开发较早，经济发展经过了1995—2005年的快速增长期，其经济总量和财政收入总量基数较大，在百色市各县区中遥遥领先，但近10年来增速明显放

缓，地区生产总值和财政收入指标增速排名靠后，这反映了平果县经济增长模式单一、资源依赖性强的特点；德保和靖西属于新近开发的资源型工业大县，由于铝资源开发的带动使其近几年地区生产总值和财政收入的增速都远远高于其他县区，也高于广西和百色市的平均增速。这两个县市均表现出了资源开发初期资源型产业促进当地经济快速增长的态势，然而后续发展依然面临资源型城市产业结构单一、资源枯竭隐忧的问题。

就资源储量来说，中国铝业广西分公司、广西信发铝电有限公司、广西华银铝业有限公司3家企业采矿许可证范围涉及永久基本农田2872.75公顷，压覆铝土矿资源约6474万吨。经过多年的开采，3家企业对不属于永久基本农田范围内的铝土矿资源已基本应采尽采。截至2017年12月，百色市探明铝土矿资源经多年开采已消耗约3.09亿吨，扣除公路、铁路、村庄压覆铝土矿资源储量，剩余开采储量已不多。一些矿区因涉及永久基本农田而无法办理探转采审批登记手续。如不能继续开采，企业很快将面临无矿可采、无矿可用的局面，从而影响区域经济发展。从铝土矿资源储量来看，经过多年开发，再加上一些采富弃贫的破坏性开采，百色铝土矿资源消耗过快，远景估计可开采年限仅为20年，如果不尽快实现产业转型，百色市将不得不面对资源型城市发展的"断崖式"坠落困境。

总体而言，百色市资源开发正处于一个敏感的过渡期，是继续保持经济腾飞，还是陷入经济衰退的泥潭；是找到可持续发展的动力从而实现产业转型的华丽转身，还是陷入"资源诅咒"的陷阱从而引发"荷兰病"，出现资源型城市的最终衰落，取决于对未来发展战略的正确选择。

第三节　矿产资源开发利益分配模式与利益相关者

矿产资源收益分配模式一直是我国自然资源开发过程中的重点和难点问题。

与资源开发促进经济增长关系的宏观层面相比，它涉及各利益相关方的分配关系，可以更加直接和微观地反映资源开发民生受益程度。从功能上来说，合理的资源开发利益分配模式将有效化解矛盾，促进资源开发的顺利开展；不合理的利益分配模式会加剧各利益相关方的矛盾，形成影响社会稳定和长治久安的隐患。

一、矿产资源开发的利益分配模式

无论是在开发实践中还是在理论研究领域，目前我国矿产资源开发利益分配模式的重点都是如何协调好中央、地方、企业、居民四个主要利益相关方的分配关系。然而，现有的矿产资源开发分配政策主要集中在政府与企业、中央与地方之间的分配关系上，对当地社区及居民与政府、企业之间的分配关系缺乏明确的法律保障和政策规范。百色市矿产资源开发的利益分配关系正是我国矿产资源开发分配制度的典型体现。

（一）中央、地方和企业三方的利益分配模式

《中华人民共和国矿产资源法》《中华人民共和国企业所得税法》《中华人民共和国民族区域自治法》等一系列相关法律及政策对中央、地方和企业在资源开发过程中的利益分配问题进行了明确、具体的规定。

从表3-10来看，由于平果铝属于中央企业，公司注册地和财务总部都不在广西，所以除了资源税和矿产资源补偿费全部留在广西以外，其他税种都需要中央和地方分成，而且中央所占比重更大，特别是企业所得税和个人所得税都是全部上缴中央，地方从央企直接获益不多。相比之下，德保华银铝是在本地注册的股份制企业，靖西信发铝属于在本地注册的民营企业，这两个企业的企业所得税和个人所得税有40%要留在地方，对当地财政收入的贡献比央企更大，因此相比之下，地方政府和当地群众更欢迎地方自营或民营的资源开发企业。从图3-3可以看到，信发铝上缴税费的分成比例为中央33%、自治区10%、百色市4%、靖西市53%，税费收益比例中地方占大头。

表 3-10　平果铝和信发铝开发利益分配表　　　　　单位：%

税种		征收标准	中央	地方		
				自治区	市	县
平果铝	资源税	从量计征，20元/吨	0	40	0	60
	矿产资源补偿费	矿产品销售收入×2%×开采回采率系数	0	35	35	30
	探矿权、采矿权	按国土资源部规定	20	40	40	0
	企业所得税	收入总额×25%	100	0	0	0
	个人所得税	按法律规定比例	100	0	0	0
	增值税	销售收入×17%	75	0	8	17
	营业税	销售收入×3%	0	0	0	100
	土地使用税	—	0	40	0	60
	耕地占用税	5~50元/米^2	0	0	0	100
信发铝	资源税	从量计征，20元/吨	0	40	0	60
	矿产资源补偿费	矿产品销售收入×2%×开采回采率系数	0	35	35	30
	探矿权、采矿权	按国土资源部规定	20	40	40	0
	企业所得税	收入总额×25%	60	0	0	40
	个人所得税	按法律规定比例	60	0	0	40
	增值税	销售收入×17%	75	0	8	17
	营业税	销售收入×3%	0	0	0	100
	土地使用税	—	0	40	0	60
	耕地占用税	5~50元/米^2	0	0	0	100

注：①根据相关法律政策整理；
②探矿权、采矿权属于一种资产分配权属，也相当于矿产实物分配。

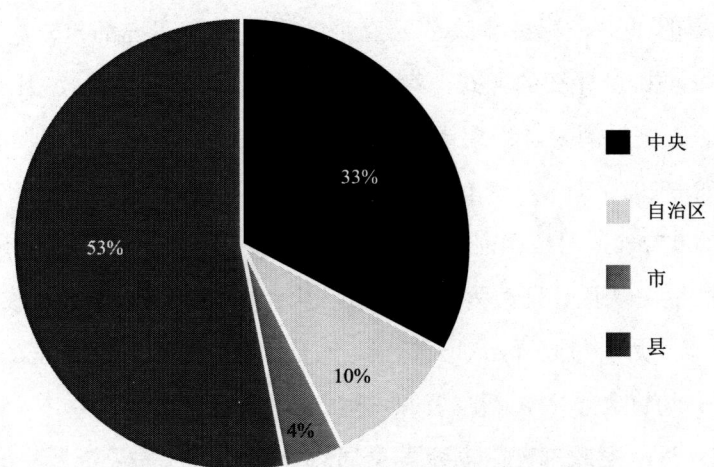

图 3-3　2008—2011 年广西信发铝公司上缴税费分成比例

从税种构成比例来看，信发铝 2008—2011 年共缴纳税费 4.57 亿元，其中增值税比例最大，占 35%，其他主要税种是资源税 33%，耕地占用税 19%，营业税 5% 等（图 3-4）。除了耕地占用税和营业税可以全部留在当地财政以外，增值税和资源税等税收大头还要与自治区本级财政分成，且矿产资源税一直存在税率过低的问题。调查显示，过去几年按从量计征的方式，铝土矿资源税占一吨矿石成本价格的比重只有 2%，且由于种种原因，矿产资源补偿费征收困难。

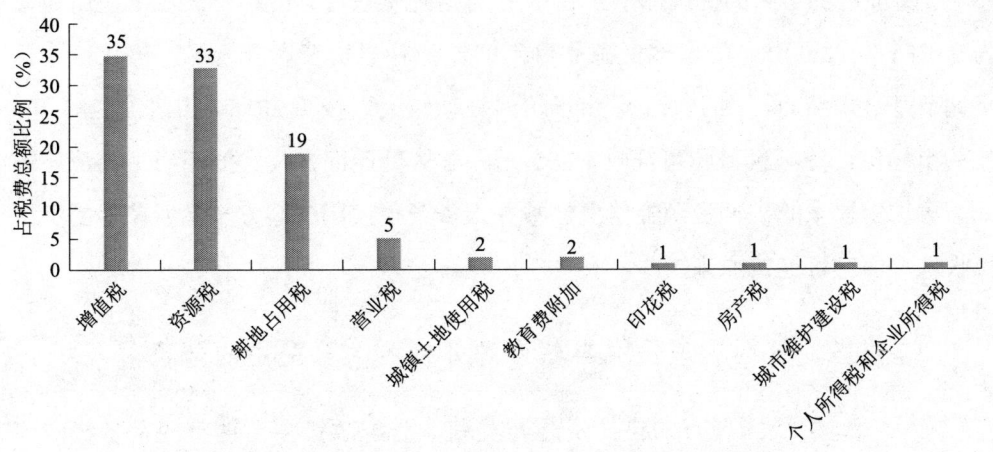

图 3-4　2008—2011 年广西信发铝公司缴纳税费构成
数据来源：靖西市相关部门提供

值得一提的是，资源税费改革一直是各界关注和研究的重点。长期以来，我国资源税按照从量计征的方式，存在税率普遍偏低的问题，如铝土矿按从量计征结合精矿比例等因素，平果铝和信发铝每吨缴纳资源税24元，华银铝则是22.6元。2008—2010年，广西有色金属资源税总额为67101万元，仅占广西地方财政收入的0.35%，对广西财政的贡献率非常低。多年来，学界和地方政府都在呼吁把资源税由从量计征改为从价计征，从而增加地方的资源税收入。例如，新疆从2010年6月1日起开始对天然气、石油资源税实施从价计征的改革试点。2010年7月—2011年5月，新疆资源税增收了35.78亿元。

2016年5月，财政部、国家税务总局联合下发了《关于资源税改革具体政策问题的通知》，全面推进资源税改革，要求按照清费立税、合理负担、适度分权等原则，实施矿产资源税由原来的从量计征向从价计征方式转变的改革，同时全面清理涉及矿产资源的收费基金，将矿产资源补偿费并入资源税，停止征收价格调节基金，解决当前存在的税费重叠、功能交叉问题。《关于资源税改革具体政策问题的通知》还突出兼顾企业经营的实际情况和承受能力，要求总体上不增加企业税费负担。至此，呼吁多年的资源税费从价计征改革终于正式全面推开。2016年7月，广西出台了《关于广西资源税改革有关事项的通知》（桂财税〔2016〕18号），规定了一系列矿产品从价计征的资源税税率，其中铝土矿原矿适用税率为9.0%；与此同时，将全部资源品目矿产资源补偿费费率降为零，停止征收价格调节基金。然而，由于铝土矿市场价格波动较大，按照2016年铝土矿255元/吨的市场价，资源税每吨可征收22.95元，与从量计征方式大抵相当，甚至还略低。再加上原来的矿产资源补偿费已被并入资源税，因此地方实际所获得的资源税收入反而有可能比原来更少。

（二）当地社区和居民在自然资源开发利益分配中的地位

如前所述，我国现有的自然资源开发利益分配政策主要调整的是各级政府之间及政府与企业之间的分配关系，政府、企业与社区居民之间的分配关系缺乏有效的制度性规范。《中华人民共和国民族区域自治法》中虽然有一些针对在民族地区开发自然资源应当惠及当地民生的规定，如"在少数民族地区的企业应招收少数民族群众"，"在民族地方开采石油、天然气等资源的，要在带动当地经济发展、发展相应的服务产业及促进就业等方面，对当地给予支持"，"国家要采取措施，对输出自然资源的民族自治地方给予一定的利益补偿"，但是在实践当中很难落实或有效性不高。一是因为这些规定都比较宏观，缺乏相关的实施细则和具体条款，缺乏实际操作性；二是政策对当地社区及居民的利益考量都是补偿和救济性质，没有充分考虑居民参与分配的主体权利。

从百色市的情况来看，由于国家和地方的法律、政策对社区及居民在矿产资源开发中处于何种地位、担任何种角色没有明确规定，导致百色市当地社区及居民参与利益分配的机制缺失，使其在资源开发利益分配机制中处于非常弱势的地位。目前，除了一些很低的政府补贴、企业捐赠和环境赔偿等补偿和救济性质的收益以外，当地社区和受影响群众在自然资源开发中的利益安排基本是通过谈判博弈来解决。社区及居民对矿产资源开发利益分配方案缺乏话语权，在整个分配关系中所得的收益也最小，这是我国自然资源开发利益分配方式存在的一个制度性缺陷。

二、矿产资源开发的主要利益相关者分析

从相关利益主体的角度来看，中央、地方、企业、居民在百色市矿产资源开发活动中一直处于博弈状态。

首先，中央和地方利益分配机制存在不合理之处。铝土矿开采特别是国企主导的开采活动带来的地方财政收入有一半左右要上交给中央，地方本级财政实际可调控掌握的资金不多。例如，平果县 2003 年财政收入 5.94 亿元，成为广西财政收入最强县，但是平果县地方财政可支配的一般预算收入只有 2.79 亿元，仅占财政总收入的 46.97%，且这部分资金还要投入环保、移民等因资源开发带来的多项社会治理支出，导致地方政府财权事权不匹配，从而增大财政压力。多年来，资源开发地政府不断向中央要求调整分配比例，增加地方财政一般预算收

入比重。2013年，平果县财政收入22.12亿元，一般预算收入14.18亿元，比例上升到64%。尽管这一比例在逐年提高，但在调研中地方政府仍然认为调整力度还不够。

其次，从地方政府、企业、居民三方各自的初衷来看，地方政府想发展经济，增加税收，提升财政能力；企业希望降低生产成本，追求利润最大化；居民力图防止利益受损，维持生产生活的正常秩序，并且希望能从当地铝资源开发中得到一些物质收益和民生改善。在靖西的调查发现，地方政府、企业和当地居民之间出现了一些问题。企业以追求利润最大化为目标，开采占用大量农田，征地规模大、数量多且随意性很强，矿区耕地植被破坏较严重，而且给予农户的征地补偿费和生活补助费较低，交还给农户的土地有些根本无法耕种，同时还造成道路阻塞、水源和粉尘污染等环境问题。当地群众多次要求提高占地补偿标准和土地复垦标准，并加强环保措施。❶

第四节 矿产资源开发对矿区居民生产生活的直接影响

这一节主要就自然资源开发活动对矿区居民生计水平、生存状况和精神文化生活的直接影响进行分析。

一、矿区居民从资源开发中获得的收益

从百色市目前的情况来看，除了补偿补助性质的费用以外，铝土矿资源开发还为矿区居民带来了其他直接或间接的收益。

---

❶ 覃娟.民族地区自然资源开发与民生保障——以百色市矿产资源开发为例[J].经济与社会发展，2014(4).

（一）打工劳务收入

大型资源开发企业增加了对当地用工的需求，特别是当地政府要求企业从务工方面特别照顾当地居民，尤其要优先安排失地农户进厂就业，增加他们的务工收入，改善其生计水平。例如，平果铝在建厂初期，招收了大量被征地的群众及其子女进厂务工，积极协助地方政府解决失地农民的后顾之忧。2011年，平果铝7200多名在职员工中，少数民族员工占51.2%，广西籍员工超过60%。其中，平果县籍员工3393人，约占47%。员工人均年收入从1991年的3028元提高到2010年的69796元，20年间增长了22倍，职工收入多年来排在中铝各分公司和子公司前列。广西信发铝2012年3600名职工中，占比87.5%的为广西员工。其中，靖西籍2200多人，平均月薪3200元。总的来说，虽然企业已经尽量考虑使用当地居民，但是由于现代企业设备先进，自动化程度高，企业用工数量不多，3家大型企业的用工数量加起来不到两万个岗位，对当地就业的拉动作用有限。

此外，除了参与企业的一些劳务性工作以外，资源所在地居民还可以通过为企业提供一些配套产品或提供运输服务等产业项目直接获益。资源开发企业出于方便管理和惠及地方的考虑，一般都会把资源产品的短距离运输，如从坑口到加工点、仓储点、运输点的运输服务分包给当地运输专业户，再加上职工及外来经商的人员增多，当地的运输业逐渐兴旺起来，运输专业户年收入由几万元到几十万元不等。在工程项目、技改工程和零星工程中，凡是周边居民和经济组织能够承担的，平果铝公司在同等条件下都优先照顾。平果县果化镇局宙屯屯长农金利，曾在平果铝公司做过临时工，其2000年主动放弃公司的工作，与屯里其他几位村民一道组建了自己的施工队伍，依靠公司在一些工程项目上对地方的照顾，十年来不断发展壮大，成功打拼了一片天地。靖西的一位致富能人带领附近村屯居民为信发铝生产编织袋，形成了当地的一项致富产业，附近村屯居民因这项产业年增收两三千元。

平果县××村××屯访谈录

时间：2013年1月5日—6日

地点：平果县××村××屯

①根据屯长韩××访谈整理：内银屯共有53户250人左右，从1993年开始陆续有铝矿征地和租地，征地和租地占全屯土地60%，其中征地占40%。1993年，耕地征地价是3300元/亩，2012年涨到21000元/亩，最高达到30000元/亩。矿业公司后来以租代征，租地价起初为4500元/（亩·年），2012年涨到5000元/（亩·年）。韩屯长有3个孩子在矿业公司工作，是合同制检修工，月收入1600元左右，儿媳妇也在铝业的相关产业公司石灰窑工作，每月收入1000元左右。全村有25个人在铝业公司工作，占10%左右，有临时工，也有合同工。韩屯长向我们反映了铝业公司开采资源对村民的生产和生活环境造成的一些影响：一是铝业公司租地期间毁坏道路，交还复垦土地后没有及时修复道路，致使村民走到田地耕种土地非常艰难，要绕很远的道，村民强烈要求恢复道路；二是铝业公司倾倒的矿砂阻断了村里鱼塘的水源，致使鱼塘干涸，无法养鱼，水田灌溉受到影响，村民要求恢复水源。经多次跟铝业公司协商，问题仍得不到解决，村民意见较大。

②根据村民韩××访谈整理：韩××有4个孩子，目前两个孩子读书，两个打工，家里有一幢三层小洋楼，有一辆五菱汽车。2000年被征地20多亩，共获得40万元赔偿款。其中，花了20多万元建新房，并到铝业公司工作6年，由临时工变为合同工，担任检修工，自学电焊技术，月收入1600元，年收入20000元左右。韩××的爱人在铝业的相关产业公司石灰窑工作，每月收入1000元左右。2010年，韩××同时发展乌龟养殖副业，每年获利6万～7万元。据介绍，当时村里征地获得40万元以上赔偿的有5～6户，20万～40万元的有10多户，其他大多是5万～6万元。

（二）农产品销售收入提高

资源大开发推动了当地的经济发展，给当地居民带来了一定的好处。在实地调研中，许多村民表示，铝企业落户当地以后，自己的农产品销路多了，价格高了，收入增多了。调研中还发现平果、靖西的一些资源开发企业根据其对农产品的需求量，参照市场价格与周边村屯签订相关农产品购销协议，优先购买涉铝周边群众生产的农产品，为农产品销售渠道的畅通提供服务和保障。

（三）从企业捐赠支持当地公共事业发展中获益

资源开发企业为了搞好与当地群众的关系，一般都会通过捐赠、资助等形式投入当地的基础设施或公益救济项目等民生建设。例如，靖西信发铝2008—2011年总共投入3000多万支持周边基础设施建设和开展文化联谊活动，为周边群众建设篮球场、戏台、学校设施，对厂区、矿区周边村屯进行城乡风貌改造、危房改造，加强和改善水、电、路和农田基础设施建设。平果铝在实现自身发展壮大的同时，非常重视做好地方扶贫工作，积极带动周边乡镇脱贫致富。据不完全统计，1991—2010年，平果铝无偿捐助地方经济社会事业和改善周边村民生产生活条件的资金合计将近4000万元，帮助周边村民改善生产生活条件，取得了较好的社会效益。据测算，这部分资金占平果铝同期利润总额的0.41%。

2015年我国脱贫攻坚战打响以来，百色许多企业积极践行社会责任支持脱贫攻坚工作。例如，广西信发铝在2017—2019年共捐资480万元助力靖西脱贫摘帽工作，同时连续三年拿出3000万元开展金融帮扶，采取"公司+贫困农户"和"公司+村集体经济组织（合作社）+贫困农户"等运营模式，使靖西2000户贫困户近万人共享发展红利。此外，通过参与千企扶千村活动、定期进村入户帮扶等方式带动周边村屯脱贫。广西华银铝自2015年以来定点帮扶贫困村，并选派第一书记和工作队队员全脱产驻村开展帮扶工作，同时落实64名帮扶责任人开展对口帮扶，累计出资300多万元援助支持脱贫摘帽工作。广西平铝集团积极投身精准扶贫开出"爱心账单"：安置了平果市贫困户250人，人均年收入在3

万元以上；投入捐资助学、支持扶贫产业发展共计300万元；长期支持平果中学"平铝班"的费用，提供助学金、奖学金；创办"大学生创业园"，每年免费扶持100个大学生创业项目；等等。

（四）从民生事业发展中获益

矿产资源的开发带动了当地的经济社会发展。随着县域经济实力不断增强，政府为居民提供社会公共服务、改善民生事业的能力和水平也随之提高，周边居民可享受到更多更好的公共服务。

如图3-5所示，在对靖西市矿区的问卷调查中，关于资源开发项目带来哪些好处的问题，选择"改善基础设施""增加就业机会"和"公益文化活动更加丰富"三个选项的农户大致相当，均占20%以上，说明政府和企业在与当地共建方面做了一些实在的工作；选择"获得土地补偿费增加收入"仅占0.90%，说明土地补偿标准仍偏低；选择"提高社会保障水平"占1.80%，说明地方政府在提高社会保障水平方面还需加大工作力度。

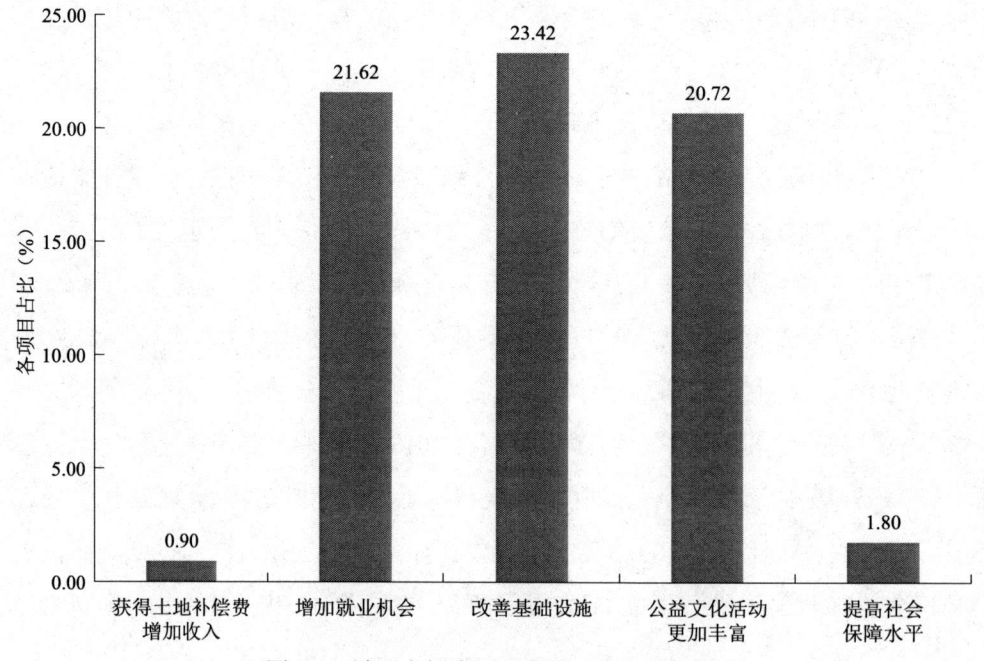

图3-5 靖西市铝资源开发项目带来的好处

二、资源开发给矿区群众生产生活带来的负面影响

（一）占用大量土地影响农民生计

百色铝土矿开采占用了大量农村土地，而农业种植一直是矿区群众的主要生计方式。从20世纪90年代开始，平果铝一期工程建设初期就需要用地11180亩，征地范围涉及马头、新安、果化、城关、太平5乡（镇）12个村、84个村民小组3700户17524人。征用土地面积和数量之大、涉及面之广、牵涉人数之多，工作量和难度、压力之大，在平果县从未有过。此后，随着扩大再生产，平果铝征地工作一直不间断地进行，已进入了每年300～600亩的长期开采、有序征地阶段。

近年来，广西信发铝和广西华银铝的快速发展使百色市由铝土矿资源开发带来的征地工作任务不断加重。靖西市是广西信发铝和广西华银铝共同的采矿场，两家企业都在2007年进入靖西市采矿，信发铝属于民营企业，华银铝是国有股份制企业。由于企业急于发展，对短期内征地的数量、质量要求都比较高，靖西市政府为了留住企业、发展经济，也不得不全力配合，在短期内征地6000亩以上，由此导致了一系列问题。据当地干部群众反映，当时政府为采矿征地问题疲于奔命，征地的速度根本跟不上企业开采的速度，企业甚至在还没有征得群众同意征用的土地上随意开采，引起群众的强烈不满。在一些村屯，矿业开发占用了村民大量土地，造成人均土地不足0.3亩，一些村民生计发展面临严峻问题。此外，曾经属是"世外桃源"的美丽山村，开采之后变得满目疮痍，生态环境问题凸显。

（二）土地补偿标准太低难以弥补损失

对于资源开发征用的大量土地，资源开发企业主要是通过支付土地补偿费

和生活补助费的形式给予补偿。由于土地征用的补偿和扶持标准较低,且各县区不统一,征地工作中也出现了不和谐因素。

土地补偿费是矿产开发企业向村集体或农户征用、租赁土地而支付的补偿费用,同时包括资源开发过程中造成的地质灾害、环境影响而形成的一些赔偿费用。土地补偿费的分配运作模式一般是由政府代表居民与企业进行谈判协商,确定赔偿标准,企业把赔偿资金一次性打包交给政府,由政府组织开展征地及赔偿工作。从百色市铝土矿资源开发情况来看,最初各地形成了不同的赔偿标准,特别是邻近地段赔偿标准不一致且工作不规范,随意性较大。在实际调研中,一些农户反映有些地方政府与企业协商的土地补偿费标准很高,但实际给到农户的标准却很低,有的只达到企业所给予赔偿费的10%左右。广西信发铝和广西华银铝2007年在靖西市征地开采之初的征地标准比较低,发到当地农户手上一亩耕地大概只有9000元,补偿标准明显低于当地群众损失的机会成本。特别是在征地后,人均只有不到0.3亩❶的村屯,补偿不足以支撑生计发展,农户意见较大,征地矛盾也日益增多,再加上任意征地无序开采带来的生产生活和环境影响,给当地民生维系带来了很大冲击。

为了缓解征地矛盾、矿群矛盾,各县区政府几次提高了补偿标准。从规范整个地区征地补偿工作出发,百色市政府结合各县区的实际情况,最终出台了有关资源开发的梯级征地标准,对解决各县区的征地矛盾起到了积极的作用。

从表3-11可知,靖西市规定征用的农用地按县域标准每亩1590元计算,采矿期年限为3年,耕地土地复垦年限为1年,共补偿4年。另外,加上采矿用地耕地生物复垦、地力恢复年限,水田8年,旱地7年,林地2年,由用地企业拨付耕地生物复垦费、地力恢复费及林地植被恢复费;按照谁复垦谁受益的原则,靖西市政府鼓励当地群众积极参与土地复垦工作,优先安排被征地农户负责耕地和林地的复垦恢复工作,将耕地和林地的恢复资金一次性发放给被征地农户。

---

❶ 1亩≈666.67平方米

表 3-11　百色市征地统一年产值标准

县区	县域统一年产值标准（元/亩）	补偿倍数	平均补偿标准（元/亩）
平果县	1272	4	5088
靖西市	1590	4	6360
德保县	1194	4	4776

数据来源：2010年百色市相关文件。

由表 3-12 可知，到 2010 年，靖西市铝土矿资源开发征用土地费用由最初的每亩 9000 元提高到了 19080 元（水田）。此外，广西信发铝和当地政府对于征地后影响较大、生活困难的农户还给予一定的生活补助，帮助他们减少由征地带来的生计困难。2010 年，广西信发铝决定从每吨铝精矿的产值中提出 1 元，每月按照实际产量计算提出补助资金存入统筹资金账户，再加上靖西市政府每年拨出 200 万元财政专项拨款，形成对失地农户的生活补助资金专款，按失地农户的生计影响程度分别给予不同档次的生活补助费。对于征地后家庭人均耕地不足 0.3 亩或不足 0.5 亩的农户，分别给予人均每月 60～80 元不等的生活补助。但是在调研中，一些农户还是反映这个补偿标准偏低，不足以弥补自己失去土地的损失和发展的机会成本，也表达了提高生活补助费标准的相关诉求。

表 3-12　2010 年靖西市铝土矿资源开发用地支付标准

地类	土地补偿费			耕地及林地恢复费			总计（元）
	年产值标准（元/亩）	年限（年）	合计（元）	年产值标准（元/亩）	年限（年）	合计（元）	
水田	1590	4	6360	1590	8	12720	19080
旱地	1590	4	6360	1590	7	11130	17490
经济林地	—	—	4770	—	—	4000	8770

数据来源：2010年靖西市相关文件。

(三) 不当开采模式影响社区和谐

按照正规的矿产开采程序,应首先由企业出资聘请专家进行采矿设计、复垦设计,通过评审并到国土部门备案,最后由国土部门验收。但由于项目急于上马,前期工作流程和手续准备仓促,且为了争夺优质矿场、优质资源,企业不顾矿区耕地植被的破坏,开采随意性较大。一些原本属于不毛之地的矿场面积虽大,但企业嫌矿品位太低不肯开发,对于矿层薄的资源地也只是开采了表层,尾矿基本弃之不顾,破坏性开采和采富弃贫现象非常严重。据当地专业人士表示,靖西铝土矿远景储量有 6 亿吨之多,原本可以开采 100 年,但破坏性、掠夺式的开采,使其不到 30 年就会枯竭。地企关系、群企关系的紧张,一度影响矿区社会和谐稳定。

(四) 对生态宜居和文化生活的不利影响

在对靖西市矿区失地农户的抽样问卷调查中,关于项目带来哪些不利影响的问题,有 95% 的农户都选择了生态环境变差,项目对水系路系的损坏则排在第二位,占 79%,说明资源开发对生态环境和基础设施的破坏在短期内给农户带来的影响最大。当地农户对环境问题的诉求应该得到重视。具体数据如图 3-6 所示。

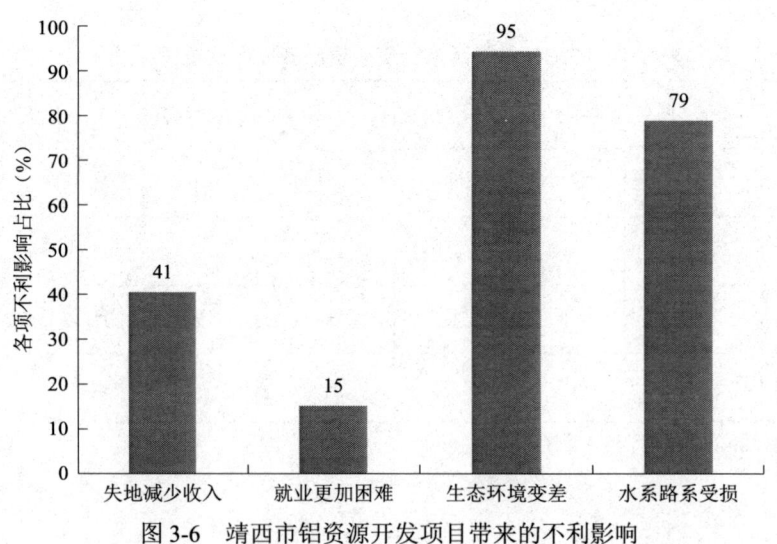

图 3-6 靖西市铝资源开发项目带来的不利影响

在调研中，当地群众还发映矿产开采也占用了一些他们平时举办节庆以及文化祭祀活动的场所，对他们的传统民俗活动和精神文化生活造成了影响。

（五）土地复垦不到位影响后续发展

在资源开发过程中，政府也不断对矿山采矿用地模式进行改革，将原来的"征地"出让方式改革为"采矿临时用地"，采矿后进行复垦归还农民。这样，在解决地方用地指标、降低企业用地成本的同时，能够保障农民土地权益，促进矿区的生态和谐与可持续发展。按照正规的复垦程序，要先办好采矿证，再按科学流程由企业拿出资金、人力、物力来进行复垦，最后由国土部门进行三级验收，验收通过后才能交还给农户。在这方面，作为国企的平果铝展现了良好的社会责任和担当，复垦工作规范、到位，经验值得推广。但是，也有一些企业的土地复垦工作做得不够完善，仅仅把采过的矿区土地推平，然后覆上一层土，再加上企业开工审批、规划等前期工作不规范、不扎实，致使国土部门无法跟进监督复垦工作，从而使退还的土地很多没有达到耕种标准，只能闲置荒废，造成土地资源严重浪费。

总而言之，资源开发带来了经济的增长和财政的增加，但从长远来看，如果继续采取掠夺式、破坏性开发，其对资源开发地群众生产生活的负面影响要远大于正面的带动作用。

第五节　矿产资源开发对生态环境的影响

习近平总书记指出，要"尊重自然，顺应自然，保护自然，筑牢国家生态安全屏障，实现经济效益、社会效益、生态效益相统一"。一般来说，任何一种矿产资源开发都会或多或少对生态环境产生负面影响。矿产资源开发所产生的环境问题已为全球所重视。目前，国际上对矿产资源开发和环境保护关系的处理通常是，一方面加强对矿山环境的科学保护和污染治理，另一方面对矿产资源进行合理利用、提高综合开发水平。百色市是我国滇桂黔石漠化片区的重点区域，属于生态脆弱区，环境敏感性强，生态系统抗干扰能力弱，资源开发对生态环境的破坏性更大且生态恢复更艰难，由此其对可持续、包容性发展的要求更高。从百色铝土矿区的调查来看，资源开发对生态环境的影响主要反映在以下几个方面。

一、弱化矿区土地农业生产功能

百色铝土矿属于堆积型矿山，俗称"鸡窝"，富存于山间坡地或低洼地处，埋藏较浅。然而，山间坡地或低洼地一般自然条件良好，植被覆盖率高，大多是农田或灌木林地。百色市山多地少，人均耕地面积小，土地比较贫瘠，因矿产开发而征用的土地数量多、覆盖面广、影响范围大，覆盖于矿区表层的农业用地极易遭到破坏，且即使经过复垦处理，土地原有的肥力也会受到影响，土地变得越来越薄，其农业生产功能受到不同程度的影响。同时，农业用地面积的骤减，也不利于农田生态动态控制和平衡能力的保持。

二、造成植被破坏和生物资源减少

铝土矿开采是凹陷式开采，是一种破坏原地貌的开采形式，即开采过程首先需要剥离地表植被，采空后形成凹陷式地貌，使原来自然地形地貌完全改变，植被完全被破坏，具有生物生产力的地域面积大量减少。矿区生物失去了生存环境，许多野生动物被迫迁移，从而大幅减少该区域的生物资源。靖西市原有"气候小昆明""山水小桂林"之称，是天然氧吧，其处在断裂带，北面基本是地下水，水从地下流出来，清澈见底，环绕青山，自然环境清爽宜人。大规模的矿产资源开发使靖西市生态环境遭到不同程度的破坏，成片的山林被毁，水源地也受到严重影响。加上企业忽视开采后的恢复和重建，政府又无力监管，导致地下水断流，不仅影响自然环境和生态景观，甚至危及下游群众的生活用水。在调研中，一些干部群众甚至用"山河破碎"来形容彼时的靖西。

三、加速水土流失，降低生态质量

百色市矿山露天开采需要剥离地表植被，这些植被对水土保持起着重要的作用。当植被完全被破坏后，由于开采大幅度地扰动地表，使土质疏松，并导致地形地貌改变，加上开采形成的边坡，使矿区的土壤侵蚀模数增大，如不采取水土保持措施，松动的土质在雨水冲刷下，极易引发水土流失。同时，铝土矿岩溶发育，采矿剥离表土层可能会使部分溶洞、落水洞露出。溶洞、落水洞往往是地下暗河的入口，泥土落入洞内会影响地下水质，而且在水力冲刷等外力作用下，洞口还可能缓慢变大，最终导致地表塌落。水土保持率是一项衡量区域生态环境状况的重要指标，水土流失的加剧，意味着生态环境的恶化。

首先，大量被雨水侵蚀的泥沙随径流进入矿区周边的耕地，使被泥土淤埋的耕地地力降低，影响作物的质量和产量，这是矿区周边村庄水源变成黄色的主要原因。在调研中，许多村民表示，黄色水别不仅不能饮用，连洗衣服、灌溉农田都不行，村民们不得不到外面买罐装水或自行蓄雨水来饮用。靖西市新甲乡个麻村总共1000多人，700多亩土地，过去以种植水稻、烤烟和青菜为主要生计方式。周边开发矿产资源以后，个麻村种植烤烟的数量急剧下滑，因为用变黄的水浇灌的烟叶质量难以保证，市场价格越来越低。此外，水稻每年减产也在5%左右。

其次，流失的泥土进入矿区附近河、湖、库等水体，加剧河流、湖泊、水库的含沙量，淤积河道，造成一些河段的河床抬高，洪水宣泄不畅，影响行洪，导致村庄被淹没，村民们不得不整体搬迁。

最后，水土流失降低了地表水域功能，造成水环境恶化。伴随着水土流失现象的发生，地表径流夹带进入水土的悬浮物及其他有机、无机污染物数量增加，从而使水域水体功能下降，导致河流严重污染。

四、赤泥堆场和排泥库发生泄漏导致环境破坏

赤泥是氧化铝生产排放的一种性质独特的弃渣,其排放不仅占地面积大,而且由于含有铝、碱、氟及其他多种化学杂质,对环境污染严重。随着铝工业的发展,百色市生产氧化铝排出的赤泥量日益增加,堆存处置所带来的一系列问题随之凸显,造成了严重的环境问题。从数据统计来看,百色市几乎所有大型铝土矿资源开发企业都发生过不同程度的赤泥堆场和排泥库事故。发生泄漏事故时,排泥库的泥水通过地下水通道迁移扩散,对矿区地下水环境和下游水质产生严重影响。如果排泥库发生垮坝,还将给周边居民的生命及财产安全带来直接的灾难。从新闻报道和相关资料来看,广西华银铝曾多次发生泥浆泄漏事故,仅2008—2012年短短4年间,华银铝龙山排泥库就连续发生了9次泥浆泄漏事故,严重影响了周边群众的生产、生活环境,其也被相关部门多次查处。据财新网报道,2018年下半年,广西信发铝排泥库附近的靖西市渠洋镇古柑村遭遇了三次大小不同的赤泥库渗漏,导致红色泥水横流,农作物大面积死亡,鱼虾、家禽纷纷遭殃。环保人士从赤泥库泄露点附近采取了5份土样,经检测镉含量均超过农用地土壤污染风险管控值。按国家管理规定,被污染过的土地原则上应采取禁止种植食用农产品、退耕还林等严格管控措施。❶

华银铝4年9次泥浆泄漏事故❷

2008—2012年,华银铝在与德保县毗邻的靖西市境内建设的龙山排泥库连续发生9次泄漏泥浆事故。2012年5月,华银铝业龙山排泥库再次出现泥浆泄漏事故,造成43户农民受灾、1000多亩农田被淹。浑黄的污水覆盖了大片的田地,与周边的青山形成鲜明的对比。在新甲乡新荣街坡珠屯,遍地泥浆淹没了通往屯里的道路,屯里几乎不再有群众居住,房屋上仍能看出泥浆淹过的痕迹。村民们说,如今房子

---

❶ 杨睿. 铝业污染到老区[J]. 财新周刊, 2018 (21).
❷ 董振国,等. "铝业巨头"4年9泄漏 企业霸气还是监管乏力?——广西华银铝系列环保事件追踪[N]. 广州日报, 2012-09-06.

不能住，水也不能喝，连庄稼都种不了。泥浆泄漏损失到底有多大？事发地靖西市一位领导说："仅处理这一次事故的直接费用就有800多万元，还不包括下一步村屯整体搬迁的费用。"环保部门对华银铝作出了处罚10万元的处理，最严厉的一次是2012年停止生产的处罚。

早在2008年华银铝试运行开始，龙山排泥库便发生过泥浆泄漏事故，在随后的4年中，其走入了一个"泄漏—被查处—恢复生产—再泄漏"的"怪圈"。2008年3月，华银铝排泥库发生泄漏事故，原自治区环境保护局和百色市政府组织力量使污染得到有效控制；6个月后，这家企业排泥库再次泄漏。2009年1月，泄漏事故再次发生，源头悬浮物超标666～1041倍。

作为上一级环保主管部门，百色市环保局曾3次约谈企业负责人，并于2011年下达了《关于责令停止靖西农林选矿厂试生产的通知》等执法文书，责令企业停产整改。从泄漏事故屡屡发生来看，整改显然未达到预期效果。县市两级国土部门曾多次对华银铝的矿区进行叫停，而企业则有时停产，有时待执法人员离开后又偷偷恢复生产。广西各级环保部门作出的停产整顿处罚都是针对发生事故的矿区，而主体项目叫停最终是由环保部发出才能有效。

从以上事例可以看出，法律和政府对矿产企业污染事故的刚性处罚力度不够，不足以对企业构成震慑力。企业基于利润的考虑，与地方政府或者环境监管部门之间会产生某种博弈，而地方环保部门由于权力边界过窄，管理和处罚企业违规活动的独立性、严苛性都不足，导致在实际管理中难有真正作为。百色市近些年由于资源开发导致的环境污染问题已经引起国家相关部门的重视。2015年，中华人民共和国环境保护部就百色市主要污染物总量减排工作滞后、环境质量呈下降趋势、违规审批建设项目、排污单位环境违法现象突出等问题公开约谈了百色市政府主要负责同志，督促百色市做好环境保护工作。

第六节 小 结

首先，在民族地区开发矿产资源不仅为国家创造了巨大的财富，也有利于带动资源开发地经济繁荣发展。矿产资源开发项目对区域经济增长方面的作用力强、效果明显，短期内能带动地方经济实现跨越式发展。然而，资源开发地的经济发展都不可避免地存在产业结构单一、依赖性强、产业链短、科技含量低等问题，并且产业结构调整和转型升级都面临较大困难。随着边际开发效益的递减，老牌资源开发地区如平果县已出现经济增长的颓势，百色市铝产业转型升级、"二次创业"也踯躅不前，面临"资源诅咒"和资源型城市枯竭衰落的危机。

其次，资源开发对矿区民生的直接影响主要表现在当地居民因资源开发被占用了大量土地，导致他们原有的生计模式、生存状态和精神文化生活发生改变，由此带来了生产方式、社会角色和文化心理的一系列变化，包括原有的生产方式和收入来源难以为继，环境污染严重，原有的组织结构和人际关系网被破坏等。虽然矿产资源开发也给当地民生带来一些收益，但是覆盖面小、影响力弱，对矿区群众生产生活的负面影响实际大于正面影响。

再次，现有的矿产资源开发利益分配模式对于协调好中央、地方、企业、居民各方的利益还存在一些缺陷和盲区，对中央、地方和企业的利益分配关系规定较明确，对社区和居民只有利益受损的补偿安排，对其如何参与利益分配没有明确的规定和保障。因此，在资源开发过程中，社区、居民的利益调和关系仍需进一步得到重视和解决。

最后，民族地区资源开发仍然很难摆脱"先污染后治理"的老路。实践证明，如果不正确处理好资源开发与生态保护的关系，随着资源的枯竭，矿区的生态环境恶化、耕地退化和石漠化、水资源告急等问题将会接踵而至，从而对矿区民生和未来发展造成难以弥补的影响。特别是民族地区生态环境本来就非常脆弱，资源环境承载能力不强，许多还属于限制开发区或禁止开发区，生态破坏可能只需几年，但是生态恢复却以百年计，甚至陷入无法修复、不可逆转的境地。同时，资源富集的民族地区又多处于大江大河的上游地带，属于国家生态屏障区、水系源头区，其生态安全关系着整个中下游地区的生态和水源安全，生态环境责任极其重大。因此，在民族地区进行资源开发，更需要优先处理好经济发展与生态保护的关系。首先，政府要树立正确的政绩观，坚持生态优先、绿色发展，切实践行"绿水青山就是金山银山"的"两山"理念，进一步提高环境监管的主体意识和能力，不断下沉对环保监管的权力重心，以确保违法违规行为能得到及时有效的整治。其次，加大对违法违规行为的制裁力度，提高违法违规成本，形成对破坏生态行为的强大震慑。最后，要教育和引导企业对开发行为进行自我规范，引导企业主动承担社会责任，在追求协调发展、绿色发展中努力实现发展与环保双赢，在二者不可兼得的情况下，坚持生态保护和生态修复优先，追求可持续发展。

第四章

水电资源开发与惠及民生的实证研究

广西境内河流众多，水力资源丰富，全区水力资源理论蕴藏量为1751.83万千瓦，其中可开发1418.31万千瓦，居全国第六位。在各水系中，红水河水量集中，落差大，被誉为全国水力资源的"富矿"。河池市水力储量占广西总储量的60%以上，是中国华南的水能源中心之一。国家规划在红水河建设的10座梯级大、中型水电站有龙滩、岩滩、大化等水电站分布在河池境内。本章将选取龙滩、岩滩、大化三座水电站作为实证研究对象来分析广西水电资源开发与惠及民生的问题。

第一节 河池市水电资源开发现状

一、基本情况

河池市地处云贵高原南缘，位于广西西北部。2002年6月18日，其经国务院批准撤地设市，现辖金城江、宜州、罗城、环江、南丹、天峨、东兰、巴马、凤山、都安、大化11个县（市、区），其中有5个民族自治县和11个民族乡，自治县数量之多居广西14个地级市之首。河池总面积3.35万平方千米，总人口402万，境内居住着47个民族，其中壮、汉、瑶、苗、仫佬、毛南、侗、水8个民族是世居民族，少数民族人口340万，占河池总人口的85.3%，是广西少数民族聚居最多的地区之一。

河池市自然资源丰富，是著名的中国水电之乡和中国有色金属之乡。该区域河流众多，河流密度大，地势落差大，水能资源蕴藏量极为丰富。据统计，河池市有可供开发利用的江河40多条，水能资源蕴藏量1200多万千瓦，珠江40%以上水量流经河池，水电储量占广西总储量的60%以上，现有装机容量达850万千瓦，是华南的能源中心之一。河池处于环太平洋金属成矿带，有色金属矿产资源十分丰富，具有矿种较齐全、共生、伴生矿种多，具有分布广、质量好、储量大、综合利用性强和价值高等特点。全市已探明的10种有色金属储存量961万吨，其中铟储量名列世界第一，锡储量占全国三分之一，是中国著名的"锡都"。

河池市又是典型的大石山区、石漠化地区、贫困地区和水库移民区。石山地区占其总面积的65%，耕地仅占11%；石漠化地区占25%，占全广西石漠化面积的35%以上。"十二五"期末，全市尚有684个贫困村，69.1万贫困人口，为广西贫困人口最多地区。境内有龙滩、岩滩等库区，库区移民40.3万人。

河池市还是著名的革命老区、世界长寿之乡和世界铜鼓之乡，旅游文化资源丰富。河池市是历史上广西农民运动的发祥地、百色起义的策源地、右江革命根据地的腹地，是红七军和韦拔群烈士的故乡；是中国首个地级世界长寿市，每10万人就有19.7名百岁以上老人；是目前世界上已知的民间传世铜鼓分布最为密集的地区，被誉为"世界铜鼓之乡"；河池市宜州区下枧村是壮族歌仙刘三姐的故乡。

二、水电资源开发进展

水电是清洁、低碳和经济性好的绿色能源，具有可再生、无污染、运行费用低等优势。从20世纪80年代开始，河池市就利用红水河、龙江河等水力资源优势,大力推进梯级水电站建设,取得显著的经济效益和社会效益。目前,在全市各大小河流上已建成水电站148座,包括龙滩、岩滩、大化、百龙滩4座国家大中型水电站,总发电能力为911万千瓦,另有中小水电企业总发电能力为101万千瓦。据统计,2014年河池全市电力产值为101亿元,占全市工业总产值的24.46%,同比增长40%。

(一)龙滩水电站的开发建设

龙滩水电工程位于红水河上游的广西河池市天峨县境内,距天峨县城15千米,上游为平班水电站,下游为岩滩水电站。坝址以上流域面积98500平方千米,占红水河流域面积的71%,其装机容量占红水河可开发容量的35%~40%。电站总投资300多亿元人民币,总装机容量630万千瓦,安装了9台70万千瓦的水轮发电机组,年均发电量187亿千瓦时;相应水库正常蓄水位400米,总库容273亿立方米,防洪库容70亿立方米,拥有最高的碾压混凝土大坝(高216.5米)、最高的升船机(高179米)、最大的地下厂房(长388.5米、宽28.5米、高74.4米)三项世界之最,是国家西部大开发标志性工程,是国内仅次于长江三峡的第二大水电站及国家3A级旅游景区和中国红色旅游基地。

龙滩水电站最早由龙滩水电开发有限公司负责开发建设和生产管理。龙滩水电开发有限公司于1990年12月挂牌成立。2001年7月,主体工程开工;2003年11月,大江截流成功;2006年9月,大坝下闸蓄水;2007年7月,第一台机组发电;2009年12月,7台机组全部投入运营,一期工程全部完工。工程建成后50%以上的电力输送至广东。

(二)岩滩水电站和大化水电站的开发建设

岩滩水电站位于红水河中游河池市大化瑶族自治县境内,是广西境内已建成的第二大水电站。早在1985年其已经开工建设,1992年9月首台机组投产发电,一期工程总投资41.02亿元,是当时全国百万千瓦级电站中投资最少的水电站,岩滩水电站也因此成为"花钱少、质量好、见效快、效益大"的典型工程。

1995年6月，岩滩水电站全部竣工投产。岩滩水电站上接龙滩水电站，下游距大化水电站83千米，电站以发电为主，兼有航运效益，总装机容量181万千瓦，正常蓄水位223米，相应库容26亿立方米，调节库容15.6亿立方米，为年调节水库。多年平均发电量74.4亿千瓦时，为广西、广东和香港供电。岩滩水电站是国家红水河综合利用规划的第五级电站，也是红水河上及广西最早建成投产的"双百"（装机容量超百万千瓦，坝高超百米）电站，是广西主电网的最大电源供给点和"西电东送"南方电网网架的重要支撑点。岩滩水电站建成后，缓解了广西电力紧缺局面，提高了电网内的调峰调频能力，助推了广西经济社会发展。

大化水电站位于大化瑶族自治县县城，是红水河上兴建的第一座大型水电站。该电站的建设拉开了红水河梯级开发的序幕，是广西最早建成投产的大中型水电站。电站一期装机容量40万千瓦，远期60万千瓦。电站于1975年10月开始兴建，1983年12月一号机组正式并网发电，1985年6月工程建设竣工。1998年1月，大化水电站实施发电机增容改造，改造后电站装机容量45.6万千瓦，多年平均发电量33.19亿千瓦时。

（三）广西桂冠电力股份有限公司运营管理

经过一系列股权交易、置换、增资扩股等方式，目前红水河流域的龙滩、岩滩、大化等10座水电站都是广西桂冠电力股份有限公司（以下简称"桂冠电力"）的资产，由其管理运营。

桂冠电力创立于1992年9月，是全国第一家以股份制形式筹集资金进行大中型水电站建设的企业。1994年1月，红水河大化水电站经营性资产评估后入股广西桂冠电力股份有限公司，增强了公司滚动开发的实力。2000年3月，桂冠电力A股股票在上海证券交易所上市。2002年年底，其划归中国大唐集团公司管理，成为当时中国大唐集团公司最大的在役水力发电企业。2007年1月，其完成整体改制，正式步入公司化管理轨道。2010年3月，岩滩水电站资产正式并入广西桂冠电力股份有限公司。2015年，广西桂冠电力以每股4.59元作价168.8亿元收购龙滩水电站100%股权。三座水电站的基本情况见表4-1。

目前,桂冠电力是中国大唐集团公司的控股子公司,其股东结构为中国大唐集团公司 60%、广西投资(集团)有限公司 26%、贵州产业投资集团 3%、其他 11%。其中,中国大唐集团公司是中央直接管理的国有独资公司,另外两家公司属于地方性的投融资主体和国有资产经营实体。2015 年,桂冠电力公司总资产 434.04 亿元,净资产 146.49 亿元,净资产收益率 29.99%。目前,桂冠电力已成为中国大唐集团旗下广西境内水电资源整合平台,公司水电核心资产为红水河流域梯级电站,占公司水电装机容量的 87%。

表 4-1 三座水电站基本情况表

电站名	始建时间	投产时间	装机容量（万千瓦）	年均发电量（亿千瓦时）	所属企业
龙滩水电站	1990 年	2007 年	630	187	桂冠电力
岩滩水电站	1985 年	1992 年	181	74.4	桂冠电力
大化水电站	1975 年	1983 年	45.6	33.19	桂冠电力

第二节 水电资源开发与经济社会发展

一、水电资源开发与市域经济社会发展

河池市是典型的资源型城市,多年来一直以有色金属、水电等资源型产业作为支柱产业。河池市为支持国家水电站建设作出了巨大贡献,西部大开发战略实施以来,河池市的资源优势得到进一步挖掘,随之建成的一批重大基础设施项目也在一定程度上改善了河池市发展的硬件条件,形成了电力、有色金属、化工产业、纺织业、农副食品加工业、酒饮料制造业等六大主导产业,经济社会发展步伐加快。但是,由于自然条件差、历史欠账多、经济基础薄弱,河池市的基础设施建设和经济发展仍然比较落后。比如,作为水电、矿产和旅游资源富集的地

区，河池市2015年才通达高速公路，是广西最后一个通达高速公路的地级市，目前仍是广西唯一一个尚未通达高速铁路的地级市。多年来，河池市主要经济发展指标在广西14个地市的排名靠后。如表4-2所示，至2018年，河池市地区生产总值为788.30亿元，一般预算收入39.93亿元，在广西14个地级市中均排第11位；固定资产投资453.20亿元，排广西全区倒数第2位。从总的发展趋势来看，河池市主要经济社会发展指标在广西全区的排位靠后且呈逐年下降趋势，地区生产总值和一般预算收入的排名总体偏后且下降明显，固定资产投资排名更是随着西部大开发重大水电开发项目投资的完成而迅速下滑，这也集中反映出河池市经济社会发展方面的特点和短板。

表4-2 河池市主要年份经济社会发展指标及排名

年度项目	地区生产总值		一般预算收入		固定资产投资		城镇居民人均可支配收入		农村居民人均可支配收入	
	数值（亿元）	排名	数值（亿元）	排名	数值（亿元）	排名	数值（亿元）	排名	数值（亿元）	排名
2002	137.64	9	23.98	6	53.45	5	5033	14	1419	13
2006	248.89	8	13.18	8	188.28	5	8619	14	2186	14
2010	468.74	9	22.95	9	361.95	12	14889	14	3599	14
2014	601.17	11	29.93	13	343.22	14	21363	14	5723	14
2018	788.30	11	39.93	11	453.20	13	27468	14	9177	14

数据来源：2003—2018年《广西统计年鉴》。
注：排名是指在广西14个地级市中的排名；2018年固定资产投资为2017年数据。

（一）以资源依赖型经济为主导，经济增长质量效益不高

河池市水电、矿产资源开发起步较早，可上溯到20世纪七八十年代，但直到现在其经济增长模式还是只能依靠区域资源特别是水电和矿产资源的比较优势，以能源、资源采掘和初级加工为主，产业链短，附加值低。近年来，受上游来水少、水位低等因素影响，河池市水电行业持续负增长，2018年1—10月，电力生产业增加值下降3.7%，比上年同期回落3.9个百分点。水电行业完成产值

54.21亿元,同比下降5.7%;完成增加值54.2亿元,同比下降3.7%。据相关部门统计,零生产、负增长企业增多。至2018年10月,全市174家联网直报规模工业企业中,产值为零的企业20家,负增长企业70家,零生产负增长企业个数占全市联网直报规模工业企业个数51.7%,严重制约河池工业发展速度。其中,零生产企业多数为水电等季节性生产企业,负增长企业普遍存在原材料紧缺、环保工作压力大等问题。另外,河池市虽然能源丰富但自身调节能力有限,水电主要供给外部市场,矿产开发所需的工业用电供给不足,经常处于缺电状态,而且本身电价高,供电不足时还要从广东、贵州、云南等地高价回购电力,成本更加高昂,这均导致资源产品缺乏价格优势和竞争优势。目前河池市正积极推进直供电试点的探索,通过走电矿结合的发展路子实现跨越式发展,但还没有取得实质性进展。

总的来说,河池市水电资源开发初期对经济社会发展确实产生了一定的拉动作用,但是经过多年建设仍然无法摆脱对开发初级资源产品的经济依赖,在培育相关替代产业和实现产业转型升级方面还面临诸多困难。除六大主导行业外,河池的木材、饮用水、蚕茧资源非常丰富,均排在广西前列,但企业规模较小,产品以初加工为主,市场竞争力不强,对全市经济的影响有限,新的发展引擎还难以形成。从图4-1来看,2010—2018年河池市全部工业增加值总额一直徘徊不前,2010年全部工业增加值为180.08亿元,2018年为180.39亿元,期间还出现较大波动,2012年甚至出现了大幅的负增长,总体呈现U型曲线。2018年,河池市第一产业增加值为160.91亿元,增长5.3%;第二产业增加值为249.80亿元,增长7.4%;第三产业增加值为377.59亿元,增长6.2%。第一、二、三产业增加值占地区生产总值的比重分别为20.4%、31.7%和47.9%(图4-2),对经济增长的贡献率分别为18.86%、35.43%和45.70%。从三次产业结构来看,如图4-2所示,河池市第一产业增加值占比一直居高不下,2010—2018年占比均在20%以上;第二产业增加值呈逐年缩小趋势,2018年比2010年下降了近15个百分点,这说明工业增长乏力,而且对经济增长贡献率也逐年下降,影响河池市经济增长速度。2002—2018年河池市平均经济增速为11.52%,比广西平均水平低 2.42 个百分点，经济总量排名逐年下滑。河池市面临着一般资源型城市普遍遭遇的转型无力和发展枯竭的考验，资源依赖型经济的发展瓶颈越来越凸显。

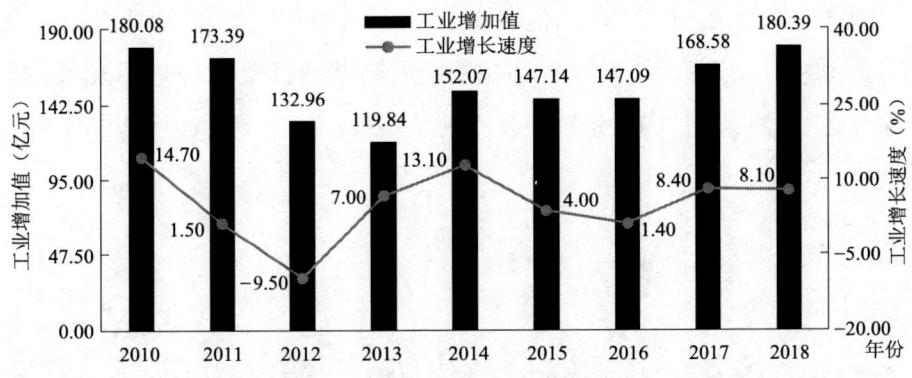

图 4-1　2010—2018 年河池市全部工业增加值及其增长速度
数据来源：河池市各年度国民经济和社会发展统计公报

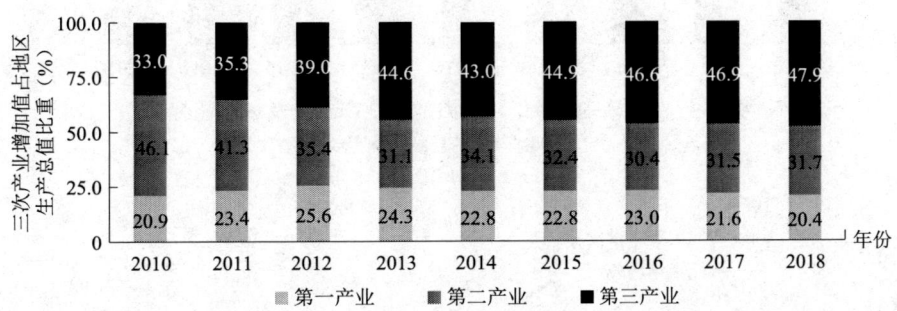

图 4-2　2010—2018 年全市三次产业增加值占地区生产总值比重
数据来源：河池市各年度国民经济和社会发展统计公报

（二）以投资拉动型增长模式为支撑，经济增长内生动力不足

靠投资拉动经济增长在河池市这样一个西部资源富集区表现得特别显著。西部大开发伊始，随着西电东送等重大项目的投资带动，河池市固定资产投资总额迅速增加，2002—2006 年固定资产投资总额排位在全区保持第 5 名前后，地区生产总值排名也一度保持在全区第 8 名前后。此后，随着重大投资项目完成、固定资产投资增速放缓，河池市的固定资产投资总额由全区排位第 5 下降到末位，地区生产总值也随之迅速下滑，排名在全区 11 位前后。2002—2017 年

河池市固定资产投资平均增速为 15.32%，比广西平均水平少 8.47 个百分点，这也是河池市缺乏投入、经济增长乏力的重要原因之一。从图 4-3 和图 4-4 来看，2010—2018 年河池市地区生产总值增速曲线与固定资产投资增速曲线走向大体一致，地区生产总值总额、增速曲线随固定资产投资的总额、增速而波动比较明显，特别是 2012 年前后固定资产投资出现负增长，拖累了经济总量指标出现负增长。

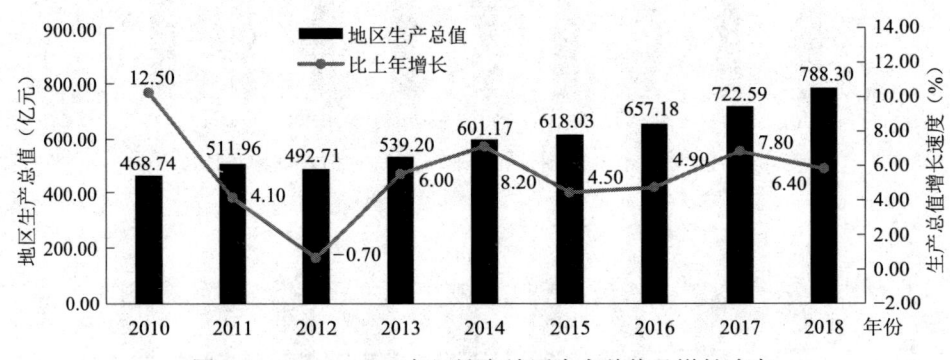

图 4-3　2010—2018 年河池市地区生产总值及增长速度
数据来源：河池市各年度国民经济和社会发展统计公报

图 4-4　2010—2018 年河池市固定资产投资及增速
数据来源：河池市各年度国民经济和社会发展统计公报

2019 年，河池市电力供应业投资明显增加，全市 5000 万元以上电网在库项目 14 个，其中当年新入库电网项目 13 个，直接拉动全年工业投资增长 71 个百分点,再加上贺巴高速公路、融水高速公路、南丹至天峨下老等高速公路建设投资项目的拉动,河池市经济指标开始回暖,2019 年河池市经济增速迅速上升至广西全区第 3 位,出现了典型的"投资多而经济兴,投资少则经济荒"的局面,说明通过多年的资源开发和投资拉动,河池市仍难以形成自我发展的内部动力机制,经济增长高度依赖外部投资,发展内生动力不足的问题非常突出。

(三)资源开发富民效应不显著,居民收入增长缓慢

从居民收入增长水平来看,河池市城镇居民人均可支配收入和农村居民人均可支配收入两项指标虽逐年增长,但是在广西全区的排名一直处于末位状态,增长缓慢,资源开发对居民增收缺乏明显的拉动作用,没有体现正相关,与通过资源开发彰显富民效应的初衷和期望还存在较大差距。2018 年,河池市城乡居民人均可支配收入为 15865 元 / 人,只达到广西平均水平的 73.84%;其中,城镇居民人均可支配收入 27468 元 / 人,农村居民人均可支配收入 9177 元 / 人,均处于广西全区倒数第一位(表 4-3)。河池市是广西唯一一个城镇居民人均可支配收入还在 3 万元以下、农村居民人均可支配收入还在 1 万元以下的地级市。

表 4-3 河池市主要年份城镇和农村居民人均可支配收入及排名

年度	城镇居民人均可支配收入		农村居民人均可支配收入	
	数值(元)	排名	数值(元)	排名
2002	5033	14	1419	13
2006	8619	14	2186	14
2010	14889	14	3599	14
2014	21363	14	5723	14
2018	27468	14	9177	14

数据来源:2003—2019 年《广西统计年鉴》。
注:排名是指在广西 14 个地级市中的排名。

从收入增长速度来看,2002—2018 年河池市城镇和农村居民人均可支配收入平均增速分别为 11.19%、12.38%,仅略高于广西平均增速。由于总量少、起点低,以这样的增收速度不仅无法赶上全区居民收入平均水平,且会导致收入差

距日益扩大。2002 年，河池市城镇和农村居民人均可支配收入与广西平均水平差距分别为 2724 元、594 元，至 2018 年差距增加到 4968 元、3258 元。

二、水电资源开发与县域经济发展

（一）基本概况

1. 天峨县

河池市天峨县位于红水河上游，水电资源占红水河流域总蕴藏量的 45%，是西部大开发西电东送重大项目——龙滩水电站所在地。全县总面积 3196 平方千米，辖 2 个镇 7 个乡 94 个村委会（社区），居住着壮、汉、瑶等 14 个民族，2014 年总人口为 17.2 万人。在龙滩水电站建设以前，天峨县是集"老、少、边、山、穷"于一体的国家级贫困县。龙滩电站开建以后，直接带动天峨县经济社会快速发展，使天峨县成为河池市 11 个县（区）中率先退出国家级贫困县的两个县（区）之一。如表 4-4 所示，2018 年天峨县实现地区生产总值 71.44 亿元，居河池市第 4 位，一般公共财政预算收入为 2.45 亿元，固定资产投资 25.84 亿元，分别比 2000 年增长 17 倍、10 倍和 8 倍。人民生活方面，2018 年天峨县农村居民人均可支配收入为 8878 元/人，比 2000 年增长 6 倍，城镇居民人均可支配收入为 25611 元/人，比 2005 年增长 3 倍。截至 2019 年 5 月，龙滩水电厂机组年均发电量 156 亿千瓦时，可替代火电用煤 579 万吨，减少二氧化碳排放量 1517 万吨，提供了大量稳定、清洁电能，节能减排作用显著。自龙滩水电站投产以来，天峨县电力行业总产值占全部工业总产值的 80% 以上。可以说，龙滩水电站的建设使天峨县由过去一个偏远落后的山区小县发展为今天拥有水能开发潜力和吸引力的繁荣之地。

表 4-4　天峨县经济社会发展主要指标

年度	地区生产总值（亿元）	一般公共财政预算收入（亿元）	固定资产投资（亿元）	城镇居民人均可支配收入（元）	农村居民人均可支配收入（元）
2000	3.96	0.23	2.76	—	1285
2005	12.60	0.94	46.26	6011	1792
2010	41.96	2.25	35.00	14021	3821
2014	43.06	1.07	18.17	19015	5701
2018	71.44	2.45	25.84	25611	8878

数据来源：2001—2019 年《广西统计年鉴》。

2. 大化瑶族自治县

大化瑶族自治县（以下简称"大化县"）位于红水河中游，是大化水电站和岩滩水电站所在地。全县总面积 2753 平方千米，人口 46 万，其中瑶族占 21.95%；库区人口 10.7 万，占总人口的 23.2%。全县辖 16 个乡 3 个镇及 3 个扶贫开发区。1988 年 10 月，为了集中解决岩滩、大化水电站库区的问题，划出原来分属都安、巴马瑶族自治县和马山县三个县交界区域成立大化瑶族自治县。可以说，天峨县是因水电开发而繁荣，大化瑶族自治县则是因水电开发而缔造。目前，水电工业是大化瑶族自治县唯一的支柱产业，其财政收入基本依靠水电站的税收收入。如表 4-5 所示，2018 年大化县实现地区生产总值 62.22 亿元，居河池市第 5 位，一般公共财政预算收入为 3.38 亿元，固定资产投资 31.66 亿元，分别比 2000 年增长 3 倍、4 倍和 20 倍；农村居民人均可支配收入为 8213 元 / 人，比 2000 年增长 6 倍，城镇居民人均可支配收入为 23485 元 / 人，比 2005 年增长 3 倍。从产业结构来看，2018 年大化县三次产业结构为 16∶43∶40。其中，第二产业贡献最大的是水力发电工业，2014 年，大化县水力发电量为 98.48 亿千瓦时，同比增长 61.5%，实现工业产值 18.85 亿元，占规模以上工业总产值的比重为 81.4%，比上年提高 10.9 个百分点；实现增加值同比增长 95.3%，高于大化县规模以上工业企业增加值增幅 43.5 个百分点。到 2018 年，水力发电量增加到 108.29 亿千瓦时，完成产值 20.73 亿元，增长 10.8%。然而，由于严重的石漠化及库区移民问题,该县仍是广西贫困面最广、贫困程度最深的国家级贫困县之一。进入脱贫攻坚阶段,该县还被列入广西四个极度贫困县范围。2015年,该县建档立卡的贫困人口为10.37万人,贫困发生率为25.63%,比广西全区水平高15个百分点,有46个深度贫困村,是广西的贫中之贫、坚中之坚,脱贫攻坚任务异常艰巨。

表4-5 大化县经济社会发展主要指标

年度	地区生产总值(亿元)	一般公共财政预算收入(亿元)	固定资产投资(亿元)	城镇居民人均可支配收入(元)	农村居民人均可支配收入(元)
2000	15.14	0.75	1.53	—	1210
2005	18.92	1.10	4.32	5405	1680
2010	33.05	2.72	20.29	12407	3387
2014	44.67	3.99	25.50	17286	5140
2018	62.22	3.38	31.66	23485	8213

数据来源:2001—2019年《广西统计年鉴》。

(二)水电资源开发对促进县域经济增长的作用

1. 工程建设期间对县域经济发展的拉动

水电工程重大项目投资对后发地区经济发展和财政能力的拉动主要体现在以下三个方面:一是在工程建设期间形成的各种税费,如营业税、城市建设维护费及教育附加费、耕地占用费等全部上交工程所在地的地方税务部门,其他一些税收也留有地方分成部分,可以直接增加地方财政收入。二是工程建设所需耗材对当地建材、冶金、机械等相关产业的带动。据当地相关部门估算,龙滩水电工程300多亿元的投资带动市场需求超过800亿元。整个龙滩水电工程所需约130万吨水泥、20万吨钢材和其他一大批建设物资,大部分要在当地采购,耗资达60多亿元,带动当地建材、冶金、机械等相关产业发展繁荣。三是建设集团、单位和人员的生活消费能够带动当地农牧业和第三产业发展,增加居民收入,同时激活银行、保险等金融服务业。

2. 工程建成后对县域经济发展的贡献

一是发电环节的税费收入促进地方财政收入水平的稳步增长。主要是增值税有25%要留在地方，城建税和教育附加费则全部留在地方。龙滩电站建设之前，天峨县人均财政收入只有185元，到2018年人均财政收入达1400元。财政收入的稳步增长确保了地方有更多的财力来加大对基础设施和公共事业的投入，推动了当地经济社会发展和民生事业改善。二是带动了相关产业发展。水电站的建设带来了人流、物流、资金流，市场对各种物资和食品的需求量大增，为县域农业产业结构调整和优化升级提供了机遇。特别是天峨县土地资源比较丰富，该县结合实际大力发展蔬菜、瓜果生产，形成了沙田柚、珍珠李、柿子、大果山楂、商品鹅、瘦肉型猪等一系列农业种养优势产品，促进了农业发展，实现了农民增收。三是重大工程建设同时带来当地基础设施的极大改善，为地方招商引资创造了良好的外部条件。龙滩水电站的建设带动了当地市场建设步伐加快，城区面貌有了较大改观，人民生活水平和质量不断提升。过去的天峨县城区只有一条街道，建筑物零乱，是一个非常落后、不起眼的小城。利用重大水电工程项目建设的契机，天峨县加大市政建设力度，按照建设"西南水电之都"和"生态旅游之城"的目标，多年来持续不断地推进公共市政建设，使居民的生存和居住环境持续改善，也进一步提升了投资环境。大化瑶族自治县作为后起之秀，城区建设高标准、高起点。如今的县城规划齐整、道路宽阔、街铺林立、人声鼎沸，面貌一新。四是促进非公经济发展。通过大型水电工程项目带动，人流、物流、资金流进一步汇聚，天峨和大化的非公经济繁荣，个体经济、私营经济都比较活跃。

（三）经济发展结构性失衡的矛盾和隐忧

经济发展结构性失衡主要表现在对水电工业的过度依赖上，天峨和大化规模以上工业企业主要以水电工业为主。受自然条件制约，两县农业发展缓慢、农业经济总量小；县本级工业规模小，规模以上工业年产值不足亿元；第三产业受城镇化水平、交通、贸易条件制约，发展缓慢，导致财源渠道狭窄，财政收入80%以上都要依赖水电业,水电业在县域经济发展中占据了绝对主导的地位,其他产业发展跟不上,产业格局比较单一,不利于可持续协调发展。

以水电工业为主的单一结构和对资源开发的过度依赖,弱化了县域经济抗风险能力,致使区域经济容易随资源条件变化和市场价格波动剧烈振荡。2011年以来,由于红水河上游干旱少雨,龙滩电站发电量锐减,天峨县和大化县经济总量、工业总产值和财政收入等主要经济指标随之出现了大幅振荡,甚至断崖式下跌。从图4-5、图4-6可以发现近年来天峨和大化两县的地区生产总值增速、工业增加值增速(大化县为第二产业增速)和财政收入增速曲线走向基本一致,以水电业为主的工业发展一旦受到较大影响,经济总量指标和财政收入指标就随之出现剧烈波动,特别是财政收入指标受影响波动最为显著。例如,2011年天峨县工业发展出现负增长,负增长率为10.10%,导致地区生产总值也随之负增长11.80%,财政收入负增长20.10%;大化县从2014年起经济出现较大波动,到2016年第二产业增速为0.10%,地区生产总值增速降为2.80%,财政收入指标则暴跌到-46.85%。可见,天峨县和大化县经济发展严重依赖于水电业,一旦受枯水期及电力市场价格波动的影响,整个经济基本面极易受波及,出现剧烈动荡,产业结构单一、经济结构失衡、发展质量不高仍是最突出问题,经济增长稳定性、协调性和可持续性需要进一步提升。

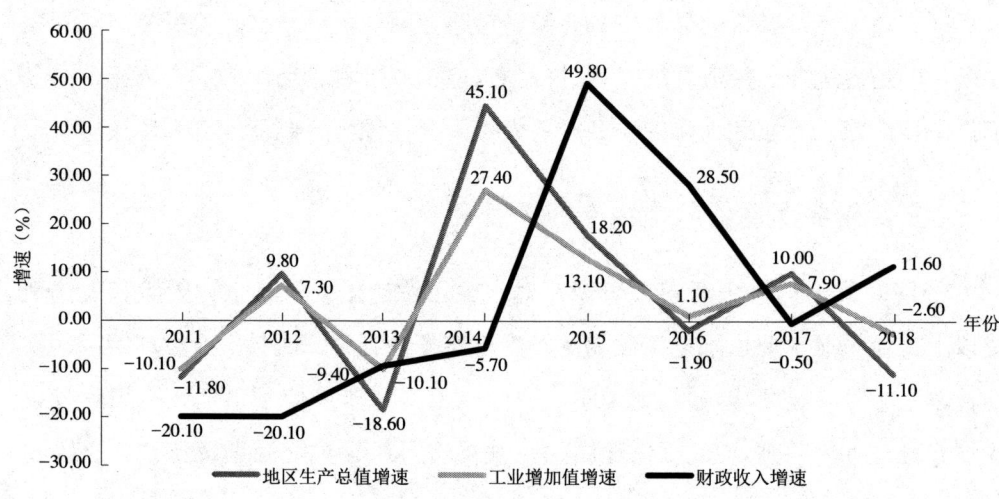

图4-5 2011—2018年天峨县地区生产总值、工业增加值和财政收入增速

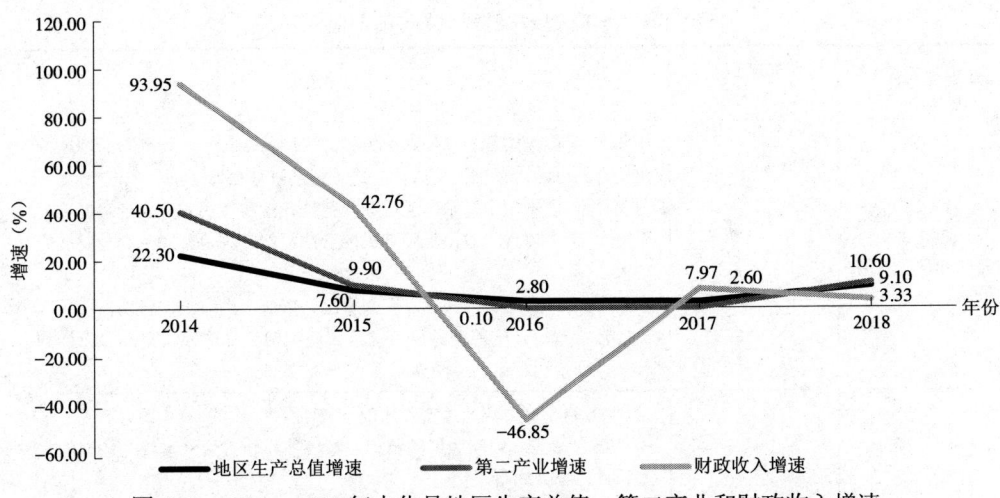

图 4-6　2014—2018 年大化县地区生产总值、第二产业和财政收入增速

数据来源：天峨和大化县各年度国民经济和社会发展统计公报。

天峨县和大化县水电资源开发面临的另一个共同问题是当地企业无法享受电价优惠。作为电力资源输出地，两县一直无法享受直供电的政策便利。从工业发展的角度来说，享受直供电可以直接降低生产成本，提高产品竞争力，为工业经济的繁荣发展提供能源优惠价格，在这方面现有政策对水电站所在地工业发展的支持显然不足。

第三节　水电资源开发利益分配模式分析

关于水电资源开发利益分配的问题，主要从分析国家相关政策和规定入手，对龙滩、岩滩电站的利益分配模式进行深入剖析。

一、水电资源开发利益分配法规政策

国家和自治区层面关于水电资源开发利益分配的主要政策文件及条款如表 4-6 所示。

表 4-6 水电资源开发相关政策汇总

文件名称	发布单位及时间	部分相关内容
《大中型水利水电工程建设征地补偿和移民安置条例》	国务院令第471号，自2006年9月1日起施行	第三条 国家实行开发性移民方针，采取前期补偿、补助与后期扶持相结合的办法，使移民生活达到或者超过原有水平。 第四条 大中型水利水电工程建设征地补偿和移民安置应当遵循下列原则：（一）以人为本，保障移民的合法权益，满足移民生存与发展的需求； 第十六条 征地补偿和移民安置资金、依法应当缴纳的耕地占用税和耕地开垦费以及依照国务院有关规定缴纳的森林植被恢复费等应当列入大中型水利水电工程概算。
《广西壮族自治区人民政府关于实行分税制财政管理体制的决定》	桂政发〔1994〕6号，自1994年1月1日起施行	（二）自治区本级与地市收入的划分。 根据自治区本级和地市的事权，按税种划分自治区本级与地市的收入。具体划分如下： 自治区本级固定收入包括：区直企业所得税，区直企业上交利润，银行保险（包括区内各级各类银行及非银行金融机构）营业税。 地市固定收入包括：增值税25%部分，营业税（不含银行、保险营业税）、地市所属企业所得税，地市所属企业上交利润，个人所得税，固定资产投资方向调节税，城市维护建设税，房产税，车船使用税、印花税、屠宰税、农牧业税，耕地占用税，对农业特产收入征收的农业税（简称农业特产税），契税，遗产和赠予税等。 自治区本级与地市共享收入包括：资源税，城镇土地使用税，土地增值税，国有土地有偿使用收入。分享比例是各项收入均为自治区本级40%，地市60%。
《广西壮族自治区水资源费征收使用管理暂行办法》	桂政发〔1992〕95号，自1993年1月1日起施行	第十一条 征收的水资源费实行分级分成管理：（三）大型水电站所在县（市）征收的资源费，70%上缴自治区，30%留县（市）。
《财政部 国家税务总局关于大型水电企业增值税政策的通知》	财税〔2014〕10号，自2014年1月1日起施行	为支持水电行业发展，统一和规范大型水电企业增值税政策，经国务院批准，现将大型水电企业增值税优惠政策通知如下： 一、装机容量超过100万千瓦的水力发电站（含抽水蓄能电站）销售自产电力产品，自2013年1月1日至2015年12月31日，对其增值税实际税负超过8%的部分实行即征即退政策；自2016年1月1日至2017年12月31日，对其增值税实际税负超过12%的部分实行即征即退政策。

水电资源开发利益分配主要涉及企业、中央、地方和当地居民等利益相关者，但是从以上政策文件规定来看，其只对企业、中央和地方政府参与利益分配有明确的比例规定，对当地群众特别是库区移民只有给予补偿性质的条款，缺乏把他们作为权利主体参与利益分配的规定。具体分配比例如表4-7所示。

表 4-7　广西水电资源开发税收及分配比例表　　　　单位：%

税种	中央	地方	
		自治区	县（区）
增值税	75	8	17
企业所得税	60	0	40
个人所得税	60	0	40
资源税	0	40	60
水资源费	10	63	27
城市维护建设税	0	0	100
房产税、契税、印花税	0	0	100
教育费附加	0	0	100

数据来源：根据相关法律和政策规定整理。
注：水资源费中央与地方1∶9分成后，自治区和县（区）按7∶3分成计算。

二、水电站利益分配模式分析

自 2007 年龙滩水电站第一台机组正式发电至今，虽然不时受到来水量等自然条件的影响，电站一些年份的发电量大幅低于设计值，但是长期来看，电站发电量和盈利能力依然强劲，为国家和企业创造了良好的经济效益。根据桂冠公司 2013 年披露的《龙滩重组预案》、中国大唐集团财务公报及天峨县国税、地税和财政 3 个单位提供的数据显示，龙滩公司 2007—2014 年实现利税超过 60 亿元人民币，其中企业净利润 41.83 亿元，税收总额 19.33 亿元，为地方财力贡献了 8.31 亿元。

如图 4-7，在龙滩水电站的利益分配中，企业拿了大头，占 68%，中央占 18%，地方在水电资源开发过程中利益所得仅为 14%。为了使龙滩水电站工程顺利完成，地方政府特别是水电站所在地政府在处理库区移民问题时工作任务最繁重，需要统筹和负担移民搬迁、移民生计后续安排、库区维稳及发展、环境保护及重建等诸多工作。如天峨县 2007—2014 年在移民生计、环境保护等方面的投入很多，难以计算。如图 4-8 所示，在地方财政分配中，水电站还要上缴一部分税费给自治区财政，直接负担民生改善任务的天峨县财政实际能享受到的财税比例只占水电站所缴纳税费的 28%。2007—2014 年，龙滩水电站对天峨县地方财力的实际贡献仅为 5.97 亿元，地方可用财力非常有限。

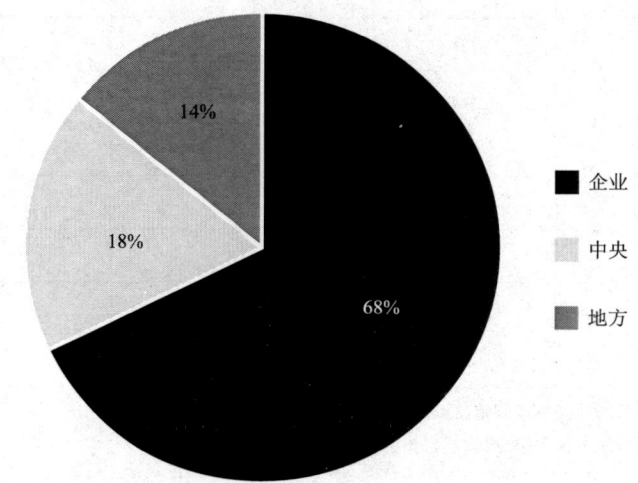

图 4-7　2007—2014 年龙滩水电站利益分配图

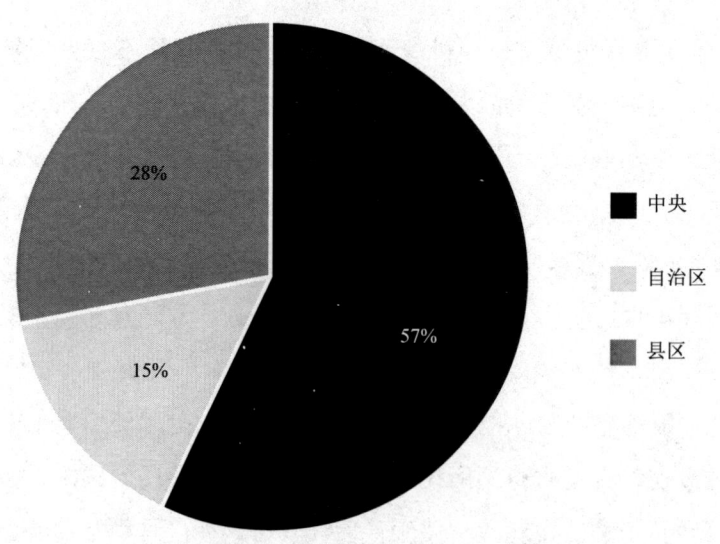

图 4-8　2007—2014 年龙滩水电站税收分配图

在地方税收构成中，按贡献比例高低依次为增值税、城市维护建设税、水资源税、教育附加费、企业所得税等。图4-9为各税种构成比例示意图。

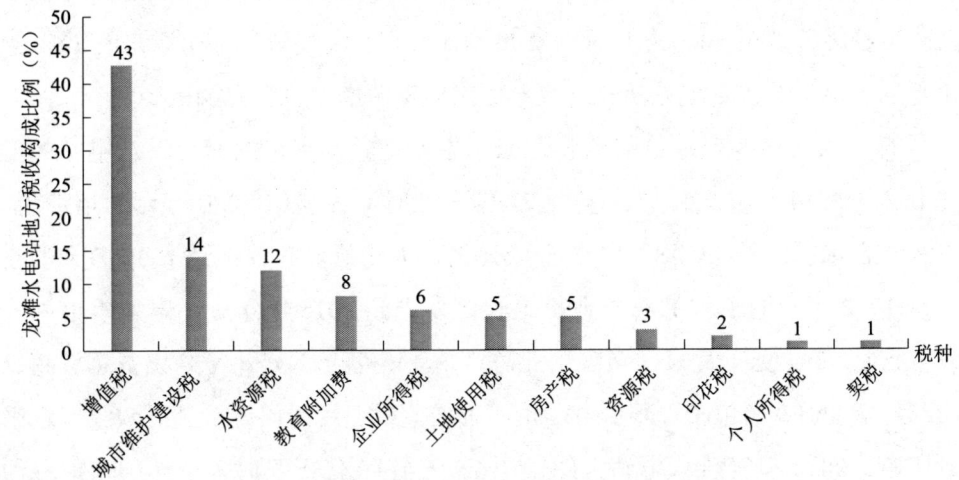

图4-9 2007—2014年龙滩水电站地方税收构成

自从龙滩电站投产以来，水电工业成为天峨县经济支柱产业，水电工业增加值占地区生产总值的60%左右，县域经济发展对水电工业的依赖性很大。"十二五"以来，天峨县地区生产总值和财政收入逐年递减，持续下降。2011—2013年，地区生产总值年均递减1.8亿元，财政收入年平均递减0.33亿元。除了因季节性的红水河上游干旱少雨导致电站发电量锐减的影响以外，还受到国家税收政策调整的影响。与火电企业相比，水电企业可抵扣的增值税进项税额较少，其增值税实际税负比火电的实际税收负担率要高出7～9个百分点，业内普遍认为这不利于推广清洁能源，因此中华人民共和国财政部2014年2月出台了给予大型水电企业享受增值税优惠的政策，规定装机容量超过100万千瓦的水力发电站销售自产电力产品，自2013年1月1日至2015年12月31日，对其增值税实际税负超过8%的部分实行即征即退政策；自2016年1月1日至2017年12月31日，对其增值税实际税负超过12%的部分实行即征即退政策。这就意味着占地方财力大头的水电工业增值税收入大幅调减。2014—2015年，龙滩电站增值税退税额分别为1.17亿元和2.49亿元。与之形成对比的是，由于国家税收优惠政策的影响，龙滩公司2014年净利润达13.19亿元，比2013年重组时承诺的8.3亿元高出不少,盈利能力创历史新高。2017年,国家能源局在征求《关于减轻可再生能源领域涉企税费负担的通知》意见中,还明确提出大型水电企业增值税退税将持续至2020年,而且优惠到期后将水电增值税率由原来的17%固定下降到13%,这样水电站所在地收到的水电资源增值税会更加减少。

同样,大化瑶族自治县财政收入来源主要是大化水电站和岩滩水电站的增值税收入。2014年,大化电站发电21亿千瓦时,约缴纳9000万元的增值税,按中央、自治区、县75∶8∶17的分成比例,大化县财政仅得到1530万元的收入。从1992年一期工程的第一台机组投产发电到2015年年底,岩滩水电站累计发电已达1244亿千瓦时,实现工业总产值140亿元,累计缴纳税费总额超过55亿元。从2013年起,岩滩水电站也面临增值税退税的问题,县财政收入水平受到影响。2014年岩滩水电站大约发电75亿至80亿千瓦时,缴纳的增值税约1.35亿元。由于岩滩水电站实行的是分税制,由库区所在地的大化、东兰、巴马三县分成,三县财政总共得到7940万元的收入,但平均每县分到的收入不到3000万元。

第四节　水电资源开发对库区居民生产生活的直接影响

库区移民安置和生计重建可以说是我国水电资源开发项目共同面临的重大难题。广西的水电资源开发造就了一个又一个高峡平湖,给国家创造了很大的经济效益,改善了我国东部发达地区用电困难的局面。然而,水电资源的开发,也使大量库区人民搬离祖祖辈辈生活的土地和房屋,这对当地民生产生了重大影响。广西是全国水库移民人数较多的省区之一,仅次于湖南、湖北、山东,排在全国第4位;现有水库移民及涉及人口558.38万人,占全区总人口的11%和全区农村人口的18%。同时，广西又是全国少数民族水库移民人数最多的省区，水库移民人口中少数民族比例达40.75%，排全国第1位。特别是在广西水电资源最丰富的河池市，其水库移民不仅数量多，而且少数民族占比达到92.71%（表4-8）。广西少数民族水库移民安置工作关系贫困地区和革命老区的长远发展，关系民族团结进步事业和边疆地区的和谐稳定，具有重要意义。

表4-8 河池市水库移民情况汇总

项目	地区	2006年6月30日前建设的大中型水库			
		各县核定登记后期扶持总人数（人）	各县核定登记后期扶持汉族人数（人）	各县核定登记后期扶持少数民族人数（人）	少数民族人口所占比例（%）
1	金城江区	296	6	290	97.97
2	南丹县	1499	11	1488	99.27
3	天峨县	21468	3120	18348	85.47
4	凤山县	57	1	56	98.25
5	东兰县	10799	406	10393	96.24
6	罗城仫佬族自治县	240	16	224	93.33
7	环江毛南族自治县	256	4	252	98.44
8	巴马瑶族自治县	7793	394	7399	94.94
9	都安瑶族自治县	4680	58	4622	98.76
10	大化瑶族自治县	34823	2037	32786	94.15
11	宜州市	5011	287	4724	94.27
	合计	86922	6340	80582	92.71

数据来源：广西水库移民管理局。

广西1985年以前建成的老水库移民没有前期淹没补偿，只有后期扶持。1986年以后建设的水库，虽然有了前期补偿补助，但补偿补助标准低，大部分移民是简单后靠安置，土地少，加上后期扶持力度不够，部分群众生产生活出路问题难以彻底解决，下面主要以位于河池市的岩滩水电站和龙滩水电站为典型，剖析广西库区移民安置和民生发展问题。

一、广西库区移民安置方式

（一）岩滩库区的移民安置

岩滩水电站开工建设于20世纪80年代，是广西第一个真正实行前期淹没补偿和移民搬迁安置补助政策的水电开发项目，具有非常典型的意义。由于岩滩水电站建设初期正处于我国由计划经济向市场经济转型时期，在移民搬迁安置方面的工作经验不足，造成了许多历史遗留问题，多年来岩滩库区移民安置和发展问题一直是社会安定的隐患。岩滩水电站的移民生产安置工作和许多历史遗留问题仍然需要在后续发展中加大研究解决的力度。

岩滩水电站水库淹没的土地涉及河池市大化、东兰、巴马、南丹、天峨5个县（自治县）的20个乡镇。库坝区征收耕地总面积65243.3亩（其中水田28572.54亩、旱地36670.76亩）。当时，政府审定受水电站建设直接影响的当地人口为43176人。库区主要采取发放水库淹没补偿费和移民搬迁安置补助费以及重新进行生产安置的方式，对受影响群众进行补偿。

库区移民收入主要是三大块。

1. 给予前期补偿

（1）发放水库淹没补偿费和移民搬迁安置补助费。当时的水库淹没补偿标准非常低，电站库区人均得到的补偿费仅有400多元。1992年，国家第一次追加岩滩移民补偿投资后，人均也只有5000多元；1995—1996年，第二次追加投资后人均将近15000元。但是，这个标准与20世纪初龙滩水电站人均70000元的补偿标准差距还是非常大，这也是造成移民心理不平衡的原因之一。此外，这些补偿和追加投资中，如果扣除集镇、企业及基础设施等专业项目部分，实际到水库移民手上的补偿资金非常有限，不足以保证库区移民恢复原有的生产生活水平。

（2）移民搬迁和重新生产安置。岩滩电站在建设初期的实际迁移人口为39379人，到1992年计算的生产安置人口为62430人。当时设计的安置方式是以受影响的人口数为指标，包括当地未来出生的人口。随着人口的增加，到2007年年底，需要生产安置的人口已上升为74812人，主要采取的是后靠迁移和外迁及异地安置的方式。

一是大部分移民就地后靠安置。由于水电站建设初期，国家财力较弱、移民安置政策和规划不完善及移民工作管理不到位等问题，再加上水电站提前一年蓄水发电，搬迁时间比较仓促，没有做通移民本身"故土难离"的思想，移民大部分都盲目地采取由低往高、就地后靠安置方式，致使电站淹没大量土地后的生存资源越来越紧张。

二是外迁异地安置。从过去的经验来看，水库移民一般都是非自愿性移民，大都不愿意离开故土到新的地方去重建生计，到异地开发的移民在头几年也都面临生产生活方式变迁的严峻考验，生活水平会发生大幅度下降，有些移民很多年都无法适应新的生活，导致最后不得不搬回原籍。岩滩水电站外迁异地安置的总人口为5457人。其中，安置到北海市三合口农场2728人，北海市星星农场1660人，宾阳县黎塘园艺场1010人，大化县弄着安置点306人，巴马县城北移民点607人。外迁安置也造成了许多历史遗留问题，由于迁移的地区跨度较大，从山区迁往滨海城市，从壮族聚居区迁往汉族聚居区，移民们在生产方式、生活方式、民族文化传承、融入当地文化生活等方面都存在一定困难和障碍，再加上一些土地权属问题，造成一些移民与当地居民多年来纠纷不断，甚至出现移民回流现象。

三是发放口粮补助。为了解决长期以来岩滩库区移民的吃饭难问题，从1992年7月开始，政府一直采取按人头给移民发放基本口粮的补助措施。只要是在库区范围内的生产安置人口都可以领到口粮补助（包括新出生人口），补助标准是每个生产安置人口每人每月补助口粮25斤，平均每天不到1斤。购买移民口粮的资金大部分来源于后面追加的土地补偿费，1996年以后资金来源主要是从岩滩水电站年上网电量提取每度5厘钱的资金所构成的岩滩库区后期扶持基金,这可以说是当地移民从岩滩水电站建设当中最直接的受益。2000年以后,政府将粮补改为钱补,按每公斤2元的标准每年每人发放294元的口粮补助资金。至2008年,随着物价上涨,年人均口粮补助费提高至529.2元。随着移民人口的增长及粮食价格的上扬,从水电站提取的后期扶持基金已经满足不了移民最基本的口粮资金需求,移民无法按时领到口粮补助的现象时有发生。

总之,前期补偿包括淹没土地和房屋的补偿补助费、搬迁时的生产安置及口粮补助。从上述分析来看,这些补偿标准和生产安置措施在让移民维持原有的生活水准。

2. 进行后期扶持

广西1985年以前建成投产的大中型水库均没有后期扶持。1986年,国家实行开发性移民政策,从水电站发电成本中提取库区后期扶持基金,才开始对水电的水库移民实行了后期扶持。1986—2006年的20年间,岩滩水电站库区移民获得的后期扶持资金数量仅为人均2900元,数量非常少。2006年7月,国家实行对大中型水库移民后期扶持政策,岩滩库区移民及2006年以前出生的人口都可以纳入后期扶持范围,每人每年享受补助资金600元,扶持年限为20年,到2025年结束,这部分资金直接由国家财政支出。由于补助有限,岩滩库区移民生活水平低,贫困面大。

3. 实行长期补偿

2004年,广西党委、政府开始着手研究解决岩滩库区移民长远生计发展问题。经过多次调研、讨论和上报,在中央和广西的共同努力下,《岩滩水电站库区移民遗留问题处理规划报告》确定了对岩滩水电站库区采取征收耕地长期生活补助的方式。这次的长期补偿其实是对口粮补助的一种延续和变革,把过去的口粮补助变成长期补偿,把与人口总数挂钩改为只与淹没耕地的数量挂钩,在水电站存续期间以货币形式补足移民因水电站建设失去的基本生活来源,按照"淹多少补多少"的原则,以土地征用和淹没前三年的平均产值为单价计算补偿,计

算标准为:

$$征收耕地生活补助标准 = 耕地年均亩产值 - 生产成本$$

同时,针对一些因人多地少导致改革后可能人均生活补助费还达不到过去口粮补助人均年529.2元标准的问题,长期补偿政策规定了最低口粮补助的标准,即保证不低于实行长期补偿前的人均口粮标准,但这只限于改革时的情况,后面增加的人口不予考虑。对大部分地区来说,长期生活补偿收入比以前有所提高,特别是规定长期生活补偿政策执行到水电站停止运行为止。这使移民生活补助与水电站存续相挂钩,生活有了长远的保障。2008年,国家对岩滩库区第三次追加投资18亿元,专项用于库区基础设施建设;另外在上网电价每度提取2.33分约计每年1亿元左右,用于淹没耕地的长期补偿、移民子女教育扶持和移民技能培训、改善库区和外迁移民安置区基础设施条件等项开支。库区长期补偿政策的落实,在一定程度上为广西岩滩库区移民群众生产生活提供了相对稳定的保障。

(二)龙滩库区的移民安置

龙滩水电站库区共淹没土地3.77万公顷,淹没范围涉及广西的天峨、南丹、乐业、田林、隆林和贵州的罗甸、望谟、册亨、贞丰、镇宁10个县(自治县)48个乡镇233个村,共876个村民小组,需要进行生产安置的人口为8.05万人。其中,广西3.34万人,贵州4.71万人。龙滩水电站库区移民安置主要采取的是前期补偿、补助与后期生产扶持相结合的方式。

1. 发放一次性前期补偿

(1)发放水库淹没土地补偿费和移民搬迁安置补助费。与岩滩库区一样,龙滩水电站库区移民的前期补偿包括土地补偿费和安置补助费,不同之处在于龙滩水电站的补偿标准比岩滩水电站要高出许多。经过广西与贵州的协商,扣除集镇、企业及基础设施等专业项目部分后,实际发到移民手上的补偿原则上按两省区补偿标准的平均办法计算,水田的补偿标准达到8406元/亩。

（2）生产安置。龙滩库区移民主要采取集中安置和后靠安置的方式。集中安置就是在周边建设集中安置点，后靠安置则是由下而上就地后靠安置。根据龙滩水电站库区移民安置规划，除一次性前期补偿以外，不管是集中安置还是后靠安置的移民，都要实行有土地安置，以保证后续的生产开发。但是，由于土地资源匮乏，人地矛盾突出，已搬迁群众的耕地落实情况很不理想，导致移民后续生产开发工作进展缓慢。到2007年，贵州库区未落实耕地安置和长远生计无保障的移民达1万余人，占比达35%；广西库区天峨县的移民落实耕地情况也未达到设计规划的标准。由于生产安置的土地问题没有得到及时有效地解决，龙滩库区移民的长久生计仍面临问题。

2. 后期扶持

根据2006年国家出台的大中型水库移民后期扶持政策，与岩滩库区一样，龙滩库区移民及2006年以前出生的人口可以每年享受600元的后期补助资金。

3. 长期补偿

2015年10月，广西壮族自治区人民政府正式批复《龙滩水电站广西库区无法落实生产安置移民耕地长期补偿方案》。长期补偿就是对龙滩水电站库区无法落实生产安置的移民和涉淹农户被淹耕地由一次性补偿调整为长期逐年补偿。以淹没的稻田和常年旱地为范围，以"淹多少、补多少"为原则，水电站运行一年，则补偿一年，其目的是解决被淹没耕地农户的长远生计，实现移民"搬得出、稳得住，逐年能致富"。根据《广西壮族自治区水库移民工作管理局关于做好龙滩水电站淹没耕地长期补偿试点工作的通知》，长期补偿内容限于淹没耕地，补偿标准以2006年龙滩水电站概算调整时国家审定的耕地年产值为基数，适当扣除成本后，再考虑国家现行的各种惠民政策因素综合折算后得出，即水田每亩每年补偿1247.5元、旱地每亩每年补偿850.5元。补助实施时间从2007年1月1日起，直到水电站报废停止发电为止。实施耕地长期补偿是解决移民长远生计问题的措施之一，不仅为失地移民提供了长期稳定的基本生活保障，增加了失地农民的收入，也使移民从水利水电工程中得到了实惠，共享了国家经济建设的发展成果，增强了获得感、幸福感，提升了移民的发展信心和创业积极性，有效解决了移民发展的后顾之忧。同时，长补政策的实施有利于促进农村产业结构优化，有利于化解社会矛盾，减少不和谐因素的产生，切实维护移民的合法权利和库区社会的和谐稳定。

二、库区移民生产生活面临的主要问题

由于库区移民安置规划和历史遗留问题比较复杂，虽然经过后期扶持和长期补偿的几次追加投资，移民生产生活条件得到不同程度的改善，但是与库区移民生存发展的现实需求仍有一定差距，库区移民安置的合理规划和长远发展仍存在不少问题。

如图4-10所示，在对龙滩库区112户移民进行的抽样问卷调查中，关于项目带来哪些不利影响这一项，移民们认为对他们影响最大的是"失地收入减少"，其他依次是"水系路系受损""就业更加困难""生态环境变差"。

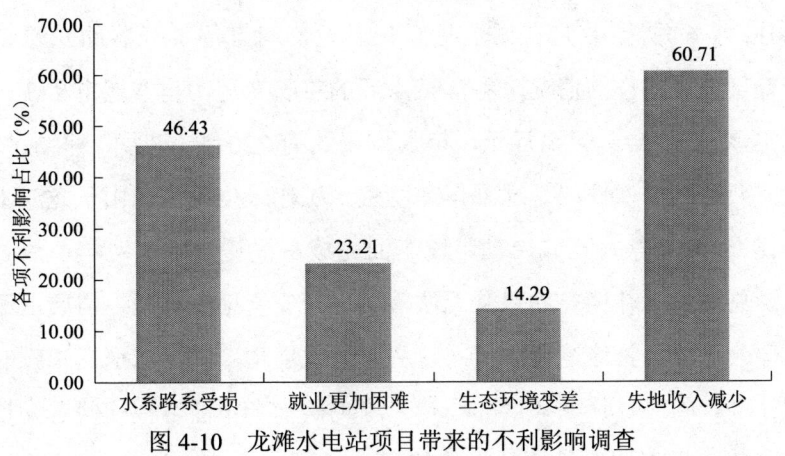

图4-10 龙滩水电站项目带来的不利影响调查

（一）补偿标准偏低，且各地补偿标准不一

首先，库区移民补偿标准仍然偏低，不足以补偿移民所受到的损失。虽然

后来补偿标准多次提高,但是从目前来看标准仍然偏低。龙滩水电站移民安置补偿标准已经算是有史以来比较高的,但仍然达不到《中华人民共和国土地管理法》所规定的土地补偿费、安置补助费是经济作物年产值的 10～16 倍的标准。即使后面启动了库区移民长期补偿工作,移民对补偿标准的满意度也仍然不高。如图 4-11 所示,从对龙滩库区 112 户移民的问卷调查来看,关于补偿标准满意度一项,表示满意的只有 21.50%,基本满意的占 20.56%,不满意的占 57.94%。

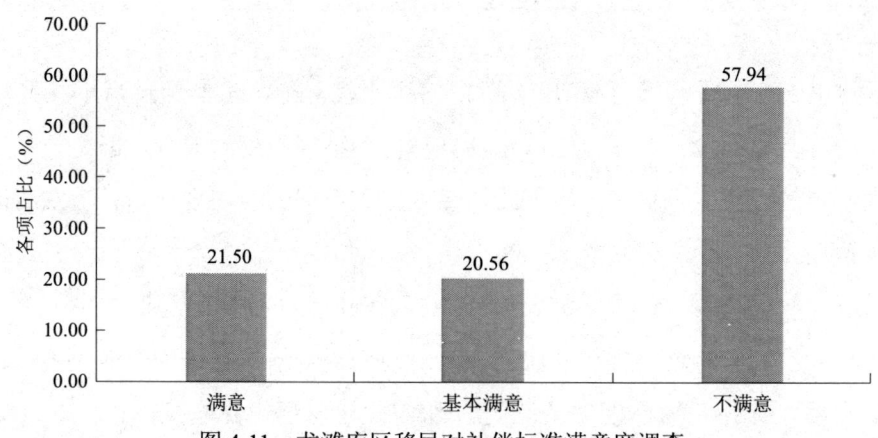

图 4-11　龙滩库区移民对补偿标准满意度调查

就 2012 年 6 月至 10 月在乐业县雅长乡尾沟村寨尾屯开展的龙滩库区淹没耕地长期补偿试点工作的情况来看,试点后的雅长乡尾沟村寨尾屯 243 户 951 人每年享受兑现长补资金 68.5 万元,年人均仅约有 720 元。此外,参加长期补偿的移民还需要退回一次性的土地补偿补助费,工作难度很大。由于龙滩水电站水库长期补偿在 2010 年才正式启动,比全面完成移民搬迁晚了两年多的时间,所以一些已经兑现耕地补偿补助费又无法落实生产安置地的移民,需要退还补偿补助费。但部分移民已将这笔费用投入建房屋或发展生产,无法退回相应的数额来参加长期补偿。同时,长期补偿的经费来源也是一个不能忽视的问题。目前,国家政策和文件都没有明确长期补偿费的资金来源,都是先从国家 2006 年审定的耕地补偿费由参加长期补偿的移民退回的一次性土地补偿资金中先行支付,而且这笔资金数额不大,很快将会入不敷出,之后是否将长期补偿资金计入生产成本并通过调整电价来解决，都还没有明确的解决方案。

其次，征地补偿费标准不统一，征地补偿缺项、漏项较多，造成移民心理不平衡，导致各种纷争不断。在相邻的省区、县区，同样的农田和经济林，同样的房屋面积和建造材料，补偿标准千差万别，有的差距很大。例如，天峨县与相邻的南丹县，人均补偿标准相差几千元以上，导致移民有意见。另外，征地补偿还存在补偿不到位和缺项、漏项的问题。按照现行的政策规定，移民对水库淹没线上的耕地、林地等仍享有承包经营权，但是移民远迁后又无法回来耕种和管理，这些土地按规定不能给予补偿，移民的这部分损失没有得到充分考虑。

（二）库区移民人均耕地大幅减少，生计出现困难

根据广西水库移民管理局的统计，广西全区老水库移民中，尚有51万人人均耕地少于0.3亩，粮食不能自给，主要靠政府补助；岩滩、龙滩、天生桥一级、百色市等在建大中型水库尚有近10万移民属无地或缺地安置。例如，岩滩水电站淹没土地后，耕地从原来的3.85万亩下降到0.59万亩，数量大幅减少，人均只有0.15亩。地方政府也曾经成立开发公司组织后靠安置的移民进行生产开发，但是由于后期扶持资金投入不够，且地方从水电发展中得到的财力有限，发展后劲不足，再加上自然环境、市场条件、技术水平等因素制约，经营效益低下，发展的种养项目大部分失败，所办企业绝大多数已经倒闭。大化县相关部门提供的材料显示，大化、岩滩两大水电站库区可开发利用的水面达5万亩，1996年以来，库区移民发扬艰苦奋斗精神，不等不靠，通过银行借贷筹措资金，摸索出一条库区水面开发的新路子，拦网养鱼3.2万亩，初步形成规模。但由于资金投入不足，管理粗放，名特优品种无法引进和推广，水产品档次较低，深加工跟不上，效益不高。同时，库区水面因缺资金尚有近两万亩未能开发利用。此外，大化、岩滩两个库区可造田造地的土地面积达12000亩，也由于缺资金而被搁浅，库区移民生产性开发面临严重的资金掣肘。

如表4-9所示，岩滩水电站运行后库区移民人均耕地在0.30亩以下的有28302人，其中，无耕地的移民人数占55.06%，超过一半，0.01～0.10亩的约

占 16.16%，0.21～0.30 亩的占 8.40%。可见，库区建设确实造成了移民耕地大量减少，对其生产生活造成严重影响。此外，在设计水电站时未预料到的内涝问题在蓄水之后也严重暴露出来。自水电站建设以来，库区内涝年年出现，浸没面积逐渐增加，内涝每年造成粮食损失约 130 多万公斤。由于内涝不能列入补偿范围，有些村民小组有种无收，生活受到极大影响。

表 4-9　岩滩水电站库区人均耕地情况表

人均耕地区间	村民小组（个）	受影响人数（人）	占比（%）
0.21～0.30 亩	26	2377	8.40
0.11～0.20 亩	43	5768	20.38
0.01～0.10 亩	44	4574	16.16
无耕地	159	15583	55.06
合计	272	28302	100

数据来源：笔者根据调查资料整理。

（三）库区基础设施和公共服务建设滞后，发展基础薄弱

河池市水电站建设起步较早，特别是大化、岩滩水电站建设时正处于我国从计划经济向市场经济转型时期，由于国家财力有限，库区补偿标准低，移民安置只能以"就地后靠，由低搬高"为主，库区淹没后留下的生产和生活资料变得更少，加上交通、水利、教育和医疗等基础设施和公共服务条件差，农田灌溉落后，粮食单产低，上学难、看病难、饮水难等问题依然突出，移民生产生活困难。据广西水库移民管理局的统计，仅大化瑶族自治县，截至 2014 年还有 4.59 万移民的居住地未完全通路或是断头路，部分库区移民出门只能靠水路，但库区缺少渡船、码头设施，移民出行不便。大化、岩滩和百龙滩 3 个库区有 346 个村屯交通困难，需新建、扩建乡村公路 427 千米，需投资 6622 万元；需修筑桥涵 44 座 3820 米，需投资 9250 万元；需修筑码头 215 处，需投资 1560 万元；8000

多亩农田灌溉条件较差，规划建水渠51处80千米，提灌工程18处，需投资1.2亿元；抢修库区校舍217所1932间，需投资1700万元；还有13个库区乡镇医疗条件差，需要不断改善。在天峨县，一到雨天，道路交通基础设施坍塌、阻塞交通的现象时有发生，对居民出行以及当地经济发展造成不利影响。这些问题从水电站开始建设就比较突出，与长期以来的贫困问题复杂交织，虽然在脱贫攻坚阶段得到不同程度的缓解，但是库区基础设施和公共服务相对滞后的状况仍然是今后发展的最大制约因素。

（四）库区群众未充分享受用工、用电等方面的优惠

应该说，水电站在建设期间确实解决了当地部分剩余劳动力的问题，增加了周边群众的打工收入。但是对大多数处于偏远库区的移民群众来说，他们受雇佣的机会较少或几乎没有，在用工方面没有得到实惠。而水电站建设的大规模投入，间接带动了物价上涨，增加了当地一般居民的生活消费支出，在大多数居民收入水平没有明显增加的情况下，物价上涨显然是一种额外的负担。例如，龙滩水电站建设使大批施工人员涌入天峨县，带来农产品和各种生活物资的消费量大增，在带动当地农业发展的同时，也促使当地物价快速上涨，对移民群众和一般居民的生活带来负面影响。

（五）民族文化传承断裂对移民生产生活和文化心理的影响

河池市的库区移民绝大部分是少数民族，占92.71%。少数民族移民拥有自己民族的文化，如民风民俗和民间信仰。这些与他们的生产生活密切相关，是他们追求心灵慰藉和文化生活的重要方式。远离故土，与别的民族杂居，与别的文化交融，对少数民族移民维系原有的社会关系和文化传承是个不小的挑战。在实践中，外迁安置的少数民族移民面临着缺地、缺水、缺少基础设施等问题，还要适应其他族群文化心理和生产生活方式上的差异性。例如，搬迁到北海等汉族聚居地的少数民族库区移民，由于文化习俗不同，场地环境限制，一些传统的民族文化活动、节会庆典无法举办，一些少数民族群众觉得文化生活质量受到影响，

产生厌倦情绪，甚至想回迁原籍。

从生产方式来说，水电工程移民原先大多居住在深山峡谷地带，信息闭塞，生产发展水平相对较低，受教育程度也不高，通常固守原先的生产方式。特别是山区群众主要以种植玉米、黄豆等农作物为生，广种薄收，靠天吃饭，农业种植技术相对落后，对自身发展已形成固有的思维定式，面对远迁带来的环境和生产方式变化，许多移民缺乏应对能力和适应能力，在新的居住地难以开展生产。面对新的生产生活方式带来的冲击和不适应等问题，特别是有些安置区居民与移民生活水平相差较大，如何融入新的社区与当地居民同步发展是移民不得不面对的严峻挑战。

（六）库区移民的一些历史遗留问题处理难度较大

由于库区移民安置规划的前期摸底和调研不足，蓄水发电后出现了一些水电站建设和移民安置设计前没有考虑到的情况或者计算误差，造成了系列历史遗留问题难以解决。如岩滩水电站提前一年蓄水发电，导致库区移民的田地和经济林果临时少了一年的收成，之后也没有得到补偿；还有一些是因为移民搬迁规划设计时的计算误差与实际情况出入较大，比如迁建补偿面积、林地数量、果木砍伐赔偿数量及迁坟数量等出现了较大误差，但有关部门只能按移民安置设计时的数量划拨经费，导致误差部分的补偿款无法发放，移民出现不满情绪。为解决这些历史遗留问题，库区党委、政府做了大量工作，但是县域经济基础薄弱，再加上当时"后靠搬迁"的移民政策也造成了许多后遗症，一些库区移民工作出现了比较被动的局面。大化县干部表示："大化有'电都'的美誉，有人说我们坐在'金山'上，但是实际上是长期坐在'火山'上。别的县都一心一意抓经济，而我们只能将主要精力放在移民工作上。"龙滩水电站开展征地搬迁工作以后，由于补偿标准偏低、拨款不到位、工作程序不规范、征地费用分配混乱等原因，也出现了一系列问题。多年来，库区党委、政府不得不把维护库区和移民安置区的社会稳定作为工作重心，集中大量人、财、物力处理库区历史遗留问题。

第五节 水电资源开发对生态环境的影响

水电站建设造成的地质环境变化给当地生态环境带来了影响，而且这种地质环境变化和深层影响将长期存在，有些问题并不是一朝可见，对生态环境的潜在影响还有待观察与评估。

一、水电站蓄水后产生的内涝问题增多

一些地方水电站蓄水之后出现了严重的内涝问题。例如，大化、岩滩、百龙滩水电站蓄水后，在大化瑶族自治县境内被淹没的常耕地达5.96万亩，涉及全部16个乡镇。此外，许多公路、输电线路、抽水站、饮水码头、水池、便道便桥公房等公共设施被淹没。大化水电站建成蓄水后，河道水位升高，库区降雨在60毫米至120毫米时，水库设计淹没线外就出现淹没面积扩大和严重的内涝情况。1984年以后，库区内涝几乎年年出现，浸没面积逐渐增加。据2002年统计，库区内涝面积约6578.38亩，涉及全部16个乡（镇）28个村民委243个村民小组，内涝每年造成粮食损失约130多万公斤。贡川乡龙马村一次大雨，红水河库区在该地段的水位高程是158.25米，而该村的内涝水位高程却达164.5米，与红水河水位高差6.25米。

二、地质灾害和地震风险加大

水电站蓄水使水位逐步抬高，库岸稳定问题也成了当地的隐患。特别是后靠搬迁群众房屋的岸坡下滑、墙体开裂、房屋倾斜、耕地流失等问题相当严重。另据专业人士对龙滩水库诱发地震可能造成的环境影响的评价，结果表明，库坝区存在发生破坏性水库地震的风险，尤其库区周围岩溶的存在，为诱发岩溶塌陷型水库地震提供了条件，对于水库堤坝岸坡的稳定和库区周围的环境都有不利影响。在实地调研中，笔者发现天峨县的泥土滑坡现象比较严重，雨天过后在100

多千米的路段可见四五处规模较大的滑坡塌方。

第六节 小　　结

从国家的角度来说，水电资源开发是实施西部大开发和"西电东送"发展战略的需要，其意义不仅在于为作为我国经济发展引擎的东部沿海地区提供清洁高效的能源，优先保障东部发达地区用电，保持经济引擎的稳定发展，而且对于广西、贵州等西部民族地区推进工业化进程和夯实现代化建设基础也具有重要作用，是国家层面推动的一件功在千秋的伟业。

从水电开发企业角度来看，水电站为企业创造了巨大的经济效益，企业只需要向国家缴纳规定的税费，生产经营所得的利润即归企业所有，企业在水电开发所得的利益分配中占了大头。而企业为了追求利益最大化，在支持水电开发项目、支持周边群众民生发展方面却往往不愿主动分担足够的社会责任。

对于水电资源开发地来说，国家重大项目的投资对地方经济的带动作用显而易见，特别是在项目建设期和开发期，都会带来资源开发地地区生产总值、固定资产投资、财政收入和城乡居民收入等一系列主要经济指标的快速增长，水电资源开发地的发展速度明显高于周边其他地区，拉动区域经济发展和社会公共服务能力提高，使当地民生从中受益。然而，这同时也带来了地方对于水电工业过度依赖的问题。目前，广西的水电资源大县可以说都未能实现真正意义上的产业转型升级，其他产业培育乏力，一业独大的问题难以解决，难以跳出"资源诅咒"的陷阱。另外，从地方政府角度来看，表面上看是地方财政有较大幅度的增长，但是税收要大部分上缴中央和自治区，留成的部分税收还要支付移民生活保障、教育医疗、生态环保、维护社会稳定等多项支出，财政压力比较大，更缺乏推动产业转型升级的财力支持和动力支撑。

从移民方面看，移民安置工作规划一般都是以"确保水库移民搬迁后不降低原有的生活水平"为目标追求，移民长期生活补助的计算标准也是以淹没土地的面积和当期土地产值计算，并不与水电站效益挂钩，库区移民从水电资源开发中得到的仍然只是一种补偿性质的收益，难以从水电工业发展中得到更多的发展机会。由于国家投入不足，地方财政从水电站分到的收益不高，地方财力有限，从水电站提取的后期扶持基金标准也不高，导致移民口粮补偿偏低、收入水平偏低，基础设施建设跟不上、库区产业发展困难等问题突出，库区群众的民生发展仍面临着交通难、饮水难、上学难、就医难的局面。一个重要的原因在于法律和政策对移民作为利益主体参与水电资源开发利益分配的规定和保障不充分，没有明确赋予移民参与水电资源开发利益分配的主体权利，这是今后需要努力的方向。

第五章
旅游资源开发与惠及民生的实证研究

旅游业是一个关联性极强的产业，旅游发展所形成的人流，可以带动交通运输、宾馆餐饮、商品贸易和文化娱乐等市场、业态的繁荣，进而促进金融、保险、信息、物流、房地产等现代服务业加快发展。世界旅游组织预测，旅游收入每增加1元，可带动相关行业增收4.5元；旅游投资每增加1元，可带动其他行业投资5元；旅游每增加一个就业岗位，可间接拉动7个人就业，作用十分明显。以旅游产业为带动引擎，既可有效推动第三产业整体规模的扩大和第三产业的转型升级、结构优化，还可以作为催化器与黏合剂推动三大产业融合，近年来兴起的"农家乐""工业旅游""田园综合体"等都是产业融合的产物。旅游市场需求直接刺激和带动了就业、创业。可以说，旅游"兴一业，旺百业"，是富民效应最显著的产业之一。

广西是旅游资源特别丰富的地区，集"老、少、边、山、红、海、寿"多种类型于一体，旅游资源特色鲜明，分布广、品位高。总体来说，广西不仅具有综合发展健康长寿旅游、山水景观旅游、民族文化旅游、边关风情旅游、红色旅游、滨海旅游和生态农业休闲旅游的独特资源禀赋，而且还具有沿江、沿边、沿海的旅游区位优势。旅游资源开发是富民兴桂的重要依托，也是优势所在。这一章将着重以巴马长寿养生旅游资源开发和少数民族村寨旅游资源开发为实证研究对象，剖析广西民族地区旅游资源开发与惠及民生的问题。

第一节 广西旅游资源开发历程

广西旅游资源有较强的互补性与组合性，旅游观赏价值与历史文化价值高。经过多年开发，广西旅游发展日新月异，新业态不断涌现，旅游产品日益丰富，特色旅游品牌逐步形成，旅游开发取得显著成效。广西具有代表性的旅游资源和特色品牌包括甲天下的桂林山水、引人入胜的巴马世界长寿之乡、有"中国第一滩"美誉的北海银滩、以刘三姐文化为代表的多彩民族旅游、被列入世界文化遗产的左江花山岩画景观、风情独特的中越边关旅游、以左右江革命老区为代表的红色旅游，以及号称"亚洲第一大跨国瀑布"的德天瀑布等。追溯历史，广西真正意义上的旅游资源开发是以 20 世纪 70 年代初桂林山水旅游为发端，大致可分为五个阶段。

一、旅游粗放开发阶段（1973—1983 年）

20 世纪 70 年代初至 80 年代初，广西旅游主要以开发一些自然山水、名胜古迹和公益性公园为主，桂林漓江景区、兴安灵渠、桂平西山、三江程阳风雨桥、容县真武阁等都是广西旅游资源开发的早期项目。然而，除了桂林山水初步具备旅游产业的雏形以外，其他地区仍处于满足本地居民休闲旅游的阶段，不收费或低收费，不具备产业开发性质。

二、旅游产业化开发阶段（1984—1996 年）

随着改革开放大潮席卷而来，广西旅游资源开发开始向产业化方向发展，特别是桂林旅游资源开发呈现多元格局，并带动了龙脊梯田、资江漂流、荔浦丰鱼岩等相邻各县旅游开发；其他地区旅游产业化开发也被列入地方经济社会发展战略布局加快推进，如北海银滩、三江马胖鼓楼、融水贝江、南宁青秀山等，基本形成了以桂林、柳州、南宁、北海为中心的四大旅游区格局，初步构建了面向全国和世界开放的旅游市场。❶ 然而，这一时期的旅游开发仍以自然山水景观的初级、单一产品为主。

三、旅游大省建设阶段（1997—2005 年）

1997 年，广西党委、政府做出了建设旅游大省的重大战略决策，率先开发了国内首个大型实景演出"印象刘三姐"项目，百色、河池等市经典红色旅游项目开发随之如火如荼展开，全区各地原始自然生态旅游及休闲养生康体旅游渐成开发热点，基本形成了观光游览、休闲度假、文化旅游、康养保健等多元化的旅游产品体系，打造了"山水广西、养生天堂"的整体旅游形象。经过 8 年努力，2005 年广西实现了旅游大省建设目标。

四、旅游强省建设阶段（2006—2012 年）

2006 年广西开始实施旅游强省发展战略，通过以线为主开发生态观光产品、以点为主开发休闲度假产品、以城市周边圈为主开发乡村旅游、以综合功能集聚为主推进国际旅游目的地建设，积极推进桂林国家旅游综合改革试验区、中越国际旅游合作区、涠洲岛旅游区和桂台（贺州）客家文化旅游合作示范区等"四区"建设。2011 年，广西旅游收入首次突破千亿元大关，实现了旅游业千亿元产业发展目标，并初步建成了中国面向东盟的区域性国际旅游集散地。

五、全域文旅融合发展阶段（2013 年至今）

党的十八大以后，广西全面实施"旅游兴桂"战略，重点建设以桂林、北部湾、巴马为核心的国际旅游金三角，推进一批重大高端旅游项目、旅游设施和

---

❶ 周作明. 广西旅游资源开发现状及走向 [J]. 广西民族学院学报（哲学社会科学版），1999（5）.

公共服务项目、区带支撑项目建设。2018年,广西又全力推进国家全域旅游示范区和广西特色旅游名县"双创双促"创建工作,旅游开发迈入共建、共管、共享的特色旅游与全域旅游发展阶段,促进旅游业全面转型升级。2019年,广西文旅产业发展大会提出建设文化旅游强区,构建"三地两带一中心"❶战略新布局,把文化旅游产业发展成为重要支柱产业,建成全国文化旅游产业发展先进省区、世界文化旅游重要目的地。

第二节 巴马长寿养生旅游资源开发概述

广西是长寿资源和社会文化要素富集区。从气候条件来看,广西大部分地区属于亚热带季风气候,年平均气温在16℃～23℃之间,气候温暖、水热丰富、冬短夏长,空气中负氧离子含量高,适宜长寿养生;从自然地理来看,广西有丰富的山地、丘陵、峰林、峡谷、溶洞、江河、湖泊及海洋海岛资源,有2.12万平方千米富硒地区,富硒农业及食品加工业是发展健康长寿产品的独特优势;从森林植被来看,广西森林植被资源优越,2018年森林覆盖率达62.31%,有各类自然保护区77个,植被生态质量居全国首位。此外,广西还有"中国药都"之称,共有药用品种7088种,总数居全国前列。其中,植物5996种,动物798种,海洋生物294种。

优越的自然条件加上悠久的长寿文化传统,使广西成为长寿之乡分布最多、最密集的省区。目前,广西有25个"中国长寿之乡",占全国总数的三分之一,广西的百岁长寿老人人数居全国前列。广西的长寿之乡类型多样、形态丰富、特色鲜明,遍布喀斯特地区、滨海地区、边关地区、民族聚居区。有属于喀斯特地貌的巴马长寿带,有体现滨海长寿特色的防城港东兴长寿带,有被称为"世界瑶

---

❶ "三地两带一中心":"三地"即桂林国际旅游胜地、北部湾国际滨海度假胜地、巴马国际长寿养生旅游胜地;"两带"即中越边关风情旅游带、西江生态旅游带;"一中心"即南宁区域性国际旅游中心城市。

都"的金秀少数民族长寿聚居区,还有龙州这样体现中越边关风情的长寿之乡等。这些地区普遍生态优美、环境优良、水质洁净、空气清新、乡风朴素,是不可多得的养生养老、健康休闲度假胜地,也是发展健康长寿产业的巨大优势所在,有利于打造各具特色的健康长寿集聚区。其中,最负盛名的正是位于桂西资源富集区、具有"世界长寿之乡"品牌效应的巴马长寿养生国际旅游区。

一、基本概况

桂西资源富集区指广西西部河池、百色、崇左三市管辖的行政区域。这些区域既是广西矿产、水电、旅游等自然资源富集的地区,又是相对贫困的大石山区、少数民族地区、革命老区和边境地区。以巴马瑶族自治县、东兰县、凤山县为核心的长寿带是桂西最具特色优势的旅游资源,经过多年建设和经营,已率先创立了享誉国内外的"长寿巴马"长寿养生旅游品牌。

巴马瑶族自治县（以下简称"巴马"）成立于1956年2月6日,全县面积1976平方千米,辖3个镇7个乡103个行政村,聚居着瑶、壮、汉、苗、毛南、仫佬、回、水等12个民族,总人口29.91万人,少数民族26万人,占总人口86.9%。其中,瑶族人口5.3万人,占总人口17.5%。巴马隶属广西河池市,东临大化瑶族自治县,西与百色市凌云、右江两县区接壤,南与平果、田东、田阳县毗邻,北与东兰、凤山两县交界。距南昆铁路、南百高速公路田阳县段及百色、巴马机场71千米,距广西首府南宁市251千米。境内石山面积占30%,土丘占69%,水面占1%,熔岩地形与丘陵交错,洞府神奇,洼地遍布,是典型的喀斯特地貌。

巴马是著名的长寿之乡。据统计,截至2015年12月,全县老人在80～89周岁的有3470人,90～99周岁的有726人,100～109周岁的有94人,110岁以上的有6人。100周岁以上老人合计有100人,寿星比例为34.48/10万,是世界长寿之乡认定标准的3.31倍。巴马森林覆盖率达70%,县域内生态环境适宜,景色优美,空气宜人,受空气、水、食物等要素的吸引,每年有10万左右的"候鸟人"聚居巴马养生度假。巴马主要旅游景区（点）包括大洛水晶宫、百魔天坑景区、水波天窗景区、赐福湖风光、龙洪田园风光、弄友原始森林、盘阳河风光、那社"命河"景区、好龙天坑群等自然旅游资源、敢烟仁寿山庄、达西儒礼桃花源新村、赐福湖风情岛等民族风情景区，此外还有红七军二十一师师部旧址和中国工农红军独立第三师、中共右江特委右江革命委员会旧址等革命史教育基地等人文旅游资源。其中，百魔洞、百鸟岩、仁寿源、长寿岛被评为国家3A级景区；长寿水晶宫景区和盘阳河流域景区为国家4A级旅游景区。坡纳养生基地—达西儒礼桃花源—仁寿文化源线路被评为全国休闲农业与乡村旅游十大精品线路。

同时，巴马也是革命老区、少数民族聚居区。作为右江革命根据地的中心腹地，巴马是邓小平、张云逸、韦拔群等老一辈无产阶级革命家生活和战斗过的地方，是国家规划实施的"百色风雷，两江红旗"红色旅游线路重要组成部分。巴马西山有"广西的井冈山"之誉，韦拔群在西山创建的革命根据地是中国共产党最早创建农民革命运动的根据地之一。巴马境内居住着瑶、壮、汉、仫佬、毛南等12个民族，民族文化艺术丰富多彩，特别是瑶族文化极具特色，素有"有瑶无处不有鼓、有鼓无处不有舞"的说法。巴马有番瑶祝著节、壮族"三月三"歌节、蓝靛瑶的盘王节等少数民族节庆，还有蓝靛瑶抛绣球，土瑶射弩、打陀螺等古朴风俗。

二、巴马长寿旅游资源开发回顾

1979年8月，由相关部门组成的考察队在对巴马进行了较大规模的长寿综合考察研究后，确认巴马是"中国长寿之乡"。1982年，通过《人民日报》、新华社的报道，巴马的长寿现象逐渐闻名，有30多个国家和地区的新闻媒体记者、医学专家及游客慕名到交通闭塞的巴马访问、观光、研究。1991年，在日本东京召开的国际自然医学会第13届年会将巴马称为"世界长寿之乡"，巴马成为继苏联的高加索、巴基斯坦的罕萨、厄瓜多尔的比尔卡班巴和中国新疆之后的"世界第五长寿之乡"。此后，巴马政府也逐渐意识到"长寿"是巴马的特色，发展长寿养生旅游是巴马的潜力和出路，开始谋划打响长寿品牌。

由于经济落后、交通闭塞，直至20世纪90年代末，巴马还缺乏系统开发长寿养生旅游资源的能力。当时，整个区域没有任何风景名胜区，没有二级以上公路，没有星级宾馆和旅行社，涉外服务人员也紧缺，旅游接待能力和旅游服务设施不足，无法大规模接待国内游客，国际旅游更无从谈起。1995年，广西接待外国入境游客30万人次，实现外汇收入1.21亿美元，偏远闭塞的东巴凤地区还没有发展任何旅游业。旅游产业要素严重缺失的情况一直到西部大开发开始实施也没有得到根本改变。2003—2005年，广西创造性地推动"东巴凤基础设施建设大会战"，东巴凤地区的基础设施才得到重大改善，为开发长寿养生旅游资源创造了基本条件。2006年，巴马出台了《关于加快旅游业发展的决定》，把以长寿养生休闲度假为主要内容的旅游业确定为巴马经济社会发展的战略性支柱产业，并多方谋划建设巴马长寿养生国际旅游区。2006年，巴马旅游接待人数为11万人次，到2013年巴马旅游接待人数飙升至263万人次，10多万外地游客常驻巴马养生养老，创造了广西旅游史上的"巴马现象"，使巴马成为广西长寿养生旅游的领头羊。巴马通过长寿品牌迅速发展长寿养生旅游产业，使同样具有长寿养生资源的许多县市纷纷仿效申报"中国长寿之乡"，在一定程度上带动了广西长寿养生旅游资源的开发。然而，由于缺乏整合和统一规划，"长寿之乡"之间的无序、同质、低效竞争也随之显现，"长寿之乡"品牌资源在一定程度上被稀释和淡化，甚至出现了一些恶性竞争。

从巴马自身来说，大量游客的到来也吸引了众多的民间投资，但由于缺乏长远规划及资源监管和整合能力，巴马长寿养生旅游资源在无序开发中遭到破坏。例如，巴马县百魔洞坡月屯原来只是数百人居住的小村屯，一时间吸引了数万人前往养生居住，盘阳河两岸各种违章建筑野蛮生长，产业开发严重超过资源环境承载力，长寿养生所依赖的自然生态环境遭到不同程度的破坏。同时，由于地方政府规划引导和资金投入的严重缺位，统一规划和有效管理跟不上，大量低端商业资本蜂拥而至，宝贵的巴马长寿养生资源被切割成一块块小成本的低质低效开发地，简单满足于吸引一些老人、病人的低质发展，其长寿品牌美誉度迅速下滑。2014年，《光明日报》针对巴马的无序开发乱象刊发了《广西长寿之乡困境：巴马是失败案例》的报道，国内多家报刊也相继报道了巴马旅游乱象。针对这些情况，广西党委、政府提出了"管住核心景区的无序开发状态、管住居民乱搭乱建和管住各类污染排放，旅游基础设施和旅游服务设施要建起来"。

同时，广西党委、政府及时作出整合推进桂西北长寿养生旅游资源开发的重大决策。在2013年7月的全区旅游发展大会上，广西党委、政府作出了建设巴马长寿养生国际旅游区的决定，提出将巴马、北海、桂林作为广西未来重点打造的三大国际旅游目的地；旅游区范围包括河池市的巴马、东兰、凤山、天峨、都安和大化，以及百色市的右江区、田阳、凌云、乐业等10县（区）；颁布了《巴马长寿养生国际旅游区发展规划纲要（2016—2020年）》，明确了旅游区建设的战略定位，即成为国际一流的长寿养生健康旅游目的地和国家旅游扶贫示范区。这一决策对于推进广西长寿养生旅游资源开发、加快形成发展新动能具有重要的促进作用。

第三节　巴马长寿养生旅游资源开发的经济与民生效应

一、长寿养生旅游资源开发与区域经济互动

自2006年旅游业被定位为战略性支柱产业以后，巴马以"特色资源保护、特色项目开发、特色品牌打造、特色旅游扶贫、特色文化挖掘"为重点，谋划探索大健康绿色产业发展之路。

（一）成为推动县域经济绿色发展的重要引擎

作为一个只有30万人口的偏远山区县城，巴马借助长寿养生旅游资源开

发走出了一条特色发展之路。全县接待游客数量从 2007 年的 26.2 万人次增长到 2018 年的 657.85 万人次，增长了 24.1 倍；社会旅游总消费从 2007 年的 1.39 亿元增长到 2018 年的 64.96 亿元，增长了 45.73 倍。2019 年，全年接待国内外游客约 821.5 万人次，同比增长 24.88%；实现社会旅游总消费 82.89 亿元，同比增长 27.6%。巴马作为巴马长寿养生国际旅游区核心区，已成为广西大健康产业龙头基地及深圳—巴马大健康合作特别试验区的核心县份，长寿养生旅游资源开发带动巴马县域经济进入了快速发展轨道。2018 年，全县地区生产总值完成 46.33 亿元，同比增长 15.7%（图 5-1）；固定资产投资同比增长 25.0%；财政收入完成 4.56 亿元，同比增长 38.6%；城镇居民人均可支配收入 26029 元，同比增长 7.2%。多项经济指标增速排在全区、全市前列，其中地区生产总值、财政收入增速指标排名全市第一；在广西 29 个同类县份中，地区生产总值、财政收入两项增速排名第一。巴马由一个经济落后的县份一跃成为特色经济发展的"明星"，成功创建了广西特色旅游名县，先后荣获"广西优秀旅游县""中国王牌旅游目的地""中国王牌旅游景区""中国十佳最美的小城""中国县域旅游之星""广西十佳休闲旅游目的地""广西旅游标准化示范县""全国休闲农业与乡村旅游示范县""中国十大富硒之乡""广西特色旅游名县"等称号。随着"长寿巴马"商标正式发布，巴马成为全国第一个成功将县域公共品牌进行商标全类注册的县份。

图 5-1　巴马 2005—2018 年地区生产总值
数据来源：2006—2019 年《广西统计年鉴》。

（二）带动桂西北长寿养生旅游资源区的连片发展

2013 年 7 月，广西旅游发展大会作出建设巴马长寿养生国际旅游区（以下简称"巴马国旅区")并使之成为广西三大国际旅游目的地之一的决定。2013年以来,广西加大政策支持和资金投入力度,推动巴马国旅区旅游重大项目17个,累计完成投资30.22亿元。2014—2016年,巴马国旅区启动实施了基础设施建设大会战,获得中央和自治区扶持资金3.84亿元,启动实施项目40项,共完成投资4.88亿元;2017—2019年又启动实施巴马国旅区三年行动计划,其中河池片区项目总投资31.635亿元,投资项目共46个。2013—2018年,河池片区国家级4A景区从4个增加到8个,星级酒店从17家增加到38家,三星级以上乡村旅游区从2家增加到17家,五星级乡村旅游区2家。河池在广西率先创新推进"政府主导、市场运作、农民为主、社会参与"的旅游扶贫发展方式,创建了"公司+基地+农户""能人+基地+农户""旅游合作社+农户"等行之有效的模式;核心区巴马县建立"1+4+N"的旅游市场监管模式,成立了巴马国际"候鸟人"协会和服务中心、巴马景区巡回法庭等,不断提升景区管理水准。

2013年以来,巴马国旅区河池片区旅游业年增长率保持在30%以上,各项旅游指标增幅均居全区前列,在接待国内外游客、旅游总收入、旅游固定资产投资三个方面创历史最高水平,呈现出强劲的发展势头。2018年,巴马国旅区河池片区接待游客1860.47万人次,比2013年增长165.67%;旅游总消费208.48亿元,比2013年增长231.87%。长寿养生旅游业的快速发展为巴马国旅区各县区实现经济高质量发展注入了新动力、新活力。据统计,河池片区6个县的地区生产总值从2013年的162.73亿元增长到2018年的294.31亿元,年均增长12.58%,高于全区平均水平;社会消费品零售总额从2013年的64.25亿元增长到2018年的106.02亿元,年均增长10.54%。令人遗憾的是,巴马国旅区原规划范围涉及河池片区6个县和百色片区4个县,由于行政区划壁垒和行政体制束缚,长寿养生国际旅游区跨市区域联动发展难以落地。

(三)带动区域长寿养生品牌影响力整体提升

在"长寿巴马"品牌的带动下,桂西资源富集区的长寿养生品牌整体影响力日益凸显。依托巴马"世界长寿之乡"的综合优势,以"深巴试验区"建设为载体,通过统一做大做强"长寿巴马"核心品牌,全面辐射带动周边县区发展,形成了巴马、东兰、凤山"长寿金三角"的核心发展区,同时联动发展大化、天峨、都安三县的"健康养生之旅",着力发展盘阳河、红水河两大旅游带,以"整合区域优势资源"为重点,推动发展东巴凤旅游组团、都安大化旅游组团、天峨乐业凌云旅游组团等三大旅游组团。目前,河池市成为首个世界地级长寿市,"深巴试验区"上升为自治区发展战略,已开工和即将开工的企业达67家,合作项目82个,计划投资额451亿元。全球最大的商业大数据公司和碧桂园项目落户巴马,推动了桂西资源富集区与粤港澳大湾区的产业对接。国家级论坛"巴马论坛"永久落户巴马,东兰、凤山成功晋级广西特色旅游名县创建县,天峨、凤山、都安、大化4个县列入广西全域旅游示范区创建县;东兰、巴马、凤山3个县入选国家旅游扶贫示范区创建县。巴马香猪、巴马丽琅矿泉水、万力山茶油等长寿健康品牌获得国家地理标志保护产品品牌,丽琅矿泉水获得中国驰名商标;河池市与广西艺术学院"校市合作"平台集中打造了138个以巴马国旅区为产地的旅游商品设计包装品牌。

二、巴马长寿养生旅游资源开发的民生效应

巴马是广西20个深度贫困县之一。旅游是富民效应特别显著的产业,长寿养生旅游资源开发为当地群众脱贫致富提供了有效途径。

(一)通过旅游产业发展带动当地居民增收

2018年,巴马农村居民人均可支配收入8209元,同比增长11.3%,居民人均可支配收入增速排名河池全市第一,这些离不开旅游业作为支柱产业的带动作用。特别是近年来,巴马以重大项目建设为抓手,努力推动旅游业由单一景区景点的观光旅游向融合大健康的全域康养旅游转变,带动景区周边群众通过发展特色小吃、农产品销售、旅游商品销售等吃上"旅游饭",在推动旅游业转型升级中带动居民增收。例如,巴马借助水晶宫创建国家5A级旅游景区、巴马国际

旅游集散中心和华昱百魔洞度假区的大健康旅游项目，引导当地居民通过土地流转、房屋资产入股分红、门票分红等方式参与建设，共同发展，实现增收，项目辐射带动巴马4个乡镇约4.8万人获利。

（二）推动旅游扶贫模式创新带动贫困群众脱贫奔康

依托丰富的长寿养生旅游资源，巴马创新了"农庄+村集体+农户""农庄+配套产业+农户""农庄+文旅产品+农户+旅游购物+技能培训"等旅游扶贫模式，实现了"养游景区、养游线路、养游商品、养游就业+农庄扶贫"，促进了当地农家乐产业的升级发展，增加当地群众的旅游收入。据统计，截至2019年年底，巴马已拥有广西四星级农家乐1家、三星级农家乐2家、农家旅馆290家。巴马利用国家和自治区旅游局帮扶资金，重点打造坡纳、达西、敢烟等7个旅游扶贫农家乐示范点，以旅游促扶贫、以旅游带动群众致富，推动"农、医、养、文、游"结合，发展长寿养生旅游和生态休闲农业，带动3.68万名农民吃上"旅游饭"，成为旅游扶贫"造血"的新样本、新模式。例如，甲篆镇坡纳屯2005年人均纯收入不足1500元，通过发展养生度假旅游经济，2018年人均纯收入达到2.3万元；大型山水实景演出《梦巴马》吸收了80多名当地农民作为演职人员，人均年收入达3万元以上；水晶宫、百魔洞、百鸟岩等景区景点周边的村民，通过特色小吃、农产品销售、旅游商品销售等商业实现月增收2000多元；仁寿山庄景区吸收了当地40多户村民以土地入股的形式共同建设，村民占10%的股份参与分红，构建了"公司+股民"的利益联结机制，2018年入股村民分红6万元，当地贫困群众全部实现脱贫。巴马还以赐福湖度假小镇为核心，大力推动燕洞镇现代农业观光游、那桃乡旅游扶贫产业观光游、东山乡文化乡愁体验游、甲篆镇休闲养生度假体验游等旅游发展空间格局构建，通过加强职业培训，帮助贫困农户从田间地头走进景区、酒店，成为服务员、讲解员、保安员等，年人均纯收入从不足1500元提升至2.5万元。

(三)通过旅游基础设施提升，改善居民的生活和发展条件

巴马制定出台了《鼓励扶持乡村旅游发展实施办法（试行）》和《旅游业发展奖励（暂行）办法》，对旅游业发展进行政策扶持，在推进休闲农业与乡村旅游发展的同时，使当地群众的生产生活条件也迅速提升。巴马是广西第一批现代服务业集聚区"健康养老服务业集聚区"，是河池市唯一被认定为现代服务业集聚区的县份。随着长寿养生旅游资源开发的深入，巴马积极推进老城区改造，加快旧城区棚户区项目改造，整治违章建筑，以5A级景区的标准提升县城品质，启动盘阳片区生态修复工程、道路慢行系统、艺术桥梁等重大项目的建设，不断提升新型城镇化建设水平。同时，着力构建以产业生态化和生态产业化为主线的生态产业体系，加强全域生态修复、健全康养体系、探索绿色金融，全方位推进生态文明建设，促使城镇生态宜居水平随之提升。近年来，巴马启动了赐福湖国家度假区、数字基金小镇、"深巴试验区"先行区建设，整体开发建设"深巴试验区"区域内的交通、给排水、污染物垃圾处理等基础设施，启动盘阳大道、深圳大道、城区支路网等基础设施建设，开工建设"深圳1979"、新都汇、深鹏康养综合体、棚户区改造等项目，全面推进数字基金小镇、德利迅达云计算产业基地建设，中国—东盟信息港数据灾备及备份中心基地也落户巴马。

第四节　巴马长寿养生旅游资源开发的经验和反思

得益于"世界长寿之乡"的称号，巴马在20世纪90年代率先在全国打响了长寿品牌，是第一个开发长寿资源、发展长寿产业、做实长寿经济的地区，具有长寿品牌和市场运作的先发优势。应该说，在桂西北这样一个经济薄弱、交通落后的地区率先创出长寿品牌，本身就是一个难能可贵的创举，其成功经验值得认真总结。

一、成功经验

（一）高度重视长寿资源的科学研究，为长寿资源开发奠定科学基础

巴马长寿的科学研究始于1960年，武汉医学院长寿科研组在巴马考察了18名长寿老人，巴马长寿现象开始被世人关注。60年来，国际自然医学会、卫生部老年科学研究所、中国老年学学会、广西卫生厅、广西医科大学等国内外权威科研机构，以及来自法国、美国、英国、意大利、加拿大等30多个国家和地区的知名专家学者，对巴马长寿现象进行了长期的研究。巴马瑶族自治县把长寿科研作为产业发展的基础支撑来抓好抓实，成立了全国第一个县级长寿研究所专事长寿研究工作。正是有了扎实的科研支撑，巴马长寿现象开始名扬四海。1981年，巴马长寿研究成果在西德汉堡召开的第十二届国际医学大会上得到交流，引起国际广泛关注与重视，巴马被确认为中国长寿县。1991年9月，国际自然医学会会长森下敬一博士先后五次率团考察研究巴马，确认巴马符合世界长寿乡条件。1991年11月1日，在东京召开的第十三届国际自然医学大会正式宣布广西巴马为"世界第五长寿之乡"，并且第十三、十四、十五届国际自然医学会年会连续将巴马长寿现象确定为研究主题。巴马成功举办了五届巴马国际长寿学术研讨会，邀请国内外顶级专家、学者对巴马的长寿现象进行研究，并编辑出版了《巴马长寿研究五十年文献选编》。多年来，对巴马长寿现象和长寿资源的研究，形成了长寿人口分析、长寿环境研究、长寿食品研究、长寿基因研究、长寿临床研究、长寿心理研究、长寿文化研究、长寿综合因素研究八大系列研究成果，为巴马培育"世界长寿之乡"品牌、开发长寿养生旅游资源、发展长寿健康旅游产业奠定了坚实的科学基础。

（二）坚持因地制宜和前瞻思维，找准比较优势，抢占发展先机

巴马属于滇桂黔石漠化片区，地处偏远、山多地少、生态脆弱，既缺乏农业产业化条件，也不适宜发展大工业。长寿养生资源是大自然对巴马的馈赠，也是像巴马这样的大石山区最突出的比较优势,关键在于坚持因地制宜,找准适合自身特点和优势的发力点。巴马的"长寿之乡"品牌塑造让各界有两个"想不到":一个是想不到在发展条件如此落后的地区也可以率先创出世界长寿品牌;另一个是想不到从20世纪90年代起各地都还在"大干快上"发展工业的时候,巴马就具有打响长寿养生品牌的超前视野。这些成效的取得既有资源优势和机遇的因素,也得益于时任地方领导干部具有前瞻的发展思维和敏锐的眼光,没有追求短期政绩,而是从自身优势出发,抓住发展机遇,抢占市场先机。

(三)坚持战略定力,持续创新提能,强化品牌影响力

旅游资源开发投入多、见效慢、周期长,就当时巴马经济社会的落后状况来看,能够咬定青山不放松、坚持发展长寿养生旅游并不容易,特别是对一个偏远山区穷县来讲更是困难重重,既要有信心也要有决心,更要有一代接一代、坚定不移往下干的战略定力,不左右摇摆、不跟风盲动,朝着既定方向持续发力,一届接着一届,一张蓝图绘到底。2013年,广西以巴马长寿品牌为依托,提出建设包括周边10个县在内的巴马长寿养生国际旅游区,与桂林、北部湾一起成为广西旅游"金三角"。现今的巴马通过建设"深圳巴马大健康合作特别试验区",借助深圳的科技力量、市场力量,围绕健康食品、健康服务、健康科技三个核心业态,着重发展天然饮用水、长寿食品、特色医药、健康医养、精品体育、会议会展、生物科技七大产业领域,努力打造国家大健康产业综合改革试验区和东西部扶贫协作的杰出典范。同时,巴马深入挖掘长寿文化、特色民俗,举办巴马国际长寿养生文化旅游节、"祝著节"等重大节庆活动,建设民族体育馆、文钱弩文化展示馆等,打造"梦·巴马"大型山水实景演出、仁寿山庄民族风情表演等文化品牌。可以说,巴马的长寿品牌是新时代人民群众追求美好生活最有力的一张发展名片,其品牌价值不可估量。

二、问题与反思

不可否认,巴马长寿品牌在国内成名较早,但长寿养生旅游产业开发状况与资源、品牌匹配度却不尽如人意。由于资源开发过程中的科学规划和有效管控不足,出现了一些过度、低质开发现象,冲击了巴马长寿品牌的美誉度和影响力,值得深入研讨与反思。

(一)缺乏重点投入和龙头带动,低质开发、资源浪费

开发长寿养生旅游资源从而构建健康长寿产业体系,不仅需要有高速公路、高速铁路和航空等重大交通设施的基础,还需要有提供旅游产品和公共服务的重大项目支撑,特别是要优先发展具有示范性和带动性的重大建设项目,带动长寿养生健康产品和服务的代际更迭和价值创新。广西近年来高度重视长寿养生旅游资源开发和健康长寿产业发展,但是由于地方财力有限,巴马国旅区10个县均属国定或区定贫困县,经济社会发展历史欠账多,投入严重不足,难以根本性改变旅游产业发展环境落后的局面。

从资金投入来看,按照《巴马长寿养生国际旅游区基础设施建设行动计划》,2014—2016年计划在巴马国旅区10个县投资97.07亿元人民币,重点实施交通、生态环保、旅游服务三大类287个基础设施项目建设,力争2016年巴马核心区接待游客总人数超过600万人次。但是由于巴马国旅区都是贫困县,属于"吃饭财政",融资能力差,而旅游业恰恰需要在基础设施方面进行大量的前期投资,因而原来计划的基础设施项目大部分没有如期实现。2014—2016年,国际旅游区获得中央和自治区扶持资金3.84亿元,启动实施项目40个,完成投资仅4.88亿元。2015年,巴马全县接待国内外游客373.52万人次。2017—2019年,广西推动实施巴马国旅区三年行动计划,其中河池片区计划总投资31.635亿元。截至2019年10月底,实际开工项目数共46个,累计完成投资26.658亿元,占投资总额的84.27%。在全国旅游业高速发展的情况下,2018年巴马县才有了第一家五星级酒店,全年全县共接待国内外游客达到657.85万人次。目前,巴马国

旅区的旅游发展要素仍然不够完善。

从基础设施方面来看，截至目前，巴马全域还没有一条直接联系外部的高等级公路或铁路，现有的二级公路也只能达到"三等"路况，整个县城内无一处较大停车场，城区道路两旁停车位不足，部分农家乐旅馆设备滞后，部分景区路窄弯多，存在行车安全隐患；景区景点设施滞后，接待功能不足；巴马国旅区河池片区的高铁至今仍在修建，是广西唯一尚未通达高铁的地级市；很多旅游景区景点可进入性仍然较差，还未形成快速便捷的旅游环线。基础设施严重滞后的状况在很大程度上影响了长寿养生旅游资源的开发成效。

从资源开发水平来看，巴马境内目前仍没有建设成功国家5A级旅游景区，仅有3家国家4A级景区，旅游业与农业、工业、林业、水利、文化、科技和教育等方面的融合深度也明显不够，旅游体验性，参与性项目缺乏，旅游资源开发还处于粗放、低质的阶段。

（二）长远规划和规范管理的缺位，乱象丛生、无序发展

巴马的发展实践说明，优质的长寿资源禀赋并不能直接形成产业，加强规划引导和规范管理至关重要。在长寿养生旅游资源开发过程中出现的一系列乱象，其根源在于地方政府缺乏科学有效的规划和落实规范管理的能力，资源开发要有强有力的规则约束，否则健康长寿资源将遭到无序开发和破坏，损害当地人民的利益。可以说，没有科学规划引导，越来越多"长寿之乡"的无序竞争只能加速品牌贬值。政府需要担当起市场不能自发实现的工作，加强统筹规划和引导。在品牌初创期要有前瞻眼光；在品牌培育和发展繁盛期，更要坚持战略定力，着眼于全国市场、全球视野，增强忧患意识，规划好未来发展蓝图，加强引导与监管，才能坚持把长寿品牌做深做实、做大做强。

在管理体制机制方面，2013年9月广西成立了自治区级的巴马长寿养生国际旅游区开发建设工作领导小组，由自治区一级领导担任小组组长。同年11月，河池市成立了巴马长寿养生国际旅游区工作领导小组办公室，并设立河池市广西巴马长寿养生国际旅游区管理委员会来实际管理和运作，由河池市旅游发展委员

会主任兼任管委会主任。

然而,从管理体制来看,该管委会存在层级定位不清、管理职权不明的问题,在实际工作中根本无法管理和协调涉及河池、百色两个地级市的10个县,甚至对河池市6个县发展的推进力度也非常有限,无法解决各县区各自为战、同质竞争、缺乏整合的问题。由于缺乏共识和利益共享机制,旅游区没有形成长寿养生旅游资源开发合力,缺乏统一有效的规划执行力和联合融资,缺乏相互配合。一些景区景点没有得到很好的扶持和引导,部分农家旅馆和餐馆建设不够规范,影响景区的协调发展;导游队伍素质有待提高,部分导游知识面不广,普通话水平也需要进一步提高;有关部门对旅游市场综合监管不到位,不能及时解决游客反映的问题。

从长寿品牌价值维护来看,当地对长寿资源和品牌价值仍存在重视不够的问题,特别是对巴马长寿品牌挖掘和利用不足,对长寿养生旅游产业带动和促进地方经济社会发展的重要作用估量不足、谋划不够,资源潜力没有得到充分有效的开发和利用。

从人才方面来看,巴马国旅区一直面临着高级旅游管理专业人才紧缺、本土旅游人才流失、中高端游客接待能力严重不足等问题,从业人员综合素质不高,缺乏项目管理专业团队,导致一些项目前期工作耗时过长,影响项目开工建设。

(三)缺乏资源整合和优势互补,过度开发、恶性竞争

无论是长寿养生旅游还是健康食品供给,都要求有适宜的资源环境承载量,超越环境负荷、过度开发势必会带来一系列污染问题甚至造成不可逆转的衰败,最终对资源环境造成永久破坏。国内国际长寿养生旅游和大健康产业市场巨大,仅靠巴马一个县域范围根本无法满足市场需求,因此更要重视资源整合、优势互补,要加强培育合作共赢理念,破除体制机制障碍,真正推进巴马长寿养生国际旅游区10县区的合作发展及互利共赢,共同把蛋糕做大,共同维护长寿品牌价值,使巴马长寿品牌有足够的发展空间,不断提升长寿品牌美誉度和影响力,推

动长寿养生旅游资源开发的质量及效益齐升。

从资源环境方面来看，巴马旅游发展没有处理好生态保护和长寿资源开发之间的关系，导致环境风险、生态破坏。巴马的实践说明，以牺牲资源环境换取一时经济发展的做法，违背了生态优先和绿色发展的理念，尽管能取得一些短期的经济收益，但从长远来看得不偿失。开发长寿资源，如果不提前做好环境承载力评估，不对游客接待量进行合理规划，环境风险便会随之而来，甚至会造成不可逆转的环境破坏。特别是在生态脆弱地区，更要坚决贯彻"两山理论"，坚持绿色发展，贯彻"保护绿水青山就是守住金山银山"理念，促进"绿水青山"转化为"金山银山"，使绿色成为产业的普遍形态，走绿色崛起、绿色创新发展之路。

第五节 少数民族特色村寨旅游资源及开发模式

从 20 世纪 90 年代开始，我国民族旅游蓬勃发展起来，一些具有旅游开发价值的少数民族村寨建设和发展也逐渐得到重视。民族村寨旅游开发内容丰富，涉及面广，自成一体，是民族地区旅游开发中独具地域和文化特色的单元。然而，具备良好民族文化旅游价值的民族村寨一般都处于较偏远落后的贫困地区，随着西部大开发和扶贫开发工作的推进，民族地区旅游扶贫开发模式得到大力推行，少数民族村寨旅游资源开发带动地区和农户脱贫致富的旅游扶贫功能越来越受到重视。2009 年，国家民委和财政部开始部署开展少数民族特色村寨保护与发展试点工作。广西安排少数民族发展专项资金，用于在全区试点特色村寨实施村屯道路、人畜饮水、特色民居改造、民族文化设施等项目，着力保护和打造民族风情浓郁的少数民族特色村寨。少数民族特色村寨逐渐成为旅游热点，民族特色村寨旅游扶贫也在广西脱贫攻坚工作中发挥着越来越重要的作用。下面以广西少数民族特色村寨旅游资源开发为主要对象开展研究。

一、广西少数民族特色村寨旅游资源概述

少数民族特色村寨是指少数民族人口相对聚居，且比例较高，生产生活功能较为完备，少数民族文化特征及其聚落特征明显的自然村或行政村。少数民族特色村寨旅游则是指以少数民族乡村社区为旅游目的地，以目的地人文事象和自然风光为旅游吸引物，以体验异质文化、追求淳朴洁净、满足"求新、求异、求乐、求知"为心理动机的旅游活动。其属于民俗旅游范畴，同时兼具乡村旅游和生态旅游的特征❶。民族特色村寨旅游的目的与乡村旅游相同，但它更强调旅游目的地的民族文化要素，即乡村居民的民族文化特性。换言之，民族特色村寨旅游是站在民族的角度来分析和开发乡村旅游产品，更突出旅游产品的民族特性，引导游客体验和了解特定民族的生产、社交、恋爱、婚姻及民族服饰、民族建筑、民族饮食等民族生活的旅游活动。

（一）广西少数民族特色村寨旅游资源类型

广西是我国少数民族人口最多的省区，有壮、瑶、苗、侗、仫佬、仡佬、回、毛南、彝、京、水 11 个世居少数民族，其他 44 个少数民族在广西也都有分布。丰富多彩的民间山歌、舞蹈、音乐、建筑、服饰、节庆、饮食和工艺品等民族文化元素是广西发展少数民族特色村寨旅游的宝贵资源。在国家民委命名的三批"中国少数民族特色村寨"中，广西共有 137 个少数民族村寨上榜。根据国家出台的《少数民族特色村寨保护与发展规划纲要（2011—2015 年）》，广西在全区 74 个民族工作示范点的基础上，将 69 个村寨列为少数民族特色村寨试点。其中，壮族村寨 39 个，瑶族村寨 12 个，仫佬族村寨 5 个，侗族村寨 3 个，苗族、毛南族、京族村寨各 2 个，回族、彝族、水族、仡佬族村寨各 1 个。全区 11 个世居少数民族各有 1 个及以上的村寨列入试点建设范围，各试点村寨通过采取特色民居保护、特色旅游产业培育、特色文化传承等措施保护和发展民村特色村寨，帮助村寨居民摆脱贫困。"十三五"期间，广西又把 105 个村列入自治区重

---

❶ 罗永常. 试论民族村寨旅游的特征与开发原则 [J]. 黔东南民族师范高等专科学校学报，2005（6）.

点培育的少数民族特色村寨名单。

广西地处山、海、边,少数民族村寨旅游资源的地域特征比较突出,大致可分为四种类型:一是传统民族村寨旅游资源。包括民族服饰、节庆、山歌、铜鼓等民族文化和民俗活动,壮族干栏建筑、侗族风雨桥和鼓楼、苗族木楼等民族传统民居,都是少数民族村寨旅游活动内容,呈现出丰富多彩、趣味横生的民族文化特色。二是长寿民族村寨旅游资源。广西是全国"长寿之乡"最多的省区,以东巴凤为核心区的巴马长寿国际旅游区和以贺州市为核心的桂东区域有着丰富的长寿旅游资源,同时这些区域又是少数民族聚居区,许多"长寿村"同时也是具有浓郁民族特色的少数民族村寨,如巴马的坡纳屯、靖西的鹅泉村、贺州的土瑶村等,少数民族传统养生文化成为广西长寿养生旅游的重要文化资源。可见,长寿民族村寨旅游资源亟待开发。三是海滨民族村寨旅游资源。广西北部湾北海、钦州和防城港三市有非常洁净的海滨,已开发有银滩、麻兰岛游、三娘湾游、休闲渔业游、鱼家乐、沙滩灯展等特色滨海旅游项目。位于广西滨海地区的巫头、万尾、山心京族三岛是我国京族唯一聚居地,京族群众借助岛、滩、海的风光优势,开发了江山旅游度假区、京族海岛旅游度假区,其中京族渔村也是极具滨海特色的民族村寨旅游资源。四是民族村寨红色旅游资源。广西民族地区是富有革命传统的地区,韦拔群领导的农民革命运动、邓小平等老一辈革命家发动和领导的百色起义和龙州起义、中央红军长征的湘江战役等都是广西红色土地的见证。据统计,广西共有各类红色旅游资源单体370多处,在这些红色旅游资源中,不乏民族村寨与红色旅游的结合点,可进一步挖掘和打造。

(二)广西少数民族特色村寨旅游资源开发现状

经过多年发展,广西精心打造并形成了一批少数民族特色村寨旅游的重点景区和精品线路,创建了桂林龙胜龙脊梯田景区、柳州三江程阳侗族八寨景区、融水贝江景区和雨卜苗寨景区等一批国家3A级旅游景区,培育了百色起义纪念馆、崇左龙州起义纪念馆、河池东兰红色旅游区、田东县右江工农民主政府旧址景区等红色旅游品牌,形成了"邓小平足迹"之旅(南宁—崇左—龙州—靖西—

田东—百色—乐业—凤山—巴马—东兰—河池—南宁)、广西少数民族风情游(桂林—资源—龙胜—三江—融安—融水—柳州)、"刘三姐"风情游(罗城—宜州—忻城—柳州)、中越边关探秘游(南宁—龙州—大新—靖西—百色)、世界长寿之乡休闲养生游(南宁—田阳—巴马—凤山—东兰—大化—河池)等精品旅游线路。上述旅游景区和旅游路线的蓬勃发展,无疑带动了区域内少数民族村寨旅游业的兴起。

同时,通过充分发掘民族地区的自然景观、人文特色及周边环境,广西因地制宜成功开发了一批特色鲜明、有影响力的少数民族村寨旅游产品,如以大新德天跨国瀑布景区、百色乐业大石围天坑群景区、靖西通灵大峡谷景区、广西凤山国家地质公园景区、龙胜龙脊梯田景区、柳州市融水县贝江景区为依托的民族村寨生态观光旅游产品;以桂林龙胜温泉旅游度假区为依托的民族村寨休闲度假旅游产品;以巴马盘阳河景区为依托的民族村寨长寿养生旅游产品;以三江程阳侗族八寨景区、柳州市三江县丹洲景区等为依托的民族村寨民俗风情旅游产品;以百色起义纪念馆、河池市东兰红色旅游区为依托的民族村寨红色旅游产品。少数民族特色村寨旅游产品内容和形式已从单一性向多样性转变,旅游产品体系初步建立,旅游产品供给质量不断提高,旅游市场竞争力逐渐增强。

二、少数民族特色村寨旅游资源开发的主要模式

(一)政府主导模式

从严格意义上讲,政府主导下的旅游开发模式实际上是政府主导、市场参与的"政府+"模式,即政府通过政策约束、利益引导和投资管理等手段为旅游开发地创造一个公平、公正的市场竞争环境,引导公司、村集体(如村委会、行业协会、农民合作社之类)、居民等组织或个人参与开发、经营和管理乡村旅游业。目前,"政府主导"模式包括"政府+公司""政府+公司+村集体""政府+村集体+农户""政府+公司+农户""政府+公司+村集体+农户"等多种组合类型。广西在发展少数民族特色村寨旅游过程中也采取了"政府主导"模式。

例如，融水县香粉乡新平村 19 个自然屯海拔各不相同，居住着苗、瑶、侗、汉、壮、水 6 个少数民族，民族风情浓郁，自然风光秀美，具有发展乡村旅游的潜力。从 2011 年开始，融水县交通局对村级公路进行硬化，县扶贫办在 6 个未通路的自然屯全部修建了屯级道路，并扶持发展油茶、厚朴等经济产业；县水产畜牧局对全村连片的 100 亩水田进行田埂硬化以发展禾花鲤养殖；县旅游局对各个自然屯进行景点设计，使该村成为民族村寨旅游的新亮点。2013 年，融水县共接待旅游人数 2.5 万人次。

龙胜县和平乡大寨村地处桂北山区的高山和半高山地带，境内山体陡峭，地势险峻。在当地政府的主导下，大寨村采取"政府＋公司＋村集体＋农户"的模式，以 2300 多亩梯田与桂林龙脊旅游开发有限公司进行合作。以梯田景观资源为股份，由企业对梯田景区进行整体包装，统一管理、统一经营，依托当地妇女喜欢留长发的习俗，以及"红瑶服饰"这一国家级非物质文化遗产，通过挖掘整理当地红瑶的民族文化，充分利用好大寨村作为"中国经典景观村落"的品牌效应，举办"晒衣节"等民族节庆。同时，大寨村还成立了旅游管理委员会，以村民自治为主，配合政府、企业建设停车场、景区步道、民族歌舞场等，开展梯田的恢复维修，举办民族节庆等文化活动，民企关系融洽和谐，形成了人人都是景区股民、人人都是旅游建设者、人人都是形象代言人的良好局面。村民们通过景区分红、土地入股、民俗展示、建设务工、餐饮住宿、特产销售等方式享受到了旅游发展带来的红利。2019 年，大寨村的农家乐达 188 家，共接待游客 81.3 万人次。全村 271 户 1212 人仅旅游门票分红就达 720 万元，带动了全部贫困人口脱贫致富。

（二）景区带动模式

"景区带动"模式通常是风景名胜区利用自身的经济优势，通过提供经营机会和条件、吸纳和帮助村寨剩余劳动力创业或就业、支持落后村寨的基础设施建设等方式，带动景区周边贫困村寨脱贫致富。桂林龙胜的龙脊梯田景区是在"景区帮扶"模式上做得比较成功的范例。龙脊梯田景区周边村寨原本人多地少，经济落后，群众生活困难。随着龙脊梯田景区的快速发展，景区核心村寨——平安寨的道路交通、水、电、通信等问题逐步得到改善和解决，群众的生产、生活条件逐步改善，旅游扶贫带动了村寨群众收入提高。黄洛瑶寨毗邻平安寨，两个村寨相距仅12千米。原先景区宣传的核心景观是龙脊梯田，但游客的最终目的地是平安寨，黄洛瑶寨仅仅是游客的过境地，留不住客源。红瑶妇女只能利用农闲时间进入平安寨，靠出售刺绣、女红以及进行"瑶妹梳头"表演等赚取少许旅游收入。这一情况引起了当地政府和景区的高度重视。2000年，作为龙脊梯田景区投资方的龙胜县旅游开发总公司，规划选择黄洛瑶寨作为龙脊梯田景区红瑶文化的集中展示区，龙胜县旅游局、旅游公司、学者团队和村民代表多次协商、沟通，群策群力进行谋划。2002年，龙胜县旅游局和黄洛瑶寨女性代表到上海吉尼斯世界纪录总部注册了"天下第一长发村"商标，并把这一称号立于村头，公司通过旅游交易会、旅游推介会等形式，积极向各地的旅行社推介"天下第一长发村"，"长发"逐渐成为当地突出的地方形象和著名的旅游品牌。同时，公司还在自身发展过程中通过各种途径为当地居民创造就业机会，如在景区进出口和景区内主要通道的指定位置等区域设立专门的农特产品销售区和创业区，扶持景区附近村民进行特色农家、特色小吃、特色农产品和旅游商品销售等经营活动。黄洛瑶寨的村民也因参加民俗歌舞表演，展示长发梳妆、长发洗涤、长发盘式等民俗活动增加了收入，实现了就地就业、就地脱贫。

（三）试点项目带动模式

试点项目带动模式最大的特点就是"由点到面"的辐射延伸性，即从交通条件、民众意愿、市场认知度等方面进行比较，集中资源打造相对成熟的旅游扶贫产业试点，充分发挥项目的辐射带动作用。近些年，广西从抓个别重点旅游扶贫项目开始，发展到设立专项竞争性旅游扶贫试点项目，起到了良好的引导作用。"十二五"期间，自治区扶贫办首先重点抓好有一定旅游扶贫发展基础的相关项目。2014年,广西投入2000万元财政资金,在旅游基础条件较好的10个县开展旅游扶贫合作试点项目建设。每个项目安排扶贫资金200万元,建设期为1年,主要用于旅游扶贫项目的公共基础设施建设和到户产业开发、旅游设施补助等。位于圣塘山脚下的金秀县长垌乡平孟村委青山屯是此批获得该项目支持的试点村之一,同时又是一个贫困的瑶族村屯,因具备地理、人文、旅游等优势条件,获得了200万元专项资金支持。此外,县政府整合相关部门资金共900多万元,对青山屯旅游扶贫示范点及金平二级公路沿线村屯进行集中打造,交通、接待设施、景观等得到全面提升。据统计,2015年1—5月,青山、马安、溶洞、古占、金村等村屯共接待国内外游客15万人次,旅游收入4500万元,旅游扶贫效应初显,有效地带动了山区贫困群众脱贫致富。

（四）易地搬迁安置模式

易地搬迁安置模式主要是在基本生存生活条件极其恶劣的贫困地区,通过开发、建立异地安置区（点）,将居民迁移到自然资源条件较好、适合生活的地区。靖西市根据部分地区的特殊情况,实施了"异地搬迁安置"式旅游扶贫,取得明显成效。自2014年以来,靖西市实施"一湖一带"水库移民新村示范工程建设,依托水库景区,全力打造宜居、宜游、宜业的水库移民民族新村。通过精心布点规划,综合考虑移民新村示范带创建条件、区域优势、工作基础等因素,靖西市在水库移民新村示范带创建了34个水库移民新村示范点,采取"一村一策"的办法,引导群众开展骑行游、农家乐、采摘园、风光摄影等旅游项目建设,把水库移民新村示范带打造成全县观光旅游和休闲旅游的集散中心。

（五）农旅结合模式

广西少数民族村寨大多处在"老、边、山、穷"地区,当地农民一方面是旅游扶贫的目标对象,另一方面又是参与发展旅游业和提供旅游相关服务的主力军。由于贫困地区财政状况普遍不佳,一般都较缺乏发展旅游业的必要启动资金如果没有农民群众的参与，旅游景区的开发和建设、旅游服务的提供及整个旅游产业的发展都将非常困难。因此，用什么方式引导和实现农民参与旅游业是一个问题。结合广西的区情和农民的生活方式等特点，一些地方采取了"亦农亦旅"这一模式。最适合采用这种模式的是自然风光旖旎、民族文化独特、民族风情浓郁的少数民族特色村寨。这个模式的特点是发展旅游扶贫区域内的村民一边务农一边从事旅游业，在不放弃农业生产的同时发展旅游业。这种模式大多通过村寨特色小商品售卖点、无营业执照的家庭住宿接待、路边特色饮食摊点、抬轿子、搬运行李及周边的人力车等非正式旅游服务，获取一定的经济收益。目前，龙胜各族自治县的金竹壮寨、银水侗寨、白面瑶寨，融水苗族自治县的勾滩、长赖、雨卜、落久等都采取这种开发模式，其带动农民增收的效果比较显著。

第六节　少数民族特色村寨旅游资源开发民生效应及存在问题

少数民族特色村寨旅游资源开发，既涉及文化保护，又关乎村寨发展，其中最根本的是人的发展。只有村民们真正参与村寨旅游资源开发，并从开发中实现收入增加和民生改善，他们才能更加自觉地保护民族村寨和做好文化传承，反过来又促进村寨旅游特色和质量的提升。少数民族群众是少数民族特色村寨资源开发最重要的利益相关者，他们对旅游业的参与和受益对当地旅游业成功与否有着至关重要的影响。因此，少数民族特色村寨旅游资源开发，必须注重村民尤其是贫困村民的广泛参与，才能从根本上解决民族村寨的文化保护和可持续发展问题，村民参与的程度直接决定了村寨旅游资源开发的深度和广度。

一、少数民族特色村寨旅游资源开发的民生效应

(一) 村寨旅游资源开发促进民生改善的正向作用

1. 增加村民收入,创造良好的经济效益

在少数民族村寨旅游资源开发的过程中,政府充分发挥主导作用,制定相应政策,有效引导更多的资源投入民族村寨旅游资源开发,并在资金和项目安排上给予重点支持,推动少数民族特色村寨旅游产生良好的经济效益。2009—2014年,广西壮族自治区民族宗教事务委员会(以下简称"广西民委")共安排少数民族发展专项资金8000多万元,在试点特色村寨实施村屯道路、人畜饮水、特色民居改造、民族文化设施等项目。这些项目的实施改善了村寨旅游开发条件,提升了村寨档次,越来越多的民族村寨入选"中国少数民族特色村寨";广西民委还指导编制特色村寨保护与发展总体规划,在保护好民族传统文化的同时,使广大少数民族群众得到实惠。当地政府部门还通过资金贷款和周转解决村寨贫困居民参与旅游开发的资金难题,并定期组织与旅游相关的技术技能培训,提高村民参与旅游开发的能力和层次,带动村民实现增收,帮助贫困户脱贫致富。除了政府主导作用以外,少数民族群众还参与到村寨旅游开发中涉及的正式企业中任职,包括村寨旅游景区、酒店、旅行社、购物点、交通等部门,获得工资性收入,或者把土地、资本、设施、技术、文化禀赋等量化为股本,入股旅游企业,从中分红获得经济收益。

在对三江侗族村寨的程阳八寨、融水苗族长赖村、雨卜村,靖西壮族旧州绣球村,龙胜和平乡平安壮寨,金秀瑶族自治县古占民俗旅游村及罗城仫佬族自治县中石村几个典型的少数民族村寨村民的访谈中,大部分居民认为旅游开发对地区经济发展有重要作用,尤其是参与当地旅游发展的居民普遍认为旅游开发有利于增加自身收益。从总体来看,村寨居民对旅游开发的正面影响持肯定态度,说明旅游业给当地带来的经济效益明显,突出表现在村民人均收入增长、村寨剩余劳动力转移到旅游行业等方面。但也有个别受访者提出,旅游业发展造成当地物价上涨、贫富差距扩大等负面影响。

2. 改善发展环境，产生显著的社会效益

从被调查地的少数民族村寨来看，无论是参与旅游开发的居民还是未参与的居民，都高度认可在旅游业的发展过程中积极实施的乡乡通油路、村村通公路、茅草房改造和人畜饮水大会战等工程，这些工程使少数民族村寨基础设施建设得到前所未有的改善。旅游者通过给予当地贫困人口物品和资金捐赠，也有可能帮助民族村寨景区对外宣传，树立良好的口碑；旅游者在与村寨贫困人口沟通交流时，带来旅游经营管理的信息和知识，帮助村寨贫困人口提高自身素质、转变思想观念，使村民获得更多的非经济收益。在交流访谈中，大部分居民认为，村寨旅游资源开发有利于本地知名度提升，对外信息交流，生活方式、风俗习惯及传统文化保护。特别是真正参与到旅游业经营的村寨居民与外来游客接触较多，他们认为，旅游业的发展有利于提高他们的普通话水平，增强了他们的服务意识，让他们有更多的机会接收外来信息和技术；同时，他们也感觉到旅游业的发展对地方传统文化的保护有积极作用。例如，融水苗族村寨的坡脚舞、打同年和三江侗族村寨的侗族大歌、抬官人等民俗活动得到了更多人的关注，也在一定程度上激发了当地群众保护、传承并创新该技艺的积极性。

3. 促进绿色发展，凸显高质的生态效益

环境效益主要体现为旅游资源开发对当地生态环境的保护和促进作用，同时对可能带来的一些污染隐患加以防控。在实地考察和访谈中，多数村寨居民表示，旅游开发改善了村里的环境卫生状况。特别是一些村寨把"美丽广西·清洁乡村"活动和少数民族特色村寨旅游开发结合起来，村寨居民乱扔垃圾、乱堆牲口粪便的不良生活习惯大大改变，环境脏乱差的形象得到改善，各村寨居民讲文明、讲卫生的良好风气得以发扬。防城港江平镇巫头村是一个京族渔村，与越南隔海相望，全村 1936 人，其中京族人口占 98%。该村以建设少数民族特色村寨为目标，合理利用现有资源，共投入 150 多万元，对全村进行了别具一格的风貌改造，充分利用贝壳、石头等海洋元素对环境进行装饰和提升。改造后的京族渔村庭院整洁、道路干净、生态优美，知名度、美誉度不断提升，吸引了不少慕名

而来的游客，实现了当地居民的增收，形成了生态、经济和社会效益多赢的局面。但是，随着村寨旅游开发的深入和游客的增多，一些居民也表达了对当地生态环境可能造成污染和破坏的担忧。

（二）村寨旅游资源开发在发挥民生效应方面的不足

1. 村民参与旅游开发范围不够广

从空间范围看，区位条件是影响民族村寨居民获利方式及是否获利的重要因素。在村寨旅游开发过程中，地理位置不同的村寨参与情况差异较大，其获利情况也有显著差异。以柳州市三江程阳桥景区为例，处于核心旅游区的程阳风雨桥所在地的马鞍寨村民，利用其所处的地理位置优势，较容易参与旅游经营活动，部分贫困村民仅依靠房屋出租每年就可获得上万元的旅游收入，而远离核心旅游吸引物、地理位置较为偏僻且相对贫困的其他村寨，如东寨、平坦寨村民则难以参与村寨旅游开发，获益较少，还可能要承受旅游发展所带来的外部经济效应的负面影响，如由旅游经济带来物价上涨而导致的生活成本提高。

2. 村民参与旅游开发层次不高

少数民族特色村寨大多分布在边远地带，开发得较晚，经济发展和教育文化落后。村民文化素质普遍不高，在参与村寨旅游的过程中，他们大多选择那些不需要很高的文化水平和专业技术的工作，很少参与旅游开发决策与规划、监督与管理等较高层次的活动；即使有机会参与，也仅限于村寨个别村民代表象征性出席，在开发规划和决策中，当地政府、外来规划人员、投资者、专家学者和其他的大众媒体更有话语权，当地村民的能力、水平都不足以支撑其真正参与村寨旅游开发的经营活动，甚至有时还会因思想守旧而成为旅游开发的阻碍力量。

3. 村民获得收益有限

民族村寨信息资源落后，村民对村寨旅游了解程度低，实际参与旅游开发活动主要限于服务业、建筑业，少数人能够参与一些小摊点、租车服务等非正式经营活动，收入增长比较有限，同时，还存在获益不平衡的问题。在村寨旅游开发中，往往是那些拥有一定资金、技术、人际关系等资源的村民，能从旅游产业发展中获益。而妇女、老年人、贫困人口等群体，则由于文化水平低、获取旅游开发信息的能力弱，缺乏对政策的了解，甚至有些村民听不懂普通话，与外来游客的正常沟通存在障碍，导致无资金也无能力参与到旅游开发中。

4. 利益分配机制有待优化

民族特色村寨旅游开发中一般包含多个行为主体，各个行为主体因不同的利益而形成相对独立的利益主体。随着村寨旅游业的迅速发展，各行为主体、利益主体之间不可避免地会出现相互间的博弈。一般来说，地方政府在村寨旅游开发中居于主导地位，掌握着制定各行为主体利益分配制度的权利，调解旅游开发商、旅游企业和村寨居民之间的合理利益分配比例❶。现实中，个别地方政府为了吸引投资、留住资本从而加快通过旅游业来带动地方经济发展，往往更容易迁就旅游开发商、旅游投资商的利益诉求，对旅游资源地居民的收益保障关注不够。在一些地区，村寨居民与旅游开发企业之间还没有构建起紧密的利益联结机制或者利益联结过于松散象征性，只能被动地适应外界的安排。在笔者对广西、贵州一些民族村寨的调查中，一些村民也表达了对自己获取的收益分配额度和各村寨收益分配方面的诉求。

二、少数民族特色村寨旅游资源开发存在的问题

广西民族特色村寨旅游资源开发虽然取得了一些成效，但是由于起点低、基础差，在实际推进过程中存在不少问题。

（一）认识存在偏差

一些群众认为，村寨旅游开发由政府主导，因此主动参与旅游开发的主观

---

❶ 巧永莉. 旅游扶贫中贫困人的受益机制研究——以四川民族地区例 [J]. 经济体制改革，2007（4）:92-96.

能动性不强，存在"等、靠、要"思想。许多村民对发展村寨旅游的意识还停留在自给自足的陈旧思维方式上，参与旅游开发的积极性不高。一些地方政府和少数民族群众对传统村寨重要性认识不足，保护力度不够，造成对村寨的人为破坏，使村寨丧失了"原汁原味"；一些地方政府只重视开发大村寨旅游项目，"堆盆景""垒大户"，对支持和鼓励小农户参与旅游开发热情不高。

（二）旅游规划质量不高

由于导致对规划重视不够或规划经费投入有限，再加上能够承担民族村寨和乡村旅游专项规划的机构少、经验少，因此对被规划村寨的文化特点、比较优势研究不足，导致对民族村寨的文化、民俗、特色产品缺乏充分挖掘。同时，民族村寨之间规划思路和规划原则通用，发展思路与理念近似，同质化、低水平重复建设较普遍，旅游形象、目标、定位、产品雷同，创新性、个性化的特色表现不足。另外，在实际中还存在规划与建设"两张皮"的问题。

（三）旅游资源挖掘不够

目前，大多数民族村寨旅游仍以粗放发展为主，旅游收益的增长单纯依赖旅游人次的增加。

一方面，主要是对旅游资源挖掘不够，未形成完善的村寨旅游产品体系，旅游产品大多还简单停留在观光旅游层面，如参观寨容寨貌、欣赏民族歌舞表演、体验"农家乐"、观赏购买民族工艺品等，旅游产品层次低，结构单一，形式陈旧；缺乏参与性强、文化体验性强的旅游项目，游客逗留时间短，盈利空间有限，收益点少，最终影响村寨旅游开发的整体经济效益。以金秀瑶族自治县古占瑶族民俗旅游村为例，该村寨依托当地古老的瑶家习俗、瑶族风情和得天独厚的自然环境开展民族村寨旅游，但只停留在提供食宿、观看民族风情表演的服务内容上，对于那些较强参与性和娱乐性的瑶族文化传统和民风民俗资源的挖掘明显不足，民族特色旅游商品开发滞后，村民增收渠道不多。

另一方面，地方政府对村寨旅游开发项目缺乏长远规划，也缺乏对村寨旅游资源进行深入挖掘和整体塑造的积极性,出现许多跟风开发、重复建设、产品雷同的现象。这样的同质竞争既容易让游客产生审美疲劳,又造成了对资源环境的浪费。

(四)基础设施建设落后

广西大多数民族村寨都处在偏远落后地区,并且大部分处于旅游开发起步阶段,缺乏基本的旅游基础设施,如公共卫生间、停车场、生活污水和垃圾处理设施等,尤其是城市及国道、省道至贫困村连接道路建设大多落后,景区与村寨旅游点之间交通路网建设等级更低,且不同程度存在脏、乱、差的现象。

(五)资金渠道较窄

广西少数民族村寨旅游开发资金来源渠道比较单一,主要是财政资金、集体资金和个人资金,目前也有一些社会资金进入村寨旅游市场。财政资金仍然是主要来源,多渠道投入机制尚未形成。对于村寨旅游扶贫项目,个人资金、集体资金、资本市场资金等社会资金还未将村寨旅游作为投资的目标。由于缺乏有效的村寨旅游投资激励机制,总体上广西还未形成民族地区旅游开发项目的多元化投资机制,这就出现了村寨旅游开发投入不足的问题。

(六)经营管理和服务水平有待提高

目前,民族地区村寨旅游从业人员水平参差不齐,相关部门监督管理不到位,经营管理不规范,主要表现在三个方面:一是旅游项目开办审批不规范,很多项目没有申报,没有统一的餐饮卫生标准和客房配置清洁卫生标准、服务标准;二是旅游扶贫项目从业人员水平比较低,从业人员既是管理员,又是服务员,服务水平低,难以满足游客对高质量服务的要求;三是管理体制不健全,村寨旅游涉及的农业部门和旅游部门管理不协调,政府扶持力度不大,缺乏统一有效的管理模式。

(七) 人才缺乏依然严重

人才是决定民族特色村寨旅游资源开发成效的关键因素。由于历史、自然条件等因素，民族特色村寨村民文化素质普遍较低，人才缺乏比较严重。目前，广西一些规模较大的少数民族旅游景区能够聚集一些管理人才、文艺人才，但是大部分少数民族村寨旅游村屯缺乏各类旅游人才，当地一些非物质文化遗产的传承也后继乏人。相关旅游人才的缺失，是民族村寨旅游资源开发的一大制约因素。

(八) 政策扶持力度不够

2015年12月，中华人民共和国国土资源部联合中华人民共和国住房和城乡建设部、国家旅游局印发了《关于支持旅游业发展用地政策的意见》，广西也出台了《关于贯彻落实中央扶贫开发工作重大决策部署坚决打赢"十三五"脱贫攻坚战的决定》《脱贫攻坚交通基础设施建设实施方案》《脱贫攻坚旅游业发展实施方案》《脱贫攻坚贫困户小额信贷实施方案》《脱贫攻坚增加贫困户资产收益实施方案》等16个文件。但在实践中，民族村寨和乡村旅游发展中旅游用地、金融扶持等措施还不够明确，对民族村寨旅游发展和贫困户的旅游扶贫支持力度不够，财政补贴、税收优惠等鼓励措施也难以吸引社会资本投资于少数民族村寨旅游开发。

(九) 未形成产业规模效应

少数民族村寨一般都处于偏远地区且很分散，一家一户发展的种养业规模很小，很难形成具有较大规模的乡村旅游产品。一旦遇到游客需求量大的情况，村寨旅游的产品供应就会出现短缺。"公司＋基地＋农户""公司＋旅游合作社＋基地＋农户""能人＋合作社＋农户""合作社＋基地＋农户"等多种旅游扶贫经营模式未全面推广，造成了贫困地区的村寨旅游没有形成产业规模效应。

第七节 民族村寨旅游资源开发的优化路径

一、探索合理有效的利益分配机制，实现包容性发展

民族村寨旅游资源开发优化关键在于探索合理有效的利益分配机制，实现包容性发展，让一般农户特别是贫困户能够从旅游发展中实实在在地受益。加快推进利益分配机制创新，针对尚未开发的少数民族村寨，政府要加强引导，鼓励发展少数民族村寨旅游专业合作社或者兴办集体所有的旅游公司，通过资源入股、投工投劳等多种模式鼓励村民主动参与旅游开发，主动服务旅游发展；利用财政扶贫资金对景区景点投资的道路、停车场、旅馆等设施，可以经过合理计算和多方协商折算为贫困户和村集体的股份；鼓励旅游专业合作社吸纳或租赁贫困户山林、果园、土地、房产等生产资料，促进资源合作参股，统一规划建设，实现利益共享；引进外来公司对少数民族村寨进行统一开发时要做好合同风险防控，必须包含兼顾全体村民的利益分配方案；对已经分散开发的少数民族旅游村寨，应当加强旅游开发的规划和管理，引导、鼓励经营者通过建立协会或者合作组建公司，明确村集体对村寨所有的公共资源进行合理收费，或者经过集体与旅游开发公司进行谈判，通过租赁或分红等形式实现对贫困户的辐射带动作用。同时，要加强基层组织能力建设，通过农村基层组织将村民有效组织起来，实现民主协商，群策群力，增强群众参与感和责任感。

二、坚持先保护再发展，优规划重执行

开发少数民族村寨旅游资源要坚持先保护再发展的原则，对少数民族村寨的旅游资源进行划分，通过规划促进有序开发。对不可再生资源的开发一定要慎重行事，条件不成熟的地区可以先保护起来，等条件成熟以后再开发；对可再生的旅游资源开发也要做好评估，坚持适度适量开发。科学规划村寨发展，努力实现旅游发

展规划、扶贫规划和生态环境保护、土地平整、交通发展、水利发展、消防应急、电力和信息发展等相互整合，通过多规合一，提升规划的整体性。少数民族村寨发展规划在编制过程中要尊重群众的主体地位，充分调动群众的创造性和积极性，提升少数民族的文化自觉和文化自信，加强对生态环境、民族文物、传统村落及非物质文化遗产的保护，满足现实生活需要和经济发展需求，在传承中发展少数民族优秀道德文化，增强少数民族村寨的内聚力，结合传统村规民约习俗将村寨发展规划上升为群众高度认可、自觉维护的行动纲领，提高村寨发展规划的执行力。

三、加大基础设施建设，大幅提高可进入性

整合各部门资源，进一步完善路网建设和水运基础设施建设，大幅提高少数民族村寨的可进入性，重点优先规划有优质旅游资源、发展潜力大的民族村寨基础设施。实施"乡村旅游巴士"项目，开通一批由中心城市直达景区和少数民族特色村寨的运营线路，鼓励和支持各县根据实际需要开通县城直达景区和少数民族村寨的运营公交线路，并实现网上运营实时查询和网上售票。鼓励旅游企业和社会运输企业参与游艇项目开发。加强旅游运输宣传和信息化技术使用，将旅游线路和航空、高铁、高速公路等运输方式高效衔接。

结合美丽乡村建设，统筹规划旅游基础设施建设，建设综合性游客服务中心，加强少数民族村寨村容村貌整治，改善供电、供水、消防、通信、环境卫生等基础条件，不断提升少数民族村寨的旅游接待能力和接待条件。进一步加强桂北融水、三江、龙胜等县木制建筑集中的少数民族村寨消火塘灶台改造、电气线路改造、村寨防火道改造、消防供水系统改造这四项防火改造；对新建木制建筑加强防护，通过多种技术手段提高建筑防火等级，有效降低火灾风险。逐步优化少数民族村寨乡村公路、村屯步道、自行车道、标识标牌等交通服务体系，因地制宜建设停车场，改善停车条件。充分利用沼气池等技术改厕，引导少数民族村寨开展"厕所革命"。

四、加强金融支持力度，拓宽融资渠道

进一步深化农村金融改革，发挥各类金融机构服务当地经济发展和扶贫开发的重要作用，推进市场信用体系建设，鼓励发展社区银行、村镇银行、农村资金互助社等新型金融机构，引导和鼓励金融机构在重点景区景点村寨增加网点配置，扩大信贷资金和金融产品的投入。进一步完善和落实农村青年、妇女、残疾人创业小额信贷政策。争取更多的银行贷款、非政府组织资金、各类慈善基金投入旅游扶贫。加强干部和贫困群众的金融知识培训，扶贫工作队、村干部配合金融机构开展金融知识、金融产品的宣传培训推介，协助做好贫困户贷款资料审核、报批、放款和收款等工作，提供"一次性告知""一站式贷款"等服务。

推进村级金融服务终端和贫困户信用评级体系建设。推广田东县"农金村办"模式，实施贫困村村级金融服务终端建设工程，不断扩展金融服务终端；积极支持金融系统进行贫困村农户信用信息评定体系建设工程，支持金融机构及信用信息采集机构采集贫困村及新型农村经营主体信用信息，确保建档立卡贫困户和村寨旅游主要参与者都有信用评级，不断扩大贫困户信贷规模。做好贫困村资金互助社和扶贫贴息贷款工作，建立贫困农户发展产业的担保基金，努力满足农户发展生产的资金需求。有条件的地方积极筹建由政府出资控股参股的融资担保机构，对合作社、贫困户等提供融资担保，对融资担保机构予以补贴。创新投融资体制，进一步引入社会资本参与旅游扶贫移民新村、金融扶贫项目及产业扶贫项目建设，引导民间资本投资农村宽带接入网络建设运营、村级电商服务终端建设，支持农民合作社、家庭农场等进行社会融资扩大生产规模。探索利用互联网金融众筹等方式解决发展少数民族村寨旅游的资金问题。

五、避免同质化竞争，维护民族文化多样性

深度挖掘村寨自身文化特点和比较优势，综合考虑民居特色、产业支撑、民族文化、人居环境、民族关系等因素，走个性化发展道路，努力维护民族文化

多样性。各县区要加强规划引导和资源整合,统筹各村寨的旅游发展思路,突出不同的资源优势,合理划分各村寨内部市场分工和外部宣传策略,分别确立不同的发展主题和村寨特色,避免同质化发展和低层次竞争,主动适应旅游市场需求多样性的发展趋势。加强对当地少数民族文化的挖掘和整理,注重发挥当地文化学者、干部群众的主动性和积极性,特别是要尊重群众的地方性知识,在深入保护和传承非物质文化遗产的同时,大力提升文化品位,提高旅游体验质量,将休闲旅游与文化生活体验结合起来。鼓励艺术工作者和研学机构发挥自身专业优势参与少数民族村寨旅游的开发,提升旅游产品品质和艺术品位。

六、发挥旅游带动作用,培育特色产品品牌

充分发挥广西少数民族村寨山清水秀生态美的优势和民族文化的品牌优势,积极开拓新产品、新业态,推动文化旅游产业科学跨越发展。持续开展"美丽广西"乡村建设活动,扎实有序推进清洁乡村、生态乡村、宜居乡村、幸福乡村建设,支持有条件的少数民族村寨发展面向普通大众的生态休闲旅游,努力践行"两山理论",推动"绿水青山"变成"金山银山",把生态优势转化为发展优势、竞争优势。发掘优秀民族民俗文化,以民间形式开展多种节庆活动,丰富群众文化生活,激活本地旅游需求,提升旅游扶贫。大力发展农家乐、家庭旅馆,合理布局土特产超市、休闲农业园等旅游项目,大幅提升旅游接待能力。

以旅游业为纽带,根据资源禀赋和市场需求打造特色农产品和手工产品,有条件的地方整合其他村寨土地资源适度发展农产品加工业。有计划地发展一批优质特色农产品,合理布局养殖业,推动区域特色农产品按照规模化种植、标准化生产、商品化销售的要求,生产优质产品,支持旅游扶贫企业及农业市场主体创建和申报驰名商标、著名商标。鼓励有条件的地方对传统手工业进行改造升级,实现手工艺品的产业化、市场化发展,加强特色产品的生产展示与营销推广,建立健全少数民族村寨公共服务和商贸物流体系,通过旅游业实现区域特色农产品、手工业品面向消费者的直接销售。面向旅游者发展"订单生产",努力打造自身品牌,严格把控产品质量,形成值得信赖的商誉。

七、主动适应信息化，努力抱团发展

大力实施宽带进村入户，大幅度提高少数民族村寨宽带普及率和无线网络的可利用率，积极引进专业电子商务公司参与少数民族村寨旅游的发展，支持有条件的少数民族村寨建设旅游扶贫电商平台，整合涉农电商平台资源，大力发展少数民族村寨电子商务，建设少数民族村寨电子商务服务和支撑体系，龙头企业或合作组织要主动适应信息化，具备基本的网上销售能力，构建完善的农产品供应体系，促进贫困群众收入持续增加。

政府部门要发挥引导市场的职能作用，促进少数民族村寨旅游和知名景区景点的抱团发展，开展旅游扶贫宣传推广活动，帮助少数民族村寨形成个性化特色，策划开展有民族特色、地方特色的节庆活动，合理安排节庆时间，促进节庆旅游消费。各级宣传部门要引导新闻媒体加强旅游推介和旅游扶贫宣传，通过电视台、电台、报刊、网站和微信等多种手段，结合各地形象，推介少数民族村寨旅游。未直接进行旅游开发的少数民族村寨，可以通过产业联合，合理布局种植业和养殖业，提供其他特色农产品和劳动力参与旅游开发，使各村寨能够共同分享旅游开发成果。鼓励各大电商平台开展旅游电商扶贫行动，对重点少数民族村寨进行在线宣传推广、特产销售、旅游线路营销等。

八、内挖外引聚人气，提升人才培养工作水平

鼓励少数民族村寨农民工返乡创业，利用返乡农民工带回的资金、技术和经营理念参与村寨旅游开发或者种植业、养殖业等创业项目。以加大人才培训深入推进旅游资源开发为重要抓手，以需求为导向，组织实施少数民族村寨旅游人才计划，分级分类加强对少数民族村寨村干部、致富带头人、旅游经营户、从业人员的培训。要实现对旅游从业人员培训全覆盖，整合各部门的培训资源，有计划地根据农户需要完成种植业和养殖业培训，指导和扶持少数民族村寨致富带头人兴办企业和农民专业合作社，增强少数民族村寨和贫困户持续发展的后劲。

鼓励有资质的旅游规划机构、各类智库和结对定点帮扶单位，助力少数民族贫困村寨编制示范性旅游规划。搭建"村企共建"平台，加强少数民族村寨集体与企业或者农民专业合作社合作，通过资产收益扶贫、基地带动、订单合同收购等方式促进贫困户增收和脱贫。积极稳妥开展少数民族村寨扶贫志愿行动，鼓励和支持青年学生、专业技术人才、退休人员、非政府组织和社会各界人士深入少数民族村寨开展创业和技术技能培训等相关服务。

第六章
经验借鉴与启示

第一节 自然资源开发利益分配模式的探索

自然资源开发利益分配问题,是各国各地区在资源开发过程中都普遍遇到的问题。经过多年的实践和探索,各地都积累了很多先进经验。这里我们主要介绍加拿大及其他一些国家资源开发利益分配的经验。

一、加拿大魁北克省水电资源开发利益分配的经验

从历史来看,加拿大自然资源开发经历了殖民者野蛮掠夺、企业主无偿占有和与当地原住民共享利益三个发展阶段。魁北克省是加拿大面积第一大省,人口 730 多万,其中有 8 万多土著居民,包括约 7 万印第安人和约 1 万因纽特人,分属 11 个民族,分别居住在 30 多个保留地和 55 个社区里。由于历史的原因,加拿大法律把土著居民居住的区域分为三类:第一类是保留地,属于土著居民所有,任何人不得侵占,土著居民在这里享受免税等优惠政策;第二类是生产经营地,土著居民在其上进行打鱼狩猎等生产经营活动,在这里开发自然资源必须得到土著居民同意,并且利益共享;第三类是大家共享的公众领土。[1]

---

[1] 李甫春. 加拿大资源开发利益共享政策考察报告 [J]. 当代广西,2005(13).

20世纪70年代以后，魁北克水电公司开始筹划开发北方丰富的水电资源，这一区域属于大家共享的第三类领土。刚开始，魁北克省政府依照惯例把建设水电站所需占用的土地直接划拨给魁北克水电公司，由公司投资建设水电站，所获得收益由公司与政府五五分成。水电项目由于没有考虑土著居民的利益，激起了土著居民的强烈不满。土著居民从拒绝务工到不断对企业敌视和责难，最后还把水电公司告上了法庭，法庭最终宣告了水电公司败诉，土著居民捍卫了对他们所居住区域的自然资源拥有的主体权利。从此，魁北克省政府及水电开发公司开始通过与当地土著居民协调、谈判的途径来解决自然资源开发中遇到的矛盾和问题。土著居民聘请了人类学、社会学、法学等领域的专家团，代表他们与省政府及企业就开发水电、矿产和森林资源的利益分配、生态环境保护、就业机会、工程承包、项目实施等方面内容进行谈判。谈判共达成并签署了3个重要协议及一些小的项目协调和补充协议。其中的内容主要是规范政府、公司和土著居民在自然资源开发项目中的权利和利益关系，以及实现这一利益关系的一些制度、就业、环境等方面的保障。

在詹姆斯海湾的水电开发项目中，协议规定魁北克省政府支付给土著居民3亿加元的开发补偿费，魁北克水电公司分配给土著居民17.5%的投资份额，由土著居民向银行贷款投资，以所分到的17.5%的电量出售收入偿还贷款，50年内由公司包购这部分电力。协议还规定按项目职工总数12.5%的比例吸收当地人就业。❶土著居民按各定居点人数确定投资比例。3亿加元的开发补偿资金使当地土著居民拥有了发展当地经济的原始积累，他们利用这笔钱创办了自己的航空公司、旅行社、探险协会和捕虾船队。航空公司当时每年利润达5000万加币，1992年又收购了加拿大第一航空公司，年收入达2亿加币以上，拥有1000名以上职员，其中有不少土著居民。另外，土著居民还从补偿费中拿出7000万加元用于创办学校、医院及开展就业培训等，以发展公共设施和服务民生的方式让大家共享。

加拿大土著居民社区的经济发展与民生事业，随着水电资源开发而繁荣兴

---

❶ 李甫春. 加拿大资源开发利益共享政策考察报告 [J]. 当代广西，2005（13）.

旺起来，主要得益于加拿大法律对土著居民作为自然资源主体权利的肯定，使土著居民变成自然资源开发参与者和利益共享者。斯卡德（Scudder）认为，加拿大政府在水电资源开发中承认当地土著居民对国家水电事业发展的贡献，并确认了他们的土地权利，采取了与当地土著社区一起公平投资基础上的利益共享策略，确保当地土著社区可以通过土地入股的方式作为水电项目的直接投资者，从而长期分享项目带来的利益。这种方法通过确认当地土著居民介入项目收益的财政权利和股权状态，从而避免了当地社区被重新安置的经济问题和低补偿带来的致贫风险，是对失地居民的一种权利确认。❶

二、其他国家资源开发利益分配的经验

戈米德（Gomide）和钱巴斯（Trembath）对巴西自然资源开发利益分配模式进行了研究，并具体分析了巴西通过修改宪法，规定按比例收取土地使用费并直接分配给州政府和当地政府及被安置区域，从而实现自然资源开发利益共享的做法。随着宪法的改变，巴西建立了一整套法律制度，按照一个明确的改革时间表，通过明确的法律授权和明确数量的土地使用费转移，把新的原则运用到实践中，并在联邦政府和州政府之间确定一个可接受的资源分配比例。此外，巴西也不断提高资源税标准，其矿山企业综合税费负担水平约在 10% ～ 15%，同时对按一定公式计算的超额利润加征 10% 的超额利润税。安格略（Egre）指出，巴西大约 90% 的水电厂土地使用费被直接分配给州和政府当局，并且水电厂的土地使用费在其生存期内一直被缴纳，这有利于提高被影响区域的可持续经济发展能力。❷

爱洛生（Eronsson）和安格略（Egre）研究了挪威水电开发的利益分配模式，指出"特权税行动"是一个关键性的相关法律，可以确保当地社区从电力公司得到新的更高的回馈税赋。挪威政府还要求电力公司按成本价来为当地提供 10%

---

❶ 覃娟 . 一个综述：国外自然资源开发理论与模式 [J]. 学术论坛，2014（8）.
❷ 同上。

的电力,属于当地政府的公司被要求交出所有的红利给当地人民。安格略和范·维克林论述了哥伦比亚水电开发项目通过土地使用费和税金转移实现利益共享。哥伦比亚法律不仅规定了税金的比例,而且明确规定税金的投向,或者投向社会发展活动,或者投向环境保护,如转移到为促进当地投资发展而富有成效的水资源节约和灌溉、流域维护、植树等领域。他们认为,这种利益分配模式有助于延长水电厂的寿命(比如控制沉积),也是提高当地人民福利的一种方法。❶

日本为了减少资源开发带来的土地征用,从而缓和与当地居民之间的紧张冲突,从20世纪末进行了土地租借的实践,具体做法包括对土地所有者的先前补偿租金和后续定期的土地租金。那塔亚玛(Nadayama)和弗鲁亚士奇(Furuyashiki)认为,日本采取的先前补偿租金可以首先保障受影响人口有财力去转变生计和投资不以土地为基础的生产活动;后续定期租金作为对先前补偿的一种补充,即使在受影响人口新的生计转换不成功或者生产不能自足的情况下,也可以为他们提供可持续生计发展的长期保证。❷

美国从1990年开始对过去在水电资源开发中受影响的印第安人进行"追溯性补偿"。1994年,美国国会通过决议,对在20世纪40年代大峡谷水坝中受到影响的印第安人科尔维部落一次性赔偿5400万美元,并且每年还要付给1500万美元的电力分成。在提高税收征收比例方面,澳大利亚于2011年6月公布了酝酿已久的矿产资源租赁税草案,提议对澳境内铁矿和煤矿所产生的利润,征收30%的税。印度继将铁矿石出口税率从10%提高到15%以后,还在考虑向铁矿石企业征收暴利税。❸

---

❶ 覃娟.一个综述:国外自然资源开发理论与模式[J].学术论坛,2014(8).
❷ 同❶.
❸ 关礼,董世军.广西有色金属资源税从价计征改革研究[J].地方财政研究,2011(11).

第二节　资源开发促进经济发展的经验与思考

资源开发所在地可以凭借自身的资源禀赋优势培育新的增长极，通过体制机制创新、技术创新等手段，形成具有比较优势和竞争优势的产业，加快推进产业集聚的速度，从而带动整个区域经济的高速发展。然而，也有可能会出现另外一种相反的现象，就是资源开发所在地陷入"资源诅咒"，经济增长速度远远落后于资源贫乏的地区，甚至出现衰退。国内外许多地区的实践也都证明了资源富集区的发展有可能出现这样"冰火两重天"的局面。

一、荷兰的天然气资源开发与"荷兰病"

20世纪60年代以前，荷兰已经是一个以制造业为主的工业化国家。后来，在荷兰海岸线勘探发现了大量天然气资源。荷兰政府紧紧抓住这一意外财源，大力发展天然气产业，迅速成为以出口天然气为主的国家，国际收支出现顺差，经济显现繁荣景象。天然气开发带来的暴利使劳动力和资本迅速转向资源出口部门，使其他制造业部门不得不花费更大的代价来吸引劳动力，造成制造业劳动力成本上升，严重打击了其他制造业的竞争力。同时，资源带来的财富使荷兰国内创新的动力快速萎缩，对天然气资源依赖的程度不断加深。另外，由于出口自然资源带来外汇收入的增加，使荷兰货币升值，再次打击了制造业的出口竞争力，出现了资源转移效应。在资源转移效应的影响下，荷兰制造业和服务业逐步萎缩，走向衰落。到20世纪70年代，由于国际市场价格波动等一系列因素，过度依赖资源产品出口的荷兰遭受到通货膨胀上升、制成品出口下降、收入增长率降低、失业率增加的困扰。20世纪80年代初期，荷兰发生了一场前所未有的经济危机，使其经济发展长期处于低迷状态。荷兰自然资源开发引起的这种状况，是在所有资源初级产品出口急剧增加的地区都有可能出现的一种普遍现象，被国际经济学界称为"荷兰病"。

二、美国加利福尼亚州的油气资源开发与经济发展

加利福尼亚州位于美国西部，20 世纪以前其经济发展水平在美国处于十分落后的状态。20 世纪 20—30 年代，由于发现并开采了石油资源，加利福尼亚成为美国最主要的产油区。在石油开发的推动下，该地区的经济开始腾飞。与荷兰资源开发的状况不同，加利福尼亚在石油产业繁荣发展的同时，制造业规模翻了两番，新兴工业随之崛起，为后来形成部门齐全、产品种类繁多的发达制造业体系打下基础。目前，加利福尼亚州制造业产值及其就业人数均居全国第一位，主要有航天、电子、石化、汽车、军火、食品加工、造纸和印刷业等。在加利福尼亚州，洛杉矶地区为美国西部最大的制造业中心，以航天及石油开采业为主；圣弗朗西斯科及圣迭戈也是重要的制造业中心；硅谷圣克拉拉谷地以电子工业发达著称，中央谷地为食品加工业中心。加利福尼亚州的农业优势也很突出，它是全美农业最发达的州，农牧产品多达几百种，也是全美三大木材生产州之一。

加利福尼亚州之所以可以有效规避"资源诅咒"的陷阱，主要是因为他们重视科技创新，坚持把资源开采的一部分获利投入与资源相关的研发活动中，建立起世界一流的石油化工研发基地。加利福尼亚州不再单纯是油气资源初级产品的输出地，而是转变为世界化工技术领域的领头羊，该州的壳牌、和道、标准石油等大公司成为世界石油化工技术发展的主要推动力。同时，加利福尼亚以油气资源深加工为契机，实现了制造业从传统的粗放型生产向高技术含量制造业的转变，带动了电力设备、制糖、汽车、食品加工等制造业的产业升级和发展。

三、我国内蒙古鄂尔多斯资源富集区发展的实践与探索

内蒙古鄂尔多斯市煤炭探明储量和天然气探明储量分别占全国的 1/6 和 1/3 多，还有全国最大的整装气田——苏里格气田。从 20 世纪末开始，鄂尔多斯的资源开发步伐加快，鄂尔多斯四宝"羊（绒）、煤（炭）、土（稀土）、气（天然气）"中，除了羊绒外，其他的都是从地下"要财富"。从 2000 年算起，鄂尔多斯的经

济总量快速增长,从过去的"草原明珠"到如今被称为"黑金之城"。

资源产业的繁荣带动了鄂尔多斯地区性工资水平的提高,随之而来的是高消费,这直接导致该市支柱产业羊绒行业受到挤压,大量熟练工流失到其他工资水平较高的行业,影响了羊绒产品的质量和企业的生产效率。羊绒产业的萎缩,不仅有市场的原因,也与全市经济结构的变化有关。鄂尔多斯随后几年大力发展的服务业也都属于生产型服务业,其围绕煤炭、化工等高利润行业,依赖煤炭繁荣。一旦煤炭行业萧条,鄂尔多斯的第三产业就会萎缩。传统劳动密集型产业发展受限,为将来就业问题埋下了隐患。当资源枯竭、煤炭暴利消失的时候,"荷兰病"就会不可避免地到来。同时,资源开发导致鄂尔多斯的环境污染不断加重。

为了避免重蹈许多资源型城市因资源枯竭而陷入困境的覆辙,鄂尔多斯市提出"依靠资源,而不依赖资源"的口号。该市探索通过实施科技创新战略,加大经济发展方式转变。在科学合理开发煤炭、天然气等传统能源的同时,加快发展太阳能、风能、生物能等清洁能源,大力开发利用沼气,推进经济结构转型,构建适应低碳经济发展的产业体系。随后,该市建设了世界第一条煤直接液化、国内第一条煤间接液化生产线,拥有超千万吨的煤化工、天然气化工和氯碱化工生产能力,成为全国首个亿吨级现代化煤炭生产基地,初步形成煤—油、煤—气、煤—醇等产业链;在新能源产业发展方面,形成了风电、太阳能发电、生物质能发电等产业。在"十三五"发展规划中,鄂尔多斯提出推动资源型产业延长产业链条、转化增值,同时加快装备制造业、战略性新兴产业、现代服务业、文化旅游业、大物流业、健康养生产业及现代农牧业等非资源型产业规模化、集群化发展,努力摆脱对资源的依赖,打造多元发展、多极支撑的产业格局。

第三节 结论和启示

多年来,由自然资源开发所引起的经济发展和民生矛盾为各国政府和各界研究者所关注。根据国内外自然资源开发的实践和经验,我们可以得到一些结论和重要启示。

第一,"资源诅咒"现象既不是必然发生,也不是不可避免。自然资源到底是一种"祝福"还是一种"诅咒",主要取决于国家和地区的制度设计、政策环境及资源的特征等。自然资源开发首先要有利于当地经济发展和社会进步,惠及当地民生,才能保证顺利开采和得到利用。这已经成为各国各地区在自然资源开发当中普遍认同的基本原则。在这一原则框架下体现的政治意愿和政策走向显得至关重要。❶

第二,从法律框架上明确和界定当地居民对于自然资源开采的权利状况,有利于从根本上明晰国家、企业、居民三方的责、权、利,从而在利益分配中减少纷争、消除矛盾。同时,不能忽视对受影响群体可持续生计的重建和关注,这从一开始就应该纳入自然资源开发总体思路予以通盘考虑。在各种分配和重建方式中,在保证受影响群体得到基本、长期补偿的情况下,进一步把受影响群体充分参与利益分配与生产恢复的制度和能力建设作为主要方面,将会使生计重建更加具备可持续性。❷

第三,由于对自然资源的过度依附,资源富集区经济体制与科技开发很容易失去变革、创新的动力,从而被锁定在某种不自由、不发达的状态。制度和科技创新是资源富集区摆脱"资源诅咒",保持持续繁荣发展的强大动力。以自然资源开发为契机推进产业结构多元化发展,对资源开发地的经济和民生的可持续发展至关重要。资源富集区如果过分依赖资源产业,就会导致综合抗风险能力的降低,容易陷入发展的误区。要重视长远发展,在资源开发兴盛时期就应该着手规划和培育多元化的产业体系,未雨绸缪。

第四,民族地区资源开发地要选择科学的经济增长方式,提升资金管理水平,加强技术创新,关联产业培育、产业生命周期延续及生态保护等方面的自我发展能力建设,从而摆脱资源型地区发展的束缚,走向可持续发展之路。

---

❶ 覃娟.一个综述:国外自然资源开发理论与模式[J].学术论坛,2014(8).
❷ 同❶。

第七章
资源开发惠及民生的发展策略

经过改革开放后 30 多年的飞速发展,中国在 2010 年超越日本成为仅次于美国的世界第二大经济体,取得了令世人瞩目的发展成就。不可否认,多年来我国西部民族地区的自然资源开发为我国实现经济腾飞提供了不可或缺的能源支撑和丰富的原始积累,提供了有利的基础条件和可能的发展机会。可以说,资源开发地及当地群众为国家建设和经济繁荣做出了巨大贡献。然而,部分民族地区目前仍处于经济社会发展相对落后阶段,人民生活还不富裕,甚至一些群众还处于由资源开发带来的相对贫困的影响中。如今,民族地区自然资源开发项目仍不断开工,多年来制约资源开发地民生发展的矛盾和问题在新的开发项目中依然存在,改革自然资源开发利益分配机制、维护资源开发地群众的主体权利和利益是资源开发中亟待解决的问题。

在大规模推进精准扶贫"决不让一个少数民族、一个地区掉队"的全面小康建设背景下,让资源开发地人民能够分享更多的经济发展成果,已经具备了较强的物质基础和一定的制度保障。充分重视并实质解决长期以来民族地区自然资源开发惠及民生的问题正当其时。

第一节 把惠及当地民生纳入自然资源开发的核心价值理念

民族地区资源开发的利益相关者必须共同树立一些核心价值理念，这些价值理念不是建立在计划的强制性和单纯的市场性基础上，而是要充分考虑社会公平与和谐发展。国内外实践证明，自然资源开发要利于当地经济、惠及当地民生，这是自然资源开发必须遵循的一个核心价值理念，从一开始就应该纳入整个资源开发项目的指导思想。以这一核心价值理念为引领做出的制度安排和政策导向，才有可能使资源开发地避免坠入"资源诅咒"的泥潭从而导致人民生活更加困苦。

一、树立自然资源开发"补偿—赋权—受益"的民生理念

民族地区自然资源开发项目移民和生产安置规划设计的指导思想，不能再单纯地以补偿资源开发地群众的损失为目标追求，而是要在至少保证维持其原有生活水准的基础上，赋予资源开发地群众参与资源开发利益分配的主体权利。要在保证其损失得到相应补偿的基础上实现其从资源开发项目中受益的目标，从而为下一步的生产生活创造可持续发展的环境和条件，减少由此产生的社会矛盾，把互相博弈的不同利益方变成利益共享、风险共担的合作伙伴。无论是政府、企业，还是社区、居民，都应该把这一理念贯穿到自然资源开发管理和利益分配的整个过程，形成统一共识。

二、从法律和政策上明确资源开发地社区及居民参与利益分配的主体权利

要从法律框架上明确和界定资源开发地社区及居民参与自然资源开发利益

分配的主体权利,从具体法律条款和政策文件中明确规定社区及居民作为资源开发项目天然合作者的身份。充分尊重社区及居民的选择权、知情权、参与决策权和优先受益权,有利于从根本上明晰国家、企业、社区及居民的责、权、利,从而在利益分配中减少纷争、消除矛盾。值得强调的是,这里所说的社区,包括代表居民利益的组、村、乡镇等不同层级的农村集体经济组织或社区居委会。

目前,我国法律框架和政策文件,尚无对社区和居民参与自然资源开发主体权利的明确规定。只有《中华人民共和国民族区域自治法》第 65 条规定:"国家采取措施,对输出自然资源的民族自治地方给予一定的利益补偿。"这只是一条补偿性质的条款。2015 年,《中华人民共和国国民经济和社会发展第十三个五年规划纲要》和《中共中央 国务院关于打赢脱贫攻坚战的决定》提出,对在贫困地区开发水电、矿产资源占用集体土地的,试行以给原住居民集体股权方式进行补偿,探索对贫困人口实行资产收益扶持的制度。2016 年 9 月,国务院办公厅印发了《贫困地区水电矿产资源开发资产收益扶贫改革试点方案》,虽然这只是一个试点方案,但第一次以政策文件的形式明确了资源开发地原住居民可以股权形式参与资源开发的利益分配,这是我国自然资源开发利益分配模式的一大探索与进步。然而,其最大的缺陷在于,试点方案仅限于以土地补偿费量化入股资源开发项目,形成集体股份参与分红,土地补偿费仍一直以普通农用地的年产值为标准来计算,而不是按照享有自然资源超额利润的级差地租计算方法,也就是说,对土地价值的衡量只是出于农业产出的收益,而不考虑土地的商品属性,这种做法明显低估了资源开发地土地的市场价值,难以保障社区及居民能够在自然资源开发项目中获得合理的股权收益。

因此,本书建议,一是按照市场经济原则和级差地租理论,聘请专业评估机构及专家学者等组成专门评估小组,对资源开发项目占用的土地价值进行市场化评估,评估结果经过利益相关者特别是社区及居民、企业协商认可后,折价入股分红。

二是应充分考虑在资源开发项目建设期和营运初期企业没有红利的现实,为解决前期被占用土地居民的生计问题,可按土地年产值标准来支付土地租赁费用，直至当地居民获得项目分红，这部分土地租赁费用可纳入项目建设成本。

三是推进修改相关法律条款，明确对资源开发地特别是民族地区的资源开发地及居民作为主体参与利益分配的权利，这不同于补偿，而是真正实现由补偿到"赋权"的转变，从法律上把资源开发地社区及居民的主体权利和利益共享资格给确定下来。

三、以建立和完善合作关系共创资源开发项目的可持续发展

正确界定企业、政府和社区及居民在自然资源开发过程中的关系，是推进资源开发项目可持续发展的重要基础。本书认为，企业、政府和社区及居民之间应该属于一种合作开发的关系，既不是上下层级也不是竞争关系，而是合作者之间的关系。建立合作关系的基石是实现尊重、规范合作、紧密协商与平等互利。

一是实现对法律框架和法定权利、不同观念价值、当地习俗和各方承诺等的尊重，要强调各权利主体的平等表达，特别是要保证社区及居民对资源开发利用、维护自身利益和生态环境保护的全程参与，尊重社区及居民的权益和意见。

二是合作关系要在法律框架下以协议的形式正式形成，协议应成为将各方共享的理念转换为相应行动和固定收益的手段。将契约精神引入资源开发项目非常必要，可以充分保障各方获得互利互惠的发展机会，进一步建立良好和谐的合作关系。

三是建立各方长期交流、平等协商的平台和机制。没有放之四海而皆准的解决良方，资源开发项目千差万别，矛盾和问题也会不断出现，需要政府、企业和社区群众的共同参与、共同协商、努力合作，实现尊重、沟通、善意与认可。通过建立利益相关者长期交流和平等协商的平台机制，加强交流，及时表达和了解各自的利益诉求，有利于依据特定社区和项目为建立或适时调整不同形式的合作方式创造机会。

四是建立预防和解决争端的机制。在开展对话、协商和谈判的同时，积极引入市场调节机制、公共听证会和法律解决争端的方法，规范合作关系的发展。

第二节　创新民族地区资源开发惠及民生的管理机制

坚持创新、协调、绿色、开放、共享五大发展理念，通过机制创新推进主要领域的管理体制改革，促进民族地区自然资源开发惠及民生的可持续发展。

一、改革中央与民族自治地方利益分配制度，提高民族自治地方分成比例

在资源开发过程中，要兼顾中央与民族自治地方利益，尤其是要体现对民族自治地方分享资源开发成果的保障和优惠。过去，国家税费政策中唯一明确突出对民族地区资源开发利益分享照顾的政策是，矿产资源补偿费由中央与民族自治地方按四六分成，而其他省、直辖市只能分到五成。后来，民族自治地方的矿产资源补偿费这项优惠政策取消了。要加强对这方面的研究，探索通过多种途径实现对民族自治地方在自然资源开发过程中的政策优惠与扶持。对于资源开发企业所缴纳的增值税部分，建议中央与民族自治地方分成比例由原来的 75∶25 调整为 50∶50，即民族自治地方对当地资源开发增值税的提留比例由过去的 25% 提高到 50%，并且明确规定增加的这部分收入要返还到县区财政，且只能投入当地社区及民生发展，保证地方政府发展、改善民生事业的财力水平和能力。同时，创新中央企业、地方企业平等开发和经营的模式，给予地方在开发自然资源方面的一些自主权和灵活性，提高地方财政收入水平。

二、扩大民族自治地方税收立法收益权，提高民生事业财力保障

要创造条件让民族自治地方用足用活《中华人民共和国民族区域自治法》

赋予的财政经济自治权，特别是要明确和扩大民族自治地方的税收立法权、税收收益权。这不仅有利于增加民族自治地方财税收入，有利于妥善处理中央与民族自治地方的财政关系，而且有利于充分实现民族自治地方的自治权，有效落实民族区域自治制度。涉及民族地区自然资源开发税收管理制度的改革，要以切实保障和增加资源开发地及居民权益为出发点和根本原则。一是建议在民族地区资源税从价计征的改革中增加保底条款，保证从价计征后的资源税收入水平至少不低于过去从量计征水平，否则按从量计征方式收取。按过去从量计征的资源税率虽然偏低，但资源税仍是除了增值税以外，民族地区资源开发地财政收入最多的税种，而且改革后的资源税实际还包含了矿产资源补偿费，因此必须设立保底条款来保证资源开发地资源税收入水平不降低，防止出现明升暗降。同时，鼓励探索资源税从储量定系数和从价计征相结合的方式，以体现资源稀缺性和避免市场价格波动带来的税收波动幅度过大。二是可参照巴西的经验，对在民族地区的自然资源开发项目按一定公式计算后的超额利润加征10%的超额利润税，用于投入资源开发地民生发展。

三、调整中央与资源开发地方的事权财权，实现事权财权相匹配

在原有体制下，政府核算体系、企业会计核算体系及政府间事权、财政的划分，都没有把资源开发地的环境成本、社会发展成本及维稳成本纳入。在新形势下，这种原有的工作机制面临较大的挑战，亟须改变。针对民族地区资源开发地方的特殊性，按照分类指导的原则，对中央与地方财权事权进行合理调整，在适度加强中央事权的同时，明确中央与地方共同事权，明确区域性公共服务为地方事权，调整中央和地方的支出责任，逐步理顺中央与地方收入划分，合理配置中央与地方的财力结构，解决公共服务职责与财权不匹配、支出管理责任与财力不匹配的问题，提高资源开发地方政府服务民生的保障和能力。可增加专门针对民族地区资源开发地方民生事业发展的专项转移支付资金，用于支持资源开发地

的基础设施建设、产业发展、生态保护等,提高公共服务水平。

四、完善资源有偿使用和生态补偿制度,促进经济与环境协调发展

良好的生态环境是最普惠的民生福址。要贯彻落实党的十八届三中全会明确提出的"实行资源有偿使用制度和生态补偿制度。加快自然资源及其产品价格改革,全面反映市场供求、资源稀缺程度、生态环境损害成本和修复效益"要求,推进资源开发地生态环境改善。

一是切实把使用资源付费和坚持"谁受益、谁补偿"原则落实到资源开发项目中。建立和完善资源开发地与受益地区之间的开发补偿机制,将"受益者分摊"原则纳入资源补偿体系,规定资源的使用者要给予资源输出地一些经济补偿并承担一定的环境治理费用,推动地区间建立横向经济补偿和生态补偿制度。例如,大化的水电资源主要供及广东地区,可以以大化为试点,研究如何构建两地之间在资源开发利用方面的横向经济和生态补偿制度,包括明确经济和生态补偿主客体、确定补偿标准、规范补偿流程等。

二是坚持"谁污染环境、谁破坏生态谁付费"原则,推进资源开发过程的环境治理。要推进有约束力和强制性的资源开发法制建设,形成配套的环境监控法规系统,而且立法和执法能力要同步建设。要强调对不同资源开发主体保护环境的法律监督。建立吸引社会资本投入生态环境保护的市场化机制,推行环境污染第三方治理,确保资源地生态环境得到修复。可成立以中央和广西财政为主体的生态效益补偿基金,同时整合市级财政、生态赔偿罚没款及民间资本等,强化资源开发地生态保护的资金支持。❶

三是加快自然资源及其产品价格改革,建立健全居民生活用电阶梯价格制度。特别是要支持民族地区水电资源开发地实行直供电改革,发电企业要适当照顾资源开发地经济发展和居民生活的用电需求,双方通过协商协议的形式,直接

---

❶ 覃娟.民族地区自然资源开发与民生保障——以百色市矿产资源开发为例[J].经济与社会发展,2014(4).

洽谈购电量和直供电价，实现产销直接见面、直接交易，打破电网企业的市场垄断。建议参照挪威经验，要求电力公司每年按成本价为当地提供10%以上的电力，确保资源地经济得到长足发展，资源地居民能够从中受益。

第三节 推进受影响人口的可持续生计重建

受自然资源开发项目影响的人口包括库区矿区移民、失地农民等，帮助这部分人口重建生计方式并提高可持续生计水平，是降低资源开发项目的负面影响、减少矛盾与纠纷、改善当地民生的重要内容。

一、加强可持续生计重建的制度能力建设

受影响人口的生计重建，不能只考虑补偿赔偿金的问题，还要研究来自制度变革的要求，提高重建可持续生计的制度保障能力。制度能力建设是加强可持续生计重建的基础。

一是要加强对移民安置规划和征地规划编制的管理和要求，把受影响人口的可持续生计重建纳入规划编制的内容，强调生计的可持续性，而不是只设计补偿赔偿内容，并以制度形式确定下来。对规划编制要实行问责制，与实际情况有重大偏差导致移民和生产安置难以为继的要追究编制单位责任，使规划一开始就具有较高的科学性和可操作性。

二是建立受影响人口生产生活基本保障制度。就库区而言，要从多渠道保证长期补偿的资金来源，按照"企业上网电价提一点、中央政府补贴一点、地方财政支持一点、扶贫帮扶援助一点"来保障，同时还要建立企业和政府投入长期补偿资金的增长保障机制，形成资金投入逐年增长的制度化措施。对于过去老库

区由于补偿费太低造成的历史遗留问题，还可以借鉴美国的水电开发经验，运用"回溯性补偿"的理念来加以解决，即国家出台相关政策要求在水电开发中已经取得良好效益的企业对过去移民的历史欠账进行追溯补偿。也可以通过建立企业、地方政府与社区居民之间的沟通协商机制来商讨追溯补偿的方式和规模。从库区来看，要进一步完善矿区受影响人口的生活补助制度，借鉴库区长期补偿经验，对受影响人口实行长期补偿，直到通过土地复垦后，还给农户为止。此外，要加强库区矿区受影响人口生计发展与精准扶贫工作的有效衔接，把受影响人口的生计发展纳入扶贫开发工作中，并与城镇、农村最低生活保障挂钩。

三是建立受影响人口的就业培训制度。对受影响人口进行免费的职业技术培训，可由资源所在地与资源受益地区之间进行就业培训和就业安排帮扶，有计划地组织受影响人口到资源受益地区或企业培训。资源开发企业有义务优先录用受影响人口，双方可以通过协商谈判确定优先用工名额，明确优先用工条件和程序，并形成制度固定下来，确保受影响人口可以优先得到用工照顾。也可以在条件适宜的地区划出三产用地，规划建好交易市场及配套设施，为受影响人口创业创造条件。

四是建立受影响人口的社会保障制度。提高受影响人口在教育、医疗、养老等方面的社会保障水平，可以通过协商谈判，将土地补偿费直接划入受影响人口的社保账户，或者以企业出资和受影响人口自筹相结合的方式为受影响人口缴纳社保费用。

二、通过参与式发展提高受影响人口自我发展能力

在可持续生计重建中，帮助受影响人口提升自我发展能力是核心内容。

一是建立受影响人口发展投资基金。借鉴加拿大魁北克省水电资源开发的经验，对于集体土地部分的赔偿资金或者农户个体的土地补偿费，在自愿原则下，用于设立社区发展投资基金，同时规定企业每年从利润总额里拿出一定比例投入这个社区发展投资基金。基金主要用于发展产业，提振集体经济，为帮助受

影响人口重建生计提供资金支持。

二是结合精准扶贫，强化参与式发展理念，提高受影响人口的发展能力建设。以市场为导向，鼓励多种形式的产业组织形式，创新多元化的生计发展模式，建立"公司+合作社+农户""公司+基地+农户+市场""中介组织+农户""经济能人+合作社+农户""专业批发市场+农户""家庭农场主+农户""基地+农户+电商平台"等形式多样的利益联结机制，鼓励受影响人口与集体组织、专业合作社和企业形成利益共同体，保障受影响人口的经营权、知情权、选择权、参与权和监督权，共同推进产业开发和生计重建。

三是建立创业动力机制，鼓励参与大众创业、万众创新，激发生计重建和创业的热情。结合国家"互联网+双创"的发展战略，把众创、众包、众扶、众筹等新理念引入生计重建，鼓励有条件的地区推进建设一批低成本、便利化、全要素、开放式的众创空间和创新创业社区。建立创业扶持和激励机制，实施创业扶持计划，从资金和政策上扶持有条件、有自我发展能力的受影响人口自主创业，寻找新生计模式，建立创业联盟，抱团发展。加强社区文化建设，提高可持续生计重建的主体观念。以提高接受信息和与外界沟通交流能力为主要目标，不断提高社区公共文化服务水平。

三、通过可持续的区域经济发展为受影响人口创造更多发展机会

注重转变经济发展方式，通过实施优势资源开发利用战略、技术创新战略、特色产业发展战略等，在促进传统资源型产业开发的同时，促进产业升级，带动新兴产业发展。加强淘汰落后产能，促进传统产业升级改造，发展低碳经济。通过技术创新，大力发展优势资源型产业的下游深加工产业，延伸产业链。特别是，在资源开发期就要着手培育替代产业，大力发展新兴产业和独具地域文化的特色产业，努力形成多元发展、多极支撑的现代产业体系，突破资源型城市产业结构单一的桎梏，有效规避"资源诅咒"的陷阱，为资源开发地居民创造更多的

生计方式选择和就业发展机会。例如，靖西市在"十三五"规划中第一次主动放低了铝资源产业的发展比重，提出了要从有限资源开发向无限资源开发转变，因地制宜大力发展口岸经济和旅游经济，确保全市占据区域发展制高点。强调要从富县到富民转变，从工业推动向三产推动转变，加大对农业农村的扶持力度，为居民创造更多的发展和致富机会。

第四节　强化资源开发企业社会责任及其监管体系

我国经济发展已进入新动力、新矛盾的转型阵痛与新动力系统构建叠加的新常态期，靠大量消耗资源和水环境来维持经济快速增长的路子已经走不下去。在经济发展新常态背景下，资源开发企业更好地履行社会责任，将是推进资源开发地经济和民生可持续发展的重要保证。

一、强化企业履行社会责任的自律机制

自律机制是企业约束自身行为以符合社会法律和道德规范的自我控制机制。特别是在民族地区这样一个生态相对脆弱的特定区域内，开发自然资源要求企业具有更强烈更自觉的社会责任感，不仅要主动支持地方经济社会及民生事业发展，建立和谐紧密的合作关系；还要自我规范开发行为，节约利用资源，保护民族地区的生态环境。这事关民族团结和边疆稳定的大局。要通过监管、协商、社会舆论等方式帮助企业提高履行社会责任的专业化水平和制度化建设，引导资源开发企业自觉履行社会责任，树立"履行社会责任为荣，不履行社会责任为耻"的荣辱观。要追求社会价值、经济价值、环境价值的共赢，从而实现企业履行社会责任的制度化和可持续发展。资源开发企业履行社会责任，就是要严格遵守国家的法律法规，不偷税逃税，以为国家和地方贡献更多的财税收入为荣；尽量降

低单位生产能耗，切实提高产品质量，维护消费者权益；保障员工职业健康和人身安全，提高员工福利保障，维护员工合法权益；尽可能降低和减少污染，保护生态环境；要尽力尽量参与和支持地方的公益事业发展，帮助当地群众改善生产生活条件，建立和维护和谐共赢的地企、政企关系。

二、构建企业履行社会责任的约束机制

企业履行社会责任的约束机制主要通过政府监管体系来实现。一是严格履行监管职责，重视和规范民族地区自然资源开发秩序，控制开发强度，规范企业的资源开发行为。建立健全资源开发重点产业发展的统计指标、监测和评价体系，掌握产业发展进程。督促企业提高环境保护自律意识，规范企业环境行为。二是通过降低企业履行社会责任的成本，提高监管效率。要加强宣传引导和政策、法律调控等措施，促使企业自觉履行社会责任。三是提高相关部门的执法能力和执法力度，推进环保处罚权力和力度的下沉，提高环保部门监管的相对独立性，加大对不履行社会责任行为的处罚力度，提高企业不履行社会责任的成本。四是形成政府部门多层次、多渠道、全方位的企业社会责任监督和推进体系，强化行业协会等中介组织的管理能力，协调非政府组织在企业社会责任推进中的作用。❶ 五是加强企业社会责任立法，使企业特别是在民族地区开发自然资源的企业在履行社会责任时有章可循、有法可依。

三、探索建立资源开发企业对当地居民的直接支持机制

建立资源开发企业直接支持当地居民发展的机制，可以让居民直接感受到来自企业的帮扶，进一步融洽地企关系、政企关系，促进资源开发的和谐发展。一是在条件允许的范围内，鼓励资源开发企业以带项目、带技术、带信息、带市场等方式结对帮扶贫困乡村，参与农村产业发展和公共服务设施建设。❷ 在精准

---

❶ 盖国凤.构建企业履行社会责任的约束机制 [J] 人民日报，2012—08—31.
❷ 覃娟.民族地区自然资源开发与民生保障——以百色市矿产资源开发为例 [J].经济与社会发展，2014（4）.

扶贫背景下推进企业与当地贫困户的长期性、深度化联结，让企业由过去认捐钱物变成认领扶贫项目，突出企业对贫困户的产业带动和扶持，提高企业的扶贫参与度、积极性和责任感。企业可以通过引进项目、投资办厂、发展产业、安置就业等多种途径，帮助贫困村拓宽致富门路。二是可以对企业社会责任提出一些硬指标来加以规范，如每年必须提交企业社会责任年度报告，或者每年要从利润总额中拿出5%的资金直接捐给资源开发地社区，作为发展投资基金，用于支持社区发展生产和受影响人口的生计重建等。我国法律规定，企业发生的公益性捐赠支出，在年度利润总额12%以内的部分，准予在计算应纳税所得额时扣除。从目前情况来看，企业这部分支出占利润总额大多不到1%。

四、推广地企共建模式

按照开发与保护并重、对口帮扶、互利互赢及点面结合的要求，从改革矿产资源开发管理体制入手，发挥好矿区政府、企业和群众三方面的积极性，以建立资源节约的共创机制、环境友好的共保机制、开发成果的共享机制为抓手，由企业、政府、矿区群众自筹，上级扶持各投入一部分资金，建立地企共建基金，用于扶持社区发展公共事业，提高居民收入和改善民生水平。通过地企共建，推进资源高效开发，促进矿区社会和谐，保护矿区生态安全，改善群众生产生活条件，走出一条资源节约、环境友好、成果共享的新路子。

第五节 发挥应用人类学在民族地区资源开发过程中的特殊功能

人类学家重视双向沟通，通过采用参与观察、开放式访谈的田野调查方法，利用人类学的整体观、文化相对观和人文关怀传统，有助于更深入更清晰地了解项目影响区的真实情况及受影响原住民的真正需求和想法，能够弥补相关工作人员在社会调查上的欠科学性。在民族地区资源开发的语境里，应用人类学在资源开发项目的前、中、后期都可以深度切入，大有可为。

一、把社会学—人类学评价范式纳入项目评价与监测

要打破当前民族地区资源开发项目可行性研究方式单一的局限，借鉴世界银行的经验，组织有关专家进行项目社会影响评估和后期监测，包括对当地经济发展影响、减轻贫困影响评估、少数民族和妇女发展评估、环境影响评估等，从各个方面加强对民生影响的评价、预测和论证，制定惠及民生的行动指南。建立对项目开发进行全面评价和后期监测的新模式，同时把社会学－人类学评价范式纳入项目评价监测。项目社会影响评估报告及监测报告的撰写人应当包括人类学、民族学、社会学、经济学等方面的专家，以保证更为客观、公正、科学地进行评价，及时发现问题。

二、在各级部门和相关企事业配备人类学、社会学等专业人员

要吸取过去在民族地区开发自然资源时忽视社会科学特别是人类学特殊作用，重资源开发，轻协调关系，由此导致库区矿区诸多矛盾、纠纷与遗留问题的教训，充分发挥社会科学特别是人类学在自然资源开发中的功能，在民族地区各级相关部门和水电、矿产等企事业单位中配备一定数量的有人类学、社会学、民族学等专业背景的专业人员，从人才配备和专业知识方面保障资源开发、经济建设、文化发展等方面符合民族地区的客观实际和民族群众的发展意愿，规避由资源开发导致的矛盾与冲突，促进民族团结与社会和谐。

参考文献

[1] 李甫春.桂西老区开发新论［M］.南宁：广西人民出版社，1999.

[2] 胡健，等.油气资源开发与西部区域经济协调发展战略研究［M］.北京：科学出版社，2007.

[3] 席群.资源富集区开发理论与实践研究［M］.南京：东南大学出版社.2009.

[4] 世界银行与国家民族事务委员会项目课题组.中国少数民族地区自然资源开发社区收益机制研究［M］.北京：中央民族大学出版社，2009.

[5] 杨玉文.民族地区资源开发与经济增长［M］.北京：人民出版社，2013.

[6] 邓伟志.论民生[M].上海：上海人民出版社，2015.

[7] 李甫春.西部地区自然资源开发模式探讨——以龙滩水电站库区为例[J].民族研究，2005，(5).

[8] 王文长.论自然资源存在及开发与当地居民的权益关系[J].中央民族大学学报，2004(1).

[9] 庄万禄，陶亚舒，段晓慧.民族区域自治法与四川民族地区水电资源开发补偿机制研究[J].内蒙古师范大学学报（哲学社会科学版），2006（9）.

[10] 张颖，岳巧红.西部能源矿产资源开发中的利益分配与生态补偿研究——基于对广西调研的思考[J].黄河科技大学学报，2008（6）.

[11] 韩亚芬.资源经济贡献与发展诅咒的互逆关系研究——中国31个省区能源开发利用与经济增长关系的实证分析[J].资源科学，2007（6）.

[12] 王成.自然资源与经济增长关系研究文献综述[J].经济学动态，2010（6）.

[13] 赵奉军.关于资源诅咒的文献综述[J].重庆工商大学学报，2006（1）.

[14] 苏芳，徐中民，尚海洋.可持续生计分析研究综述[J].地球科学进展，2009（1）.

[15] 广西地方税务局课题组.广西有色金属资源税从价计征改革研究[J].地方财政研究，2011（11）.

[16] 陈莉娟，陈祖海.水电资源开发对利益相关者影响的研究——基于湖北长阳土家族自治县的调查[J].民族论坛，2012（20）.

[17] 赵曦,丁如曦.资源诅咒与中国西部民族地区资源开发机制设计[J].西南民族大学学版（人文社科版），2014（12）.

[18] 徐友浩，温海霞，钟定胜.环境公平理论及其对我国可持续发展的启示[J].天津大学学报（社会科学版），2005（11）.

[19] 马晓青，王天雁.自然资源开发地居民利益损失补偿模式研究——以8省（自治区）少数民族地区为例[J].贵州民族研究，2015（8）.

[20] 郭鹏飞.博弈还是合谋?——民族地区资源开发中的政企关系研究述评[J].民族论坛，2015（10）.

[21] 王文兵.让马克思民生思想呈现时代活力[J].人民论坛，2018（10）.

[22] Barry Pound,Sieglinde Snapp,etc.Managing Resources for Sustainable Livelihoods[M].London: Earthscan Publications Ltd., 2003.

[23] Jeffrey D. Sachs, Joseph E. Stiglitz, Macartan Humphreys. Escaping the Resource Curse[M]. New York: Columbia University Press, 2007.

[24] Renu Modi.Beyond Relocation: The Imperative of Sustainable Resettlement[M]. California: SAGE Publication Inc. 2009.

[25] Rasmus Heltberg.Scarcity and Abundance Revisited: Property Rights and Natural Resource Management In Developing Countries[J].Journal of Economic Surveys, 2002(108).

[26] Lasse Krantz.The Sustainable Livelihoods: Approach to Poverty Reduction[J].Swedish International Development Cooperation Agency,2001(11).

[27] Mildner.et.al.A Literature Review on Natural Resources and Conflict[J].International Journal of Conflict and Violence, 2011(5).

[28] Bimal，et.al .Natural Resource Abundance and Economic Performance——A Literature Review[J].Scientific Research, 2013(12).

[29] Lutz Neumann. Resource Richness Revisited——How the Wry Notion of "Resource-rich Countries" Creates Illusions and What to Do about It[R].Virtual Think Tank，2012-09-21.

[30] Arezki R, F Van der Ploeg.Can the Natural Resource Curse Be Turned Into A Blessing?[Z].The Role of Trade Policies and Institutions IMF Working Paper, 2007.

[31] Jeffrey. Natural Resource Abundance and Economic Growth[Z].1997.

后 记

　　从大学毕业踏入社会科学研究的殿堂，至今已二十载有余，民族地区资源开发如何促进当地发展并切实惠及当地民生的问题一直是我关注和研究的重点。这当然首先得益于广西社会科学院民族研究所李甫春、赵明龙等前辈老师们的指引和教导，他们在研究方向、理论指导、实践调查和资料积累方面给予后学的谆谆教诲和无私帮助，让我一开始就有机会站在前人的肩膀上不断攀登、继续探索。幸运的是，这也是我个人的研究兴趣所在，并且研究热情持续至今。

　　广西是自然资源非常丰裕的地区，同时也是革命老区、民族地区、贫困地区、边境地区、大石山区。丰富的矿产、水电、旅游资源是大自然给予的慷慨馈赠，裸露的石山、贫瘠的土地又是大自然留下的发展之觞。多年来，勤劳勇敢的广西各族人民在坚持人与自然的和谐共生中谋求生存与发展，特别是在桂西北这片资源富集与石漠化并存、富饶与贫困同在的土地上，他们为生存与发展付出了更加艰辛的努力。在20世纪前半世纪风云变幻的年代，左右江革命的烽烟给这片土地带来了红色的洗礼，英雄的老区人民在追求人民解放、国家独立的斗争中不惜抛头颅、洒热血，在神州大地谱写了一曲曲感天动地的生命壮歌。中华人民共和国成立以后，党和国家高度重视并积极帮助"老、少、边、山、穷"地区发展和各族群众生产生活改善，特别是西部大开发战略的实施，给西部民族地区带来了千载难逢的重大发展机遇，各族群众对借此加快区域发展、改变落后面貌更是翘首企盼。作为从桂西北大石山区走出来的青年学者，我对这种热切期盼有切

后 记

身感受和深刻体会,也一直把它作为研究的焦点。

在长期的研究过程中,我主持和参与了多项有关民族经济、民族旅游及西部大开发和反贫困的研究项目,更加感受到这个研究方向的重大意义。尤其是在看到2010年国家社会科学基金项目有关"民族地区资源开发与惠及民生"的研究指南后,更加触动了我长期以来的心底关切和研究热望,并幸运地获得国家社会科学基金青年项目课题立项。课题项目最初的研究计划主要是以广西百色市为重点的桂西铝土矿资源开发区和以广西河池市为重点的红水河水电资源开发区为研究对象,力图通过实证性研究来客观解释资源开发模式和分配政策、制度设计等对当地经济及民生发展的影响,在此基础上探索合适的价值判断、利益让渡和制度选择,破解"资源诅咒",追求民族地区资源开发在利于国家、区域发展的同时又惠及民生的多赢目标实现。2013年,我得到国家留学基金委的资助赴美国爱荷华州立大学开展为期一年的相关研究,进一步拓展了国际视野。在课题研究顺利结项之后,我觉得还应该把关于西部大开发和旅游资源开发方面的研究成果汇入其中,弥补了一些研究缺憾,并最终决定出版成书。

本书在研究和撰写过程中得到了广西社会科学院李甫春、赵明龙等前辈老师的大力支持和帮助,亦得到美国爱荷华州立大学农民可持续生计研究中心主任罗伯特·马祖尔(Robert Mazur)教授的指导。广西社会科学院民族研究所及其他所(处)的同仁也给予了大力的支持与配合,在此致以诚挚的谢意!知识产权出版社编辑高源积极推动本书的出版发行,并对书稿谬误、疏漏之处认真核实、督促修改,对其负责的态度及专业的精神表示钦佩及感谢!本书是我数年研究成果的集成,虽经反复修改、仔细斟酌,然个人学识有限、成书亦显仓促,难免存在谬误、疏漏和不成熟之处,恳请各位方家批评指正!

党的十九大报告明确提出,中国特色社会主义进入新时代,我国社会主要矛盾已经转化为人民日益增长的美好生活需要和不平衡不充分的发展之间的矛盾。在"两个一百年"奋斗目标的历史交汇期,西部民族地区在打赢脱贫攻坚战、实现全面建设小康社会目标的同时,也迎来了新时代推进西部大开发形成新格局的又一次重大发展机遇。在新的历史机遇期,如何进一步推动西部民族地区资源优势实实在在转化为经济优势、发展优势,帮助民族地区摆脱贫困落后面貌,切实缩小东西部区域之间、人民生活之间的发展差距,确保资源开发成果进一步惠及地方经济和民生改善,仍然是新时代需要重点考虑和推进解决的重大问题,也需要更多的专家学者持续关注、深化研究,通过加强理论创新和决策咨询服务,共同为民族地区经济发展和民生改善及实现中华民族伟大复兴的中国梦添砖加瓦、贡献力量。

覃 娟

2020 年 8 月 16 日于南宁